ÉMILE RAVIART

Comment on devient un HOMME D'ACTION

La vie n'a pour fin ni le plaisir, ni la tristesse... Elle a pour but l'ACTION.

M. BERTHELOT.

— Voulez-vous savoir le secret de la vie et comment on la rend heureuse ?...
Je résume toute ma doctrine dans ces trois mots : l'ACTION, l'ACTION, et encore l'ACTION !

Edouard LABOULAYE.

PARIS
BONVALOT-JOUVE, ÉDITEUR
15, RUE RACINE, 15

INTRODUCTION

Tout le monde parle de la vie, et peu de gens la connaissent. Il y a bien des philosophes qui observent les hommes, des savants qui étudient les sociétés, des artistes même qui font passer dans la littérature le résultat de leurs recherches, mais ces observations sont incomplètes et insuffisantes ; elles ne portent que sur une très petite partie de la vie, sur un seul de ses aspects, et elles ne sont pas accompagnées des conseils pratiques qui en seraient le complément nécessaire. D'autre part, le nombre de ces observations est très restreint.

La grande majorité des hommes ne se fait aucune idée de ce qu'est la vie. Toute leur science se résume dans des phrases toutes faites, dont la forme pompeuse sert à voiler l'indigence du fond. Personne, — ou à peu près, — n'essaie de se rendre compte des conditions au milieu desquelles il se trouve pour chercher la meilleure façon de se conduire et adopter la forme de vie la mieux appropriée aux circonstances.

Qui ne rirait de ces touristes qui allèrent en

Suisse sans connaître au juste le but de leur voyage, qui changèrent souvent de train, de diligence, de bateau, et finirent par arriver à un des points les plus élevés de l'Engadine sans savoir où ils étaient, ni comment et pourquoi ils se trouvaient là? Eh bien, si ces voyageurs avaient tort d'agir ainsi, ceux qui se moquent d'eux sont généralement plus légers encore. Ils ont entrepris, à leur entrée dans la vie, un voyage autrement important, et ils sont, s'il est possible, beaucoup moins bien informés que nos touristes de l'itinéraire qu'ils doivent suivre. Ils se laissent aller à l'aventure ; et s'il leur vient jamais quelque inquiétude sur leur conduite, ils remettent à plus tard le soin de changer leurs habitudes et de songer à des objets sérieux. Ils ne se doutent pas que *l'abstention équivaut à un choix*, et qu'en remettant au lendemain, ils optent pour la vie irraisonnée qu'ils ont toujours menée. C'est dire qu'ils prennent le plus mauvais parti possible.

Pour remédier à cette inertie, il faudrait donner à tous ces ignorants le moyen de connaître un peu cette vie à laquelle ils restent indifférents. Ce serait une tentative intéressante, pour un homme réfléchi, sachant observer et analyser, que de retracer par des notations exactes les phénomènes que présente la vie considérée à l'époque contemporaine et dans le milieu qui nous entoure.

La tâche est difficile. On peut aisément connaître un pays, la nature du sol, le climat, les mœurs des habitants ; mais celui qui voudrait étudier la vie se trouverait en présence de faits très nombreux, extrêmement divers et complexes. Ces faits comprennent les multiples influences de la race, de la langue, de la constitution familiale, du régime de la propriété, du système économique, des institutions politiques, de la religion, des mœurs, des idées philosophiques et scientifiques, du progrès et de la décadence. Comme ces faits sont intimement mêlés les uns aux autres, comme leurs influences réagissent continuellement entre elles, ce serait une tâche gigantesque que de vouloir démêler ce chaos et en grouper les éléments. Il faudrait, pour l'entreprendre, un homme de génie, analyste profond, capable de surprendre les lois qui régissent la vie sociale.

Mais celui qui y réussirait nous fournirait un travail extrêmement utile, car il permettrait aux hommes de s'instruire de la vie et de ses conditions, par suite d'adopter la ligne de conduite appropriée à ses aptitudes et à la situation générale.

La conclusion nécessaire d'un tel ouvrage serait en effet un ensemble de conseils destinés à adapter l'individu aux lois de la société dans laquelle il vit. Ces conseils constitueraient une sorte de *guide* dont l'homme se servirait au même titre que le voyageur emploie le *Bædecker* ou le *Joanne*.

Nous ne pouvons malheureusement nous proposer un pareil but. La tâche est trop lourde, exige un trop grand labeur et ne pourrait aboutir que dans un avenir éloigné. Or les erreurs sont si nombreuses, et les fautes si graves qu'il convient d'y porter remède sans tarder. *Chaque jour nous voyons des jeunes gens s'égarer dans une direction opposée à celle qu'ils devraient prendre et gaspiller leurs forces en pure perte.* Il est urgent de les en avertir et de leur indiquer quelques moyens propres à les remettre dans la bonne voie.

Ce livre n'est pas destiné à rendre les mêmes services que le grand travail que nous venons d'indiquer. Il a pour but de *remédier aux inconvénients les plus graves*, et de parer au plus pressé.

Nous n'entreprendrons donc pas cette vaste enquête sur la vie dont nous avons parlé, car ce long travail aurait pour résultat de retarder le moment de prendre des résolutions pratiques.

S'il est extrêmement difficile de saisir dans leurs moindres détails les conditions dans lesquelles nous passons notre vie, il est du moins aisé d'en apercevoir *les traits essentiels* et de discerner *les caractères généraux de la vie moderne.* Ce rapide examen suffira à indiquer dans ses grandes lignes la direction qu'il convient d'adopter.

Dans les sociétés qui ont précédé la nôtre, les hommes vivaient dans un cercle plus ou moins restreint, mais toujours infiniment plus réduit que dans la société moderne. Au moyen âge, il suffisait de tenir sa place dans une ville ou dans une province relativement étroite ; la concurrence était restreinte, et celui qui avait pris un commerce, une industrie ou tout autre métier risquait peu de se voir menacé par un rival. Aujourd'hui, avec la rapidité des moyens de transport qui ont abaissé les barrières entre les peuples, il n'en est plus de même ; le cosmopolitisme qui caractérise notre époque fait que *chaque homme a pour concurrents tous les autres hommes* et se voit menacé à chaque instant dans la situation qu'il a acquise. Dans cette lutte pour la vie engagée sur tous les points du globe, l'homme ne vaut que par son effort personnel et son aptitude au travail.

Il en est de même dans la vie des nations. Chacune d'elles est en lutte constante avec toutes les autres et le moindre temps d'arrêt dans son activité lui cause un préjudice irréparable.

Dans cette lutte, *les individus sont submergés sous le flot de ceux qui ne s'arrêtent point*, et les peuples composés d'individus qui se laissent ainsi dépasser sont condamnés à succomber dans leur rivalité avec les autres peuples. Ce *pays de vaincus* ne tarde pas à reculer peu à peu jusqu'au dernier rang.

D'autre part, — le fait est indéniable, — la vie moderne a multiplié les besoins, rendu le confortable nécessaire, augmenté les désirs. Tel se serait contenté, il y a un siècle, d'une vie modeste qu'il trouve aujourd'hui mesquine et insupportable.

Qui donc ne voit pas, dans ces conditions, la

nécessité *d'agir*, et d'agir *sans cesse?* C'est le seul moyen de conserver les situations acquises, d'acquérir des positions meilleures et de triompher de ses adversaires. Le commerçant menacé par la concurrence de tous les pays devra, s'il veut écouler ses produits, déployer son maximum d'activité; et quand il sera parvenu à occuper un marché, il lui faudra sans cesse perfectionner sa production et s'efforcer de retenir ses clients en leur offrant plus d'avantages que ne le font ses concurrents. Sinon, il se verra bien vite supplanté par de plus ingénieux et de plus actifs que lui.

Enfin, pour donner satisfaction à nos besoins sans cesse plus étendus, pour arriver à faire face au surcroît de dépenses que la vie moderne exige, il faut accroître nos recettes et rechercher les professions *actives*, seules capables de donner l'aisance matérielle et aussi (bien non moins précieux!) l'indépendance morale (1).

C'est ce que conseillait, il y a quelques années, le grand chimiste Berthelot (2).

« *Nous devons sans cesse lutter*, disait-il, *ne*

---

1. Par *professions actives*, nous entendons d'abord les *carrières productives* (agriculture, commerce, industrie, colonisation), et aussi toutes celles qui exigent de la volonté et de l'initiative, par opposition au fonctionnarisme. Malgré leur encombrement, les carrières dites *libérales* peuvent être quelquefois considérées comme *actives* quand celui qui les exerce fait preuve d'énergie et sait jouer un rôle utile dans la société.

2. Discours prononcé le 17 mai 1897 à l'*Union de la Jeunesse républicaine*. Voy. *Revue encyclopédique*, 5 juin 1897, p. 461.

jamais tomber dans un état de résignation passive à la destinée.

« *Loin de nous ces doctrines égoïstes du laisser-faire et du laisser-passer qui supprimeraient toute intervention des lois scientifiques dans la direction des sociétés...*

« **En définitive, la vie a pour but l'action.** »

La vie moderne est donc une vie de lutte : de *lutte individuelle* et de *lutte nationale.* Elle exige avant tout des hommes actifs, possédant toutes les qualités nécessaires pour l'action, à savoir : l'*esprit d'initiative* qui leur permet de prendre rapidement et fermement des décisions, la *volonté* qui leur fait poursuivre la réalisation de leurs décisions, l'*énergie* qui les empêche de perdre courage et de l'abandonner à eux-mêmes.

Ceux qui possèdent ces qualités sont véritablement armés pour la vie ; et ce sont les peuples composés de tels hommes qui possèdent les aptitudes nécessaires pour prospérer et triompher de la concurrence des autres peuples.

CHAPITRE I

Vie inactive et vie intense

Section I

La situation actuelle en France

Causes de la situation actuelle : l'éducation dans la famille et dans les établissements d'instruction. — L'internat. — L'Etat d'esprit de la jeunesse. — Le choix d'une carrière. — Les oisifs. — Conséquences personnelles de la vie du moindre effort : diminution d'énergie morale et physique. — La vie du moindre effort et le bonheur personnel. — Déclassés et mécontents. — La marche vers le socialisme. — La vie du moindre effort et l'intérêt national : dépopulation ; abandon des carrières productives ; infériorité de notre commerce ; accroissement du nombre des fonctionnaires. — Urgence d'une réforme de la mentalité française.

Causes de la situation actuelle. — En France, il faut le reconnaître, la situation est bien différente de ce qu'elle pourrait — donc de ce qu'elle devrait — être. La vie active est adoptée par bien peu d'individus ; on peut même dire que dans l'opinion de beaucoup de personnes, elle est envisagée avec une certaine idée de mépris.

1° Education dans la famille. — En effet, quand les jeunes gens arrivent au moment où ils doivent choisir le genre de vie qui sera le leur, tout contribue à leur faire préférer la vie du moindre effort. L'éducation reçue dans la famille les y prépare déjà.

Le rêve des parents français, disait très justement M. Max Leclerc dans un article sur l'éducation anglo-saxonne, *est de faire de leurs enfants « des petits automates*, bien soignés, bien polis, mais *dépourvus de toute personnalité* ». Ils mettent en effet une véritable ingéniosité à étouffer en eux tout désir d'indépendance. L'originalité, l'esprit de liberté, sont considérés comme un symptôme redoutable. « Les parents, ajoute M. Leclerc, y voient un mauvais indice, et ils ne songent point qu'ils ne seront pas toujours là pour décider et pour agir au nom de leur fils. »

En d'autres termes et suivant le mot de M. Gréard : « Nous élevons nos enfants avec nous et pour nous. »

On oublie trop, en effet, qu'*il faut élever les enfants pour eux*, et non pour soi. On les gâte, on les élève « dans du coton » ; on se plie à leurs caprices, on fait tout ce qu'ils exigent. A ce régime ils ne tardent pas à devenir des êtres impressionnables et capricieux, nous dirions presque de véritables petits tyrans, et c'est merveille, à voir la façon dont ils sont éduqués, qu'ils ne deviennent point tout à fait veules, égoïstes et lâches (1).

Quand les enfants sont encore petits, la méthode consiste à les garder dans les jupes de leur mère, à prévoir tous leurs actes et toutes leurs pensées pour leur éviter la peine de penser et d'agir par eux-mêmes. Quand ils sont grands, les parents ne peuvent pas s'habituer à les traiter comme des hommes ; ils refusent de s'en séparer, craignant toujours qu'il ne leur arrive quelque accident.

Enfin, quand le moment serait venu pour ces enfants d'agir et de faire preuve de virilité, voici à peu près le langage que leur tiennent les parents :

« Mon cher enfant, compte d'abord sur nous.

Tu vois comme nous économisons pour assurer ton avenir.

Compte ensuite, pour faire ton chemin, sur nos proches et nos alliés, sur nos amis qui se feront un devoir de te pousser, de te recommander.

Compte surtout sur le gouvernement qui dispose d'une quantité innombrable de places ; il faudrait vraiment jouer de malheur pour ne pas en attraper une.

Mais comme l'Etat rétribue chichement ses fonctionnaires et qu'il est bon d'avoir du beurre à étendre sur son pain, tu épouseras une femme riche ; nous en faisons notre affaire ;

---

1. Nous renvoyons le lecteur aux livres biens connus : *Les Enfants mal élevés* de F. Nicolaï, et *Petit Bob* de Gyp.

repose-toi sur nous de ce soin; nous te la chercherons, nous te la trouverons. »

Le fond de ce petit monologue que nous empruntons à M. Demolins est parfaitement exact (1).

La persévérance que les parents apportent à cette œuvre suffirait à démentir la réputation d'inconstance que nous avons à l'étranger.

2° **Education dans les établissements d'instruction.** — A cette influence néfaste vient s'ajouter celle de la pension. Externes ou internes sont soumis au même régime de préparation au baccalauréat et aux examens ou concours qui lui succèdent.

Pendant plusieurs années — celles précisément où l'esprit va recevoir le tour qu'il conservera plus tard — on lui impose une sorte de culture intensive qui l'épuise.

On le sature, nous dirions presque on le gave, des innombrables connaissances, rendues par les « programmes » indispensables pour obtenir le diplôme désiré, et c'est à cela que se bornent tous les efforts. On ne veut plus des études poursuivies pour elles-mêmes et pour la formation générale de l'esprit. On n'a en vue que le privilège conféré par le diplôme; tous les efforts sont dirigés vers ce seul but.

Et quels moyens n'emploie-t-on pas pour y parvenir ?

---

1. *Comment élever nos enfants*, par Demolins, chez Didot.

Tout le monde connaît ces *boîtes à bachot* où l'on *chauffe* les candidats rebelles. Eh bien, elles ne font que porter à l'extrême les procédés en usage dans tous les établissements. Partout fleurissent le manuel, le résumé *appris par cœur* et tant d'autres systèmes qui *surchargent la mémoire sans développer l'intelligence, ni la volonté*. Rien, dans les exercices scolaires, dissertations, analyses, critiques, raisonnements scientifiques, abstractions, ne donne la décision, la netteté d'esprit, les idées claires qui conduisent à l'action. Aussi, malgré les modifications apportées aux examens, le fait seul de cette préparation artificielle, du surmenage mnémotechnique qui lui est imputable, est profondément nuisible à la jeunesse française.

« *Le baccalauréat est un malfaiteur* », déclarait un des plus éminents parmi les universitaires, M. Ernest Lavisse.

Nous préciserons sa pensée en l'étendant et nous dirons que le système d'examens et de concours auquel sont soumis les jeunes gens est un fléau moral (1).

Le régime de l'internat. — Bienheureux sont ceux qui ne connaissent, de l'enseignement tel qu'on le donne aujourd'hui, que les heures de classe strictement indispensables. Mais plus de la

---

1. Nous avons développé les idées qui précèdent dans notre étude : *La crise de l'enseignement secondaire* (ouvrage couronné par le Comité Dupleix).

moitié des jeunes gens sont encore soumis au *régime néfaste de l'internat.*

Tout a été dit sur l'internat et sur le mal qu'il produit à tous les points de vue (1) ; mais l'influence qu'il exerce sur la volonté est encore la plus nuisible. Cette « discipline de caserne ou de couvent », comme l'appelle M. Leclerc, détruit toute espèce d'initiative ; elle donne à ceux qui sont ainsi incarcérés une sorte de mécanisme analogue à celui des prisonniers, mais qui disparaît une fois la victime sortie de sa geôle. Son seul résultat est d'étouffer tout esprit d'initiative sans même, en retour, laisser des habitudes d'ordre et de régularité.

L'état d'esprit de la jeunesse française actuelle. — Le résultat des influences que nous venons d'indiquer se fait particulièrement sentir sur les jeunes gens dont l'âge varie entre dix-huit et vingt-cinq ans, et qui sont à cette période décisive où ils doivent prendre une détermination pour diriger leur vie.

Ils ne sont nullement préparés à se servir de leur volonté, ni à faire preuve d'initiative. Comme le dit M. Hugues Le Roux,

1. « On peut dire que l'ancien internat a vécu. Il n'a plus guère de défenseurs. Ce qu'on réclame de toutes parts, c'est une éducation qui, en se rapprochant le plus possible de la vie de famille, développe chez l'enfant l'énergie corporelle et la personnalité morale. »

(Extrait d'une lettre de M. Ribot, président de la *Commission d'enquête sur la Réforme de l'Enseignement*).

« la plus fâcheuse de toutes leurs débilités, celle qui fait d'eux des êtres incomplets, inférieurs aux enfants du peuple, inférieurs aux enfants des autres races, c'est l'infirmité rachitique de leur initiative. On dirait qu'il a tout à fait disparu chez eux, cet instinct auquel, du haut en bas de l'échelle de la vie, la nature a confié la garde de l'existence. »

Le choix d'une carrière. — Ces jeunes gens cherchent naturellement une carrière où aucun effort ne leur sera nécessaire et qui soit en rapport avec leurs aptitudes et leurs goûts de vie oisive. Ils recherchent alors une situation *sûre* (entendez par là une place de fonctionnaire, de bureaucrate ou un métier modeste, sans aléa, mais sans grands profits), n'exigeant que peu d'activité et exempte de risques.

« *Nous sommes casaniers*, disait M. Gustave Larroumet; *nous faisons consister le bonheur dans un bien-être mesquin et somnolent*, *émoustillé par les commérages*, *les petites vanités et les petites jalousies*. »

Cet état d'esprit se manifeste particulièrement quand on considère les compétitions ardentes que provoquent les charges des officiers ministériels (avoués, notaires, commissaires priseurs) dont le prix a doublé depuis dix ans tandis que les produits diminuaient ; quand on voit le nombre déconcertant de candidats pour toutes les fonctions offertes par le gouvernement, malgré le nombre restreint des places vacantes et ce qu'ont de peu enviable au point de vue du traitement et de la dépendance morale les place ainsi ambitionnées.

Mais ce qui est inestimable pour tous ces aspirants, c'est la perspective d'être « *casé* », d'avoir un *emploi*. Celui-ci ne s'accroîtra jamais sans doute, mais du moins ne risque-t-il pas de faire défaut à son titulaire, et surtout ne l'obligera-t-il pas à faire preuve d'énergie.

Les professions dites productives. — Les jeunes gens qui se risquent dans les professions dites productives (agriculture, commerce, industrie) encourent presque tous l'aventure comme un *pis-aller*, après avoir inutilement tenté d'embrasser les carrières libérales. Ceux qui s'embarquent pour les colonies appartiennent le plus souvent à la catégorie des dévoyés, des bons à rien, colons sans capitaux et sans vocation qui constituent un contresens dans l'œuvre de la véritable colonisation.

Ces professions qui sont véritablement actives, au premier chef (1) *ne sont point l'objet de vocations réfléchies et conscientes.* La jeunesse donne bien le gage de sa faiblesse en se cantonnant dans les carrières faciles, tranquilles et médiocres, en achetant par un surmenage intellectuel précoce le droit de se reposer vite dans des professions paisibles.

---

1. Sur ce que nous entendrons par métier actif, voir nos observations de la page 6 (texte et note 1).

Il n'est pas jusqu'à l'*ouvrier* qui, lui aussi, ne tombe dans ce travers et ne vienne à manquer de courage et d'initiative. De plus en plus, l'ouvrier français redoute l'effort, déserte les métiers rudes, lucratifs, et se jette dans les professions où le labeur est moins fatigant. Les fils de marins et de mineurs abandonnent le métier paternel ; l'ouvrier des campagnes vient à la ville (1).

Les oisifs. — Les amateurs de positions commodes et reposantes ont encore une énergie réelle si on les compare à la race des oisifs, de ceux qui s'avouent « sans profession ».

Tout le monde connaît quelques-uns de ces jeunes gens qui se sentent une petite fortune leur assurant une vie mesquine et qui estiment que les inconvénients de cette vie sont encore préférables à l'ennui de travailler et de faire effort. A Paris, ils s'amusent ; en province, ils « tuent le temps », sans même se livrer à des occupations d'un ordre un peu relevé comme la lecture, les voyages ou les œuvres sociales. Il n'est point de sous-préfectures qui ne possèdent un petit groupe de ces oisifs, et on a pu évaluer leur nombre total à *trois cent mille* (2) !

Conséquences personnelles de la vie du moindre effort. — Il est facile de discerner

1. Sans les ouvriers belges nos cultivateurs ne pourraient plus faire leurs moissons. La plupart des entrepreneurs de travaux publics sont obligés de prendre des ouvriers terrassiers italiens.

2. Article de Thomas Grimm : *Forces perdues* (*Petit Journal*).

toutes les conséquences de cet état d'esprit si malheureusement répandu en France.

Diminution de l'énergie morale et physique. — On peut d'abord constater, chez ces êtres dépourvus de volonté, ces abouliques, une sorte *d'atrophie physique parallèle à leur atrophie morale.*

Directement, en effet, *l'absence d'énergie morale engendre une lassitude physique* caractérisée. Les hommes qui arrivent à fournir une dépense de force physique considérable ne sont pas toujours les plus vigoureux ; ce sont ceux qui sont capables de vouloir. Aucun explorateur n'atteindrait le but de son voyage s'il n'avait la *ferme volonté* d'y parvenir (1).

Pour ne citer qu'un seul exemple dans des événements récents, il est peu probable que les soldats russes et japonais auraient pu lutter si longtemps et avec tant d'acharnement s'ils n'avaient été soutenus par une énergie morale intense.

D'ailleurs, sans remonter au soldat de Marathon, on voit constamment des hommes qui font une énorme dépense de forces pour atteindre un but et qui tombent épuisés dès qu'ils l'ont atteint, car leur volonté seule les soutenait.

Aussi tous les abouliques, si nombreux à notre époque, sont-ils physiquement des dégénérés. Si

---

1. Les exemples fourmillent dans les récits d'explorations de Stanley, Bonvalot, Marchand, etc. V. le chapitre de P. Doumer (*Livre de mes fils*) : « Action du moral sur le physique ».

l'on examine les inutiles dont nous avons parlé plus haut, on reconnaîtra que la plupart d'entre eux sont incapables de tout effort personnel, sans cependant que la nature leur ait imposé cette faiblesse et cette incapacité.

Ceux qui craignent d'agir sont las avant d'avoir agi. Heureux encore quand le vide d'une existence morte ne les pousse pas à la mélancolie ou à la neurasthénie, cette maladie du siècle qui souligne si bien la réaction du moral sur le physique.

Influence de la vie du moindre effort sur la santé. — L'absence d'énergie physique n'est pas toujours le seul résultat de la vie oisive. Combien de ces abouliques, qui se consacrent à des occupations stériles, ne trouvent de plaisir que dans la fade satisfaction d'habitudes d'ivrognerie et détruisent sûrement leur santé !

Regardons, autour de nous, les oisifs et les inutiles ; nous en trouverons peu qui ne soient neurasthéniques (1) ou alcooliques, si ce n'est l'un et l'autre.

Indirectement, le manque d'énergie morale réagit donc sur la santé. Les jeunes gens qui rêvent de conquérir le rond de cuir du bureaucrate ou quelque autre situation de tout repos, et qui s'absorbent dans la préparation d'examens sans jamais exercer leurs muscles, ne se doutent pas de

---

1. Sur les progrès de la neurasthénie à notre époque et ses causes, on lira avec intérêt l'ouvrage de F. Hisly, de Berne, *la neurasthénie*.

l'influence néfaste qu'exerce sur leur santé leur vie sédentaire et monotone. Combien d'affections, dont ils accusent leur tempérament, proviennent d'un manque d'activité physique ! Combien de gastrites et de tuberculoses pourraient être évitées avec une vie hygiénique !

Quand on voit les résultats prodigieux auxquels on peut arriver par un exercice rationnel (1), on ne peut que déplorer l'atrophie physique à laquelle se condamnent volontairement ceux qui renoncent à cet exercice et qui passent leur vie entre les cartons verts d'un bureau.

La vie du moindre effort et le bonheur personnel. — Au point de vue personnel, quels sont les tristes résultats de cette vie du moindre effort ! Ceux qui l'adoptent sont obligés de vivre modestement, de limiter leurs désirs et leurs besoins parce qu'ils disposent fatalement de maigres ressources.

Ils mènent tous une vie étroite ; ils sont obligés de se contenter de salaires insuffisants. Aussi se privent-ils de tout, et souffrent-ils de ces privations sous les apparences qu'ils se croient obligés de conserver. C'est la *misère en habit noir*, la plus dure de toutes. *C'est la vie sans espoir et sans horizon.*

Mais, nous dira-t-on, ne peut-on pas trouver le bonheur dans une vie modeste ? N'est-ce pas vivre

1. V. les exemples cités par le docteur Pagès, *Hygiène des sédentaires.*

heureux que de vivre caché, de ne courir ni après l'argent ni après les plaisirs, de vivre paisiblement et sans souci ? Le bonheur ne consiste-t-il pas aussi bien à modérer ses désirs qu'à toujours chercher à en satisfaire de nouveaux ?

Combien de gens ne tiennent ce langage que pour essayer de faire illusion aux autres ou de se tromper eux-mêmes ! N'oublions pas que la plupart des fonctionnaires et des employés se plaignent d'être mal payés et de ne pouvoir suffire à la cherté de la vie avec la modicité de leur traitement fixe. Leur situation est vraiment trop misérable pour qu'ils ne s'en rendent point compte et ils sont loin d'être convaincus que la vie cachée fait le bonheur.

Ces malheureux sont soumis à une cruelle alternative : ou bien il leur faut renoncer au mariage et mener la vie lamentable du célibataire privé de toutes les joies de la famille et condamné à un isolement morose ; ou bien ils doivent faire vivre un ménage avec un salaire insuffisant et partager avec d'autres les privations qu'ils sont obligés de s'imposer.

Voilà ce qui attend presque toujours le jeune homme qui a cherché une « place de tout repos » et qui a rêvé de la paisible béatitude du gros fonctionnaire bien payé.

Déclassés et mécontents. — On rencontre tous les jours des gens, qui après avoir échoué dans l'accès des professions libérales ou après avoir abandonné ces professions quand ils en ont reconnu les inconvénients, essaient d'entrer dans cette vie d'action qu'ils avaient méprisée.

A trente ou quarante ans, ils abordent une carrière à laquelle leur éducation ne les avait point préparés, puisqu'elle ne leur avait donné ni l'esprit d'initiative et de décision, ni l'habitude de compter sur eux-mêmes dont ils auraient besoin aujourd'hui.

« Ils entrent, dit M. Leclerc, sans expérience de la vie, avec des idées préconçues et des théories, dans des professions où il faut entrer jeune et où il faut avant tout des esprits pratiques. S'ils ne deviennent pas des *déclassés*, des *ratés*, ils seront au moins des mécontents, et, en tout cas, presque toujours de *mauvais agriculteurs*, de *piètres commerçants*, de *déplorables industriels*. »

Et, en effet, quelles tristes aventures ne se produisent pas tous les jours sous nos yeux : des hommes se ruinent dans des entreprises industrielles, dans des essais de colonisation pour lesquels ils n'étaient point faits ; ils passent rapidement *de la gêne à la misère*, *trop heureux quand ils peuvent sauver leur honneur du naufrage de leur fortune* et quand la nécessité ne les pousse pas aux expédients les plus honteux.

Quelques heures passées dans une de ces sociétés qui s'occupent avec un louable désintéressement d'envoyer aux colonies ceux qui ne peuvent faire leur chemin en France, permettent de se rendre compte de l'étendue du péril. Chaque courrier apporte des monceaux de lettres de malheureux qui racontent leur histoire. Toutes sont d'une lamentable monotonie et montrent à quelles tristesses s'exposent ceux qui ont suivi volontairement la vie du moindre effort et voudraient l'abandonner alors qu'il n'est plus temps.

La marche vers le socialisme. — Tout cela, c'est la porte ouverte au mécontentement général dont souffre notre société ; c'est ce qui fait les déclassés, irrités de ce que leurs concitoyens n'ont pas su discerner leur mérite et les en récompenser dignement.

Le seul remède à cette injustice leur apparaît dans un bouleversement radical de cet édifice où ils ne peuvent trouver place.

Les projets les plus insensés naissent dans ces cerveaux préparés à n'importe quelle folie.

Nombre de gens, — médecins sans clients, avocats sans causes, fonctionnaires désabusés, — devenus des ratés de la vie, prennent la tête du mouvement socialiste, c'est-à-dire de ceux qui ne trouvent pas le bonheur dans la vie telle qu'elle est actuellement faite et qui voudraient *supprimer les risques de l'effort personnel en donnant à l'Etat le rôle de protecteur et de « nourrisseur » de chacun.*

L'ouvrier s'éloigne aussi de la vie libre ; au lieu de compter sur lui-même ou sur l'association libre et éclairée pour le maintien de ses droits, il attend de l'Etat tout-puissant la réforme de sa situation.

qu'il proclame bien haut misérable et injuste ; il est devenu socialiste collectiviste ; il vocifère contre les capitalistes, demande la suppression de la propriété individuelle, pousse des cris de haine contre les bourgeois et se laisse mener docilement vers la révolution sociale. Tout cela provient de son erreur primitive.

La vie du moindre effort et l'intérêt national. — Il ne faudrait pas croire, d'ailleurs, que ces inconvénients de la vie du moindre effort soient personnels à quelques-uns. Le pays tout entier s'en ressent fatalement.

La prospérité nationale n'est-elle pas faite de la prospérité de chacun? La grandeur d'un peuple n'est-elle pas la résultante de la grandeur et de la dignité de vie des individus?

Dépopulation. — La décadence des mœurs, qui est hélas évidente, est une des conséquences les plus frappantes de notre situation morale. Ces jeunes fonctionnaires, ces médecins ou ces avocats inoccupés, réduits à la vie trop étroite dont nous avons parlé, restent trop souvent célibataires ; — en tous cas, ils retardent le plus possible le moment d'accroître leurs charges.

Si le nombre des mariages ne diminue pas, il ne s'accroît pas non plus comme dans les autres pays. Si l'on considère le nombre des mariages pour 1.000 hommes mariables, c'est-à-dire ayant plus de vingt ans, on constate que *la France occupe le seizième rang* avec 61 mariages, tandis que la plupart des pays anglo-saxons qui ne souffrent point du même mal, dépassent 80.

D'un autre côté, les mariages se font de plus en plus tardifs, ces retards se constatent surtout dans la classe bourgeoise, révélant l'amour des carrières faciles qui est particulièrement l'apanage de cette classe et en même temps la peur des responsabilités qu'entraîne après elle la vie de famille.

Les jeunes gens fuient de plus en plus les responsabilités du mariage et les charges de la famille. Ils prolongent la vie de garçon et ne songent à « faire une fin » qu'au moment où ils se sentent fatigués et las de l'existence.

Autre conséquence de cet état d'esprit : *le nombre des divorces croît chaque année* d'une façon désespérante. En 1892, on en comptait seulement 5.772 ; leur nombre dépassait 6.000 en 1893, 7.000 en 1896, 8.000 en 1902 ; en 1904, il arrivait au chiffre de 9.860.

Les divorces ont presque doublé en l'espace de treize ans.

Et quel n'est pas le danger de cette fréquence toujours plus grande des divorces qui détruisent la famille, en isolent les membres, jettent les enfants dans l'abandon et sont pour la société tout entière une cause profonde d'immoralité (1) !

La cause n'en est-elle pas dans la légèreté avec

1. Lire à ce sujet. Jean Gaillard. *De la condition des époux divorcés*, et un *Divorce* de Bourget.

laquelle on se marie aujourd'hui, dans la nervosité de plus en plus grande des conjoints, (actes de colères et de brutalité du mari, caprice et versatilité d'humeur de la femme), dans l'affaiblissement de l'idée du devoir qui rend les adultères si fréquents..., dans la propagation de ces funestes théories du « droit au bonheur » qui poussent chacun des conjoints à la satisfaction de ses caprices et à l'assouvissement de ses passions

Et ce phénomène est en corrélation intime avec cette haine de l'effort qui caractérise nos concitoyens : les divorcés étant presque toujours des gens légers et veules qui n'ont pu se faire à l'idée de l'*obligation*, qui se sentent incapables de soutenir par leur activité des charges de familles et s'estiment heureux de pouvoir s'en délivrer à l'aide d'une formalité judiciaire.

La dépopulation, conséquence de ces mœurs dissolues, est un des dangers les plus redoutables que court notre pays.

Les efforts tentés depuis quelques années par quelques patriotes avisés et clairvoyants ont eu au moins pour résultat de mettre en lumière les faits qui provoquent nos appréhensions :

La natalité française diminue constamment. Elle était en moyenne de 852.090 pour les années comprises entre 1892 et 1901 ; elle est tombée à 845.378 en 1902, à 826.712 en 1903, à 818.229 en 1904.

La statistique permet donc, sans contestation

possible, de qualifier la France du nom de PAYS DE CÉLIBATAIRES ET DE FILS UNIQUES.

Le faible excédent des naissances sur les décès peut encore faire illusion; mais il est dû uniquement à la diminution très sensible de la mortalité. Or « natalité » et « mortalité » sont deux phénomènes qui demandent à être examinés séparément, car ils n'ont pas les mêmes causes et ne suivent pas la même évolution. La statistique de la natalité est seule en rapport avec l'état d'esprit de nos contemporains et met en évidence l'influence néfaste exercée par leurs aspirations vers une vie facile et sans effort.

Les conséquences de la faiblesse de notre natalité aux points de vue militaire et économique sont indéniables. En cas de guerre avec une autre puissance européenne, par exemple avec l'Allemagne, la France se verrait menacée par des forces très supérieures aux siennes. Dans la guerre commerciale, elle est en état d'infériorité vis-à-vis de ses rivales qui peuvent étendre leur influence à travers le monde par leurs colons et leurs émigrants.

Abandon des carrières productives. — Mais si ces conséquences de l'inertie de nos contemporains se font déjà effectivement sentir, il en est d'autres plus immédiates et plus sensibles encore. Nous voulons parler de *la stagnation de l'agriculture, de l'industrie et du commerce français*, de *l'accroissement immodéré des classes* *improductives*, des fonctionnaires et des budgétivores.

En effet, *les professions commerciales et industrielles, la colonisation exigent le goût de la lutte, l'esprit d'initiative, le sens pratique, le sentiment des responsabilités, le jugement sûr et net, l'imagination inventive et souvent créatrice*. La jeunesse manque, nous l'avons vu, de ces qualités essentielles ; aussi les carrières actives ne sont-elles point l'objet de vocations réfléchies. Elles retiennent trop peu d'individus, malgré les écoles spéciales qui prétendent en faciliter l'accès, malgré les traditions de famille pour quelques-uns, malgré des espérances de profits plus grands que partout ailleurs.

Défauts du négociant français. — Ceux-là même qui osent tenter l'aventure ne sont qu'à demi-capables d'y réussir. M. Gaston Donnet a tracé un portrait du négociant français dont les couleurs sont peut-être parfois un peu sombres, mais qui contient cependant bon nombre de traits fort justes. C'est, dit-il :

« presque toujours un fort brave homme, consciencieux, scrupuleux, mettant son honneur à payer régulièrement ses traites à l'échéance, produisant peu, mais bien, mais bon, mais de qualité supérieure...

« ... Il a horreur de la nouveauté, une sorte de fétichisme pour les hommes qui présentent de la surface, pour les ingénieurs diplômés...

« Il a trop de prudence ; il n'avance le pied droit que

lorsqu'il est sûr d'avoir préparé une place au pied gauche...

« ... Aussi n'aime-t-il pas avoir des voyageurs (1) ou des négociants hors de France; ne lui parlez pas de colonies, il n'y vend rien. Mais il n'avoue jamais qu'il produit à trop haut prix, qu'il ne produit jamais ce qu'on lui demande et qu'il n'a pas d'initiative. »

Aussi M. Donnet conclut-il avec raison que:

« ... le négociant français doit être tenu pour seul responsable, — ou à peu près, — de l'état d'infériorité dans lequel se trouve aujourd'hui notre commerce extérieur. »

Infériorité de notre commerce extérieur. — *Infériorité*, voilà en effet le mot qui caractérise notre situation.

Nous ne voudrions pas abuser ici des statistiques ; cependant quelques chiffres nous paraissent indispensables.

En 1884, le montant total de nos exportations atteignait 4 milliards 343 millions. Dix ans après, en 1893, il n'était plus que de 3 milliards 850 millions. Enfin, en 1904, il s'est élevé à 4 milliards 502 millions. Mais quand même cet accroissement serait un phénomène durable, — ce qui n'est pas certain, — une simple augmentation de 139 millions en vingt années est infime si on la compare à l'accroissement du commerce dans

1. N'est-ce pas cependant le « voyageur allemand » qui a fait la fortune commerciale de l'Allemagne ?

les pays anglo-saxons, elle constitue un véritable *symptôme de décadence* (1).

Le commerce intérieur. — Voilà pour notre commerce extérieur. En ce qui concerne les transactions qui se font à l'intérieur de notre pays, les statistiques données par l'administration de l'enregistrement sont aussi peu satisfaisantes. Un article de M Paul Leroy-Beaulieu dans l'*Economiste français* du 21 mai 1898 auquel nous renvoyons nos lecteurs, nous dispensera sur ce point d'entrer dans des détails toujours un peu fastidieux. Qu'il nous suffise de dire que les droits d'enregistrement qui étaient en 1881 de 570 millions, et en 1890 à 536.901.000 francs, sont tombés en 1896 à 509.826.000 francs, ce qui montre d'une façon évidente la diminution de la richesse en France (2).

Notre marine marchande n'occupe, on le sait, que le sixième rang parmi les nations civilisées ; les grands travaux publics entrepris par l'Etat, les douze millions de primes donnés annuellement à la marine par le gouvernement n'ont pu enrayer le mouvement de recul. M. Demolins rappelait, il n'y a pas très longtemps, que 2.262 navires anglais traversent chaque année le canal de Suez alors qu'il n'y passe que 160 bateaux français

---

1. La décadence de l'industrie et du commerce français est surtout notable si on la compare aux progrès accomplis dans les autres pays. Pour s'en rendre compte, le lecteur n'aura qu'à se reporter à la seconde section du présent chapitre.
2. Voir également à ce sujet le même journal (18 août 1906).

seulement ! D'autre part, la proportion des navires français dans le mouvement total de nos ports ne dépasse pas 26,85 o/o !

Une autre constatation est plus attristante encore. Non seulement nous nous faisons battre au dehors par nos rivaux, mais même chez nous, même sur la terre de France, nous sommes envahis par les commerçants étrangers. Bientôt, suivant la remarque amère d'un économiste, la France, absente au dehors, semblera aussi absente de chez elle. Dans les grandes villes du littoral méditerranéen, dans notre capitale, à Lyon, à Bordeaux, les maisons de commerce anglaises ou allemandes vont être bientôt, pour certains genres de commerce, aussi nombreuses que les maisons françaises. Pour ne citer que Paris, n'êtes-vous pas frappé du prodigieux développement des maisons de nouveautés anglaises depuis quelques années ? Tous les grands tailleurs de la rue Auber et des boulevards, les couturiers de la rue de la Paix sont anglais. Dans les villes de province, les affaires sont accaparées par de grandes maisons où l'argent étranger domine.

Notre industrie elle-même est menacée. Le bruit courait, ces temps derniers, que deux de nos grandes fabriques de sucre, et une fabrique de chocolat bien connue allaient être achetées par des sociétés anglaises, et ce n'est là qu'un début.

Ces constatations ne prouvent que trop ce fait attristant. *Nous avons perdu le goût du commerce*, *l'esprit commercial et surtout l'esprit d'initiative.*

L'accroissement du nombre des fonctionnaires. — Si les carrières actives et productives sont délaissées, le parasitisme social, lui, est loin d'être en baisse. Le nombre des frelons qui veulent s'assurer l'existence aux dépens des producteurs en s'implantant dans un fonctionnarisme stérile, est toujours plus considérable. *La bureaucratie nous étouffe et nous ruine ;* voilà ce dont il faut bien nous convaincre.

La progression suivie en France par le fonctionnarisme est effrayante. En 1846, il y avait en France 188.000 fonctionnaires ; en 1858, 217.000 ; en 1873, 285.000 ; en 1896, 400.000 ! — Et encore il convient d'ajouter à ces chiffres 8.000 fonctionnaires départementaux et 122.000 fonctionnaires communaux, ce qui fait un total de 530.000 fonctionnaires civils !

La progression suivie par les appointements de ces fonctionnaires est aussi intéressante. En 1846, ils émargeaient au budget pour 245 millions, en 1858 pour 270 millions, en 1873 pour 400 millions, en 1894 pour 545 millions et en 1897 pour 616 millions. En ajoutant à ces sommes les retraites, on constate que les fonctionnaires coûtent à l'Etat 661 millions par an (1).

1. On trouvera des détails intéressants sur cette question dans un discours prononcé à la Chambre des députés par M. Plichon, le 6 novembre 1905. Cette progression n'a fait que s'accroître. Nous lisons, en corrigeant ces épreuves, dans le *Cri de Paris* (août 1906) :

« Il y a actuellement, en France, exactement 625.000 fonctionnaires.

Dans chaque ministère, on constate la présence de fonctionnaires absolument inutiles,... inspecteurs qui n'inspectent rien, professeurs sans élèves (1), percepteurs inoccupés, bureaucrates qui n'ont rien autre chose à faire qu'à se tailler les ongles ou à lire les journaux.

Tous les bons esprits déplorent l'inutilité des sous-préfets, les folies de l'instruction publique, les dépenses inutiles des Beaux-Arts, etc. Et quand l'Etat se mêle de fabrication ou d'exploitation, c'est pis encore. On a ridiculisé avec raison la fabrication des allumettes qui nous coûtent beaucoup plus cher qu'elles ne coûteraient si on les achetait en Belgique et qui ne valent rien (2).

La moyenne du traitement, pour ces 625.000 fonctionnaires, est de 1.500 francs. Multiplions 625.000 par 1.500. Cela donne 937.500.000 fr. Presque le milliard !

« Sur quatre fonctionnaires de l'Etat, deux, au moins, sont complètement inutiles. Leur seule fonction est d'émarger au budget. On pourrait donc, sans préjudice aucun, en supprimer la moitié. Les affaires n'en iraient que mieux.

« Mais peut-être est-ce trop demander. Faisons la mesure plus large. Sur quatre fonctionnaires, n'en supprimons qu'un seul. Aucune administration, aucun service public ne s'en ressentiraient. Et cela donnerait, tous les ans, une économie de 234.360.000 francs ! »

1. Dans les écoles d'agriculture de l'Etat, il y a en moyenne un professeur pour quatre élèves (Rapport de M. Méline, sénateur, Budget de l'agriculture de 1907).

2. Veut-on des chiffres d'une rigoureuse exactitude ?

Nous les emprunterons au ministre des Finances lui-même, M. Poincaré, dans le discours qu'il a prononcé à la Chambre lors de la discussion des quatre contributions du budget général de 1907 :

« Lorsque, au lieu de fabriquer des allumettes, nous en achetons en *Belgique*, elles nous coûtent, pour le type 87, c'est-à-dire les allumettes GS, en boîtes de 500, 104 francs le million ; le type 191, c'est-à-dire

Si nous gardons pour nous un nombre respectable de fonctionnaires, les budgétivores n'en constituent pas moins un important article d'exportation. Toutes nos colonies en sont encombrées. Les ministres et les gouverneurs de colonies se rendent si bien compte de ce que ce fonctionnarisme a de ridicule et de désastreux qu'ils dissimulent l'état du personnel et qu'il est à peu près impossible de dénombrer l'armée qui vit sur le budget métropolitain, sur les budgets généraux et sur les budgets locaux des colonies.

Au Soudan, nous avons au moins trois fonctionnaires pour un colon. En Algérie, les bureaucrates poussent en plus grande quantité que les cactus et contribuent à entretenir ce beau pays dans un état voisin de la ruine. La comparaison entre l'Algérie, que M. Hugues Le Roux (1)

---

les allumettes amorphes PS en portefeuille de 50, nous revient à 198 francs le million, et cela y compris les frais accessoires, vignettes, etc. *104 francs et 198 francs*, tels sont les prix de revient des allumettes belges une fois prêtes à être mises en vente en France. Or, les prix de revient moyen des produits similaires fabriqués en France, en 1904, par l'Etat, ont été *de 130 francs* pour le type 87 et *202 francs* pour le type 191.

« Ce n'est pas tout. Depuis 1904 l'organisation de la journée de neuf heures a eu pour conséquence une augmentation de 10 o/o du taux des salaires. Les chiffres que je viens d'indiquer doivent donc être relevés de 4 francs pour le type 87 et de 8 francs pour le type 191, si bien que les prix de revient actuels du monopole sont de *134 francs* pour le 87 et de 210 pour le 191.

« Rapprochez, si vous le voulez, ces chiffres de ceux que nous payons pour les allumettes belges, vous trouverez une différence de près *de 30 0/0 pour le 87* et de près *de 6 0/0 pour le 191.* »

1. *Le Figaro*, 11 juin 1898.

appelle *le pays du désordre*, et la Tunisie est d'ailleurs significative. En Tunisie, les dépenses judiciaires s'élèvent à 305.000 francs, somme entièrement remboursée au Trésor par les finances beylicales ; en Algérie, colonie française, la justice coûte non pas deux fois comme on pourrait le croire d'après la proportion de la population, mais *dix fois* plus, soit 2.747.000 francs... qui ne sont remboursés par aucun bey indigène. Et il en est à peu près de même pour tous les services. Soixante-huit fonctionnaires en Tunisie font le travail de six cents en Algérie !

Urgence d'une réforme de la mentalité française. — Le mal, on voit clairement où il est : « *Tous, nous manquons d'initiative ; le ressort moral s'est affaibli en nous.*

Les dangers qui nous menacent sont les conséquences logiques et inévitables de la vie de moindre effort et de peu de travail. C'est l'état d'esprit de nos contemporains qui est la cause de notre décadence. Aussi est-ce de ce côté qu'il faut porter le remède.

Nous ne sommes point les seuls à estimer qu'une réforme de la mentalité actuelle est une œuvre qu'il faut accomplir et dont notre avenir dépend.

« En général, la plupart des grandes questions nationales se réduisent, surtout dans les Etats démocratiques, à une question d'éducation. Il faut toujours chercher dans l'école, dans l'Université, le secret de la grandeur ou de la décadence d'une démocratie ; les améliorations qu'on y introduit sont celles qui se répercutent de plus en plus loin » (1).

En fondant le *Comité Dupleix*, M. G. Bonvalot se proposait de faire connaître nos colonies et de travailler à leur développement. Mais il a vite reconnu que pour peupler les colonies, il fallait d'abord préparer des colons à leur tâche future, et que la *question coloniale* était en réalité une *question d'éducation*.

Rien de plus vrai.

Si l'on veut porter remède à la situation présente, il importe donc, — au lieu de recourir à l'Etat qui n'en peut mais, — de sortir de notre indifférence et de provoquer un réveil des énergies individuelles. *Les périls qui nous menacent ne peuvent pas être écartés par des mesures législatives* ni par quelques hommes de bonne volonté : *ils viennent des erreurs de notre éducation*. Ce sont les mœurs qu'il faut réformer et pour y parvenir, c'est à l'éducation qu'il faut s'attaquer. C'est par elle seule que nous ferons des hommes actifs et énergiques. C'est par elle que la France peut se relever, et reconquérir son rang de grande puissance !

---

1. *Revue Encyclopédique.*

Section II

Les bienfaits de la vie intense

Les pays de vie intense. — Difficultés de la formation du caractère. — Le rôle des parents. — Le rôle des établissements d'enseignement. — L'éducation physique. — Mentalité du jeune homme dans les pays de vie active. — Résultats de la vie d'action. — Avantages matériels. — Conséquences nationales. — Progrès national et progrès individuel.

Les pays de vie intense. — Si beaucoup des Français de notre époque préfèrent cette vie du moindre effort dont nous avons indiqué brièvement les causes, les caractères et les conséquences, il existe à côté d'eux, — surtout dans les pays anglo-saxons, et même en France où ils constituent d'honorables exceptions — des hommes qui jugent la vie d'inertie à sa juste valeur et qui veulent agir.

Difficultés de la formation du caractère. — N'aime point qui veut la vie active ; il en est qui n'y arriveront jamais, malgré tous les conseils de la morale, de la philosophie et de la religion. Pour franchir ce pas difficile qui ouvre la vraie porte du bonheur sur la terre, il faut une longue et profonde formation sociale ; et cette formation est elle-même le résultat d'une série de phénomènes combinés et accumulés.

Tout concourt effectivement à faire des jeunes Anglais ou des jeunes Américains, des hommes d'action, indépendants et énergiques.

Le rôle des parents. — Les parents sont bien convaincus, dans ces pays, qu'ils ne doivent à leurs enfants que l'éducation, — mais une *éducation virile*.

Ils les préparent par l'éducation familiale. Ils s'efforcent de rendre leurs enfants indépendants, de les faire penser et réfléchir par eux-mêmes en les habituant à prendre des décisions et à ne compter sur personne pour se tirer d'affaire.

Dans les pays anglo-saxons, on se garde bien de comprimer le caractère des enfants. — Bien loin de se charger de leurs affaires, on leur confie très jeunes certaines missions dont l'idée même ne nous viendrait pas. Très jeunes aussi, on les fait voyager seuls, traverser la Manche ; et à peine débarqués à Douvres, par exemple, vous verrez des enfants prendre seuls le train pour gagner Londres. Dans les rues, vous rencontrez des bambins appartenant à des familles aisées qui se promènent encore seuls. Parfois, toujours seuls, ils accompagnent gravement leurs jeunes sœurs, et l'on voit, à leur maintien, qu'à l'occasion, ils sauraient les défendre contre un péril quelconque.

Aux Etats-Unis, les parents vont encore beaucoup plus loin dans cette voie que les Anglais. Nous n'en voulons pour preuve que les quelques exemples donnés par M. Georges d'Esparbès :

« Un homme de Kansas-City, qui demeure à quatre milles de la ville, laisse son fils de douze ans conduire sa sœur à l'école, en voiture, au grand galop de son cheval. — La fille d'un habitant de Saint-Louis, âgée de quinze ans, part pour Wirmipeg et fait seule deux mille kilomètres.

« Je pourrais citer cent cas semblables. — On voit des garçons de dix ans s'en aller toucher des chèques à la banque, et les caissiers de là-bas s'exécutent sans rire, ne s'étonnant pas qu'un intelligent enfant soit capable de faire une commission pour son père. — On voit aussi, dans les gares, des petites filles de cinq ans conduire leurs malles et les faire enregistrer. »

Il n'est pas rare, en Angleterre, de voir des parents envoyer leurs enfants aux colonies, non point tant pour y apprendre les affaires et pour s'y créer une situation, que *pour les habituer à vivre loin de leur famille*, pour en faire des hommes habiles à « se débrouiller ».

Le rôle des établissements d'enseignement. — L'éducation donnée dans les collèges est également organisée pour surexciter chez le jeune homme toutes les énergies et toutes les initiatives.

Dans les collèges, on apprend peu. J'ai entendu dire par un observateur attentif et compétent qu'à l'âge de seize ou dix-sept ans, un Français était en avance de deux ou trois années sur ses contemporains d'Outre-Mer. Mais ceux-ci se rattrapent sur beaucoup d'autres points.

Quand le jeune Anglais quitte l'école, il sait peu de chose ; mais il a au moins *appris à apprendre* (1). L'Anglo-Saxon ne se fait pas d'illusion sur son savoir ; il ne croit pas qu'un diplôme confère la science universelle ni qu'avec les années d'école finisse le temps de s'instruire ; il est convaincu que la vie doit se passer à apprendre. Dans la classe moyenne anglaise en particulier, beaucoup d'hommes ont quitté l'école trop tôt ou n'y ont pas appris grand'chose ; mais ils passent ensuite leur existence à amasser des connaissances. Ce ne sont peut-être pas des dilettantes très subtils ni des intellectuels raffinés, mais ce sont des esprits droits, et sachant bien ce qu'ils savent, chose mille fois préférable à notre érudition de plus ou moins bon aloi !

L'éducation donnée dans les collèges des pays de vie intense a le très grand mérite d'être tournée vers les *questions pratiques*. On introduit d'abord cet esprit pratique dans l'enseignement ; puis *les années de collège ont leur complément nécessaire dans un* APPRENTISSAGE AUQUEL L'ENSEIGNEMENT THÉORIQUE NE PEUT SUPPLÉER comme on le croit trop souvent en France.

---

1. E. Boutmy. Préface de l'ouvrage de Max Leclerc : *L'Education des classes moyennes et dirigeantes en Angleterre*.

Ceux qui sont élevés de cette sorte sont vite persuadés de la *valeur éminente de l'effort personnel ;* ils ne croient pas qu'avec quelques diplômes et quelques succès dus au mécanisme de la mémoire, l'homme soit nécessairement appelé à réussir dans la vie sans jamais se donner aucune peine.

L'éducation physique. — Former des hommes, tel est le but que l'on poursuit dans le home et à l'école par un complet accord des maîtres et des élèves.

Aux mesures destinées à provoquer directement le développement de l'énergie morale s'ajoute l'éducation physique en si grand honneur dans les pays anglo-saxons. Cette éducation n'est pas sans avoir une influence, indirecte il est vrai, mais singulièrement puissante, sur la formation des caractères.

Les exercices en plein air contribuent à accroître l'activité de ceux qui s'y livrent, à leur en donner le goût; ils développent aussi, non seulement les forces physiques, mais surtout les qualités morales de décision et d'initiative; certains, comme le foot-ball, sont excellents pour exciter et discipliner l'esprit de combativité qui sommeille au dedans de nous.

Aussi, comme le disait M. Philippe dans un article de la *Revue encyclopédique* :

« On doit attribuer pour une large part au mérite de cette

éducation, l'expansion prodigieuse atteinte par l'empire britannique et le haut degré de puissance atteint par les Anglais.

« Il est même curieux de constater que ces progrès coïncident avec la réforme pédagogique qui s'est opérée dans le Royaume-Uni en 1840.

« Dans cette réforme, l'exercice physique tient en quelque sorte la première place ; on le fait servir à une œuvre d'éducation morale.

« Dans la plupart des pays de l'Europe, au contraire, l'inertie physique était jusqu'en ces derniers temps considérée comme un corollaire indispensable du perfectionnement cérébral. Il était admis que le jeu nuit aux études. »

Mentalité du jeune homme dans les pays de vie active. — On comprendra facilement comment un enfant élevé dans de telles conditions doit être disposé le jour où il entre dans la vie.

Loin de redouter les difficultés de la vie, il prend au contraire plaisir à les affronter. Il devient *un de ces hommes fortement trempés qui prisent avant tout l'effort et la lutte*, ne craignent pas le travail et les responsabilités, recherchent les professions actives, n'ont pas peur de risquer leurs capitaux ou leur bien-être dans des entreprises aléatoires mais rémunératrices, aiment à *surmonter les difficultés de la vie*. C'est un être actif, infatigable, qui cherche la peine par plaisir et qui se joue au milieu de la bataille sociale comme si les coups donnés et les coups reçus lui apportaient la même joie.

Aussi l'idéal de ces hommes ne consiste-t-il point

dans la recherche d'une place de fonctionnaire qui les ferait vivre chichement. Ils ont *la passion de l'entreprise;* ils sont toujours en quête d'une société à fonder, d'un domaine à mettre en valeur. Ils mettront dans cette affaire tout leur avoir et canaliseront toute leur activité pour la faire prospérer, car ils jouent le tout pour le tout et savent que si le salaire des bureaucrates est toujours le même, quelle que soit leur activité, les hommes entreprenants ont une grosse responsabilité et que leur salaire dépend uniquement de leur succès.

C'est cet état d'esprit qui se traduit d'une façon si vive et si éloquente dans une page de *La Vie intense* du président Roosevelt (1).

« Une vie d'aise, fainéante, une vie de cette paix qui vient seulement du manque de désirs ou de pouvoir de s'efforcer aux grandes choses, est aussi peu digne d'une nation que d'un individu.

« ... Les loisirs sagement employés signifient seulement que ceux qui les possèdent, affranchis de la nécessité de travailler pour gagner leur vie, sont d'autant plus tenus de

---

1. Nous ne saurions trop recommander la lecture de ces conseils excellents. Aux yeux du président de la République des Etats-Unis, l'homme qui ne sait point vouloir n'est qu'une loque humaine et le peuple qui ne sait point agir et craint les charges de la famille est un peuple mort. Roosevelt ne croit pas davantage à la toute-puissance de l'Etat et il ne peut réprimer un haussement d'épaules lorsqu'on déclare devant lui que le bonheur individuel et social peut sortir d'une usine législative quelconque. « Si un Américain, dit-il, doit arriver à quelque chose, il doit mettre sa confiance en lui-même et non dans l'Etat. »

poursuivre quelque sorte de travail non rémunérateur, en sciences, en lettres, en art, en exploration, en recherches historiques, genre de travail dont nous avons le plus besoin dans ce pays et dont l'heureux avancement réfléchit le plus d'honneur sur la nation.

« Nous n'admirons pas l'homme de la paix timide. Nous admirons l'homme qui incarne l'effort victorieux ; l'homme qui ne fait jamais de tort à son prochain, qui est prompt à aider un ami, mais qui a les qualités viriles nécessaires pour l'emporter dans la sévère lutte de la vie actuelle. Il est dur d'échouer, mais il est pire de n'avoir jamais essayé de réussir.

« Dans cette vie, nous n'arrivons à rien que par l'effort. Être affranchi de l'effort dans le présent signifie simplement qu'il y a eu de l'effort amassé dans le passé. Un homme ne peut être affranchi de la nécessité de travailler par ce seul fait que lui ou ses pères avant lui ont travaillé avec fruit. Si la liberté ainsi acquise est bien employée et si l'homme fait encore un travail actuel, quoique d'espèce différente, soit comme écrivain, soit comme général, soit dans le champ de la politique, soit dans le champ de l'exploration et de l'aventure, il montre qu'il mérite sa bonne fortune.

« Mais s'il traite cette période où il est affranchi de la nécessité du labeur actuel, comme une période non de préparation, mais de simple jouissance, quoique non peut-être de vicieuse jouissance, il montre qu'il est simplement un encombrement à la surface de la terre et il se rend sûrement incapable de tenir sa place parmi ses camarades, si le besoin de faire ainsi surgissait à nouveau.

« Une vie d'aise n'est pas, à la fin, une vie vraiment satisfaisante, et par-dessus tout, c'est une vie qui finalement rend ceux qui la mènent incapables d'un travail sérieux dans le monde. »

Résultats de la vie d'action. — Quand on est pénétré de tels principes, on ne tarde pas à en retirer de nombreux avantages, tant au point de vue individuel qu'au point de vue national.

Effectivement, l'homme actif qui lutte sans cesse n'est pas un être malheureux et aspirant au repos comme on serait tenté de le croire. Les paroles du président Roosevelt que nous venons de reproduire ne sont assurément pas celles d'un mécontent qui gémit d'être soumis aux nécessités de la vie. C'est le langage d'un lutteur qui aime la lutte, d'un HOMME en un mot.

Qu'on le sache bien, on trouve d'âpres jouissances à affronter courageusement les difficultés, à s'orienter vers l'effort personnel et intense, à se proposer un but, (serait-ce seulement celui de gagner de l'argent, ou d'exercer dans une profession quelconque une situation prépondérante) et à adopter un *plan de vie* conforme à ce but.

Ceux qui savent vivre ainsi sont heureux. Ils réalisent la parole du poète :

> Ceux qui vivent, ce sont ceux qui luttent. Ce sont
> Ceux dont un dessein ferme emplit l'âme et le front,
> Ceux qui d'un haut destin gravissent l'âpre cime,
> Ceux qui marchent pensifs, épris d'un but sublime,
> Ayant devant les yeux, sans cesse, nuit et jour
> Ou quelque saint labeur, ou quelque grand amour.

Ces vers magnifiques de Victor Hugo résument admirablement notre pensée : oui, il y a dans l'action, dans la lutte, un plaisir infini... et c'est rendre service aux jeunes gens de les diriger vers les professions actives, de leur déconseiller le fonctionnarisme et autres professions analogues, de les orienter, non plus vers la vie de repos ou de *farniente*, mais vers la lutte pour la vie, *struggle for life*, la marche en avant *go ahead*, l'action personnelle, *self help*.

L'homme qui lutte pour atteindre un but, ressent une satisfaction intense que ne connait pas celui qui végète misérablement à accomplir une tâche toujours identique ; il éprouve le sentiment de sa propre supériorité et se réjouit à cette idée qu'il accomplit une tâche noble qui lui permettra de surmonter les difficultés matérielles et morales de la vie.

Même dans les professions productives, on peut trouver, dans cette vie active, des jouissances d'un ordre supérieur, je dirais presque poétiques. Cela ressort nettement des paroles si intéressantes prononcées par M. Carnegie à *Cornell University* :

« L'homme d'affaires qui réussit, dit-il, ne tarde pas à s'élever au-dessus du simple désir de gagner de l'argent. Ce désir est remplacé par la pensée des services qu'il rend, de la façon que je viens d'indiquer. Le négociant découvre bientôt que son sentiment le plus fort, c'est la fierté d'étendre ses opérations internationales, de faire voguer ses navires sur toutes les mers. L'industriel trouve dans ses employés, ses usines, ses machines, dans les améliorations, dans le perfectionnement de ses usines et de ses méthodes son principal intérêt et sa récompense. Le profit qu'il en tire lui est agréable, non simplement parce qu'il lui procure de l'argent, mais parce qu'il indique le succès.

« Il y a dans les affaires un côté poétique aussi bien qu'un côté pratique. Le jeune homme qui débute dans une maison de banque et s'occupe de capitaux placés de cent manières différentes trouve bientôt dans les affaires du roman et un champ sans limites pour son imagination. Il peut accorder un crédit sur le monde entier. Une simple lettre de lui transporte le voyageur au coin le plus reculé de la terre. Il peut même rendre service à son pays dans une crise, comme fit Richard Morris... pour le général Washington dans la cause révolutionnaire ; ou comme de nos jours, nos grands banquiers qui, dans plusieurs crises, ont fourni de l'or à notre gouvernement et ainsi évité une calamité. »

Même si la réussite ne devait pas couronner ses efforts, mieux vaut cette vie courageuse du lutteur que celle du *prébendé* qui, attaché au budjet comme le porc à l'étable, s'engraisse à ne rien faire ; on a au moins *la jouissance du devoir accompli.*

Les avantages matériels de la vie d'action. — Quand bien même on considérerait uniquement les profits matériels que procure cette vie intense, on constaterait encore mieux sa supériorité.

La vie d'action, la vie d'affaires a cet avantage que les résultats pécuniaires sont en général plus importants. Dans notre société moderne, ce ne sont point, à de très rares exceptions près, les fonctionnaires, les amateurs de situations tranquilles qui gagnent de quoi vivre largement. Par contre, combien voit-on d'industriels, de commerçants qui, à la fin de l'année, ont réalisé d'importants bénéfices et qui peuvent ainsi satisfaire leurs goûts d'indépendance, de luxe et de confort ?

Jetons un coup d'œil sur les milliardaires américains.

Si Carnegie ou Rockfeller ont gagné des centaines de millions, c'est uniquement parce qu'ils ont fait des affaires, parce qu'ils sont des *business men*. S'ils avaient accompli leur carrière dans le fonctionnarisme, ils ne pouvaient être aujourd'hui que de très modestes rentiers.

Certains trouvent ces considérations matérielles trop viles pour peser de quelque poids sur une détermination. Mais il leur faudrait d'abord prouver que la vie tout entière n'est point soumise à ces nécessités, et que le bonheur n'est pas en relations étroites avec leur satisfaction.

D'ailleurs, on peut trouver dans ces avantages matériels les motifs d'une satisfaction plus relevée : celle de l'indépendance et de la puissance que donne une situation honorable acquise par un travail opiniâtre. N'est-ce pas aussi un bonheur tout désintéressé que goûte celui qui fait vivre une nombreuse famille dans l'opulence et la sécurité?

Conséquences nationales de la vie d'action. — La maxime « *qui veut peut* » s'applique aux nations comme aux individus. Quand un certain nombre d'hommes dans un pays, prennent la résolution de pratiquer *la vie active et virile*, le pays se ressent de cet effort, et sa prospérité s'accroît.

Dans les pays où la vie intense est en honneur, aux Etats-Unis, en Angleterre, en Allemagne, au Japon, les hommes, lancés très jeunes dans les affaires et arrivés rapidement à une situation indépendante, se marient tôt et en grand nombre. La vie de famille avec ses conséquences de bonheur et de moralité y est pratiquée bien plus qu'en France, et, comme la prospérité d'une nation est faite de la prospérité de chaque famille qui la compose, le pays tout entier se trouve assaini et enrichi par là même.

D'autre part, si ces pays ne sont point ceux des célibataires, ce ne sont pas davantage ceux des fils uniques. Autant les statistiques sont décourageantes en France, autant elles marquent ailleurs des progrès constants.

Dans ces dernières années, l'Angleterre a eu annuellement 30,1 naissances et 18,2 décès pour 1.000 habitants, soit un excédent de 11,9 ; l'Allemagne 34,1 naissances et 19,6 décès, soit un excédent de 14,5 ; les Etats-Unis, enfin, 33 naissances et 17,4 décès, ce qui donne l'excédent considérable de 15,6. Aussi, en 1903, l'Angleterre a-t-elle gagné plus d'un demi-million d'habitants (1) ; l'Alle-

1. Exactement 515.632.

magne 812.173. En deux ans, ce dernier pays s'accroît pacifiquement et légitimement d'une population égale à celle de l'Alsace-Lorraine! Quant aux Etats-Unis, ils s'accroissent au moins d'un million d'habitants chaque année (1).

Les avantages que confère cette situation sont énormes :

« Tel est, dit le docteur J. Bertillon, le nombre de paires de bras qui sortent chaque année de terre pour travailler, améliorer le sol, construire de nouveaux ateliers, augmenter la richesse, la puissance et la gloire de leur pays... (l'Allemagne) possède aujourd'hui beaucoup plus de producteurs, de consommateurs, de savants, de lettrés, de soldats, de force économique, intellectuelle et militaire ; en un mot *plus de vie*. »

Dans ces pays, l'abondance des producteurs est le résultat, non seulement de l'accroissement de la population, mais aussi du mouvement général qui conduit vers les professions actives. La plupart des hommes se lancent dans le commerce et dans l'industrie ; ils deviennent des producteurs et contribuent à enrichir la société où ils produisent. Ils y contribuent d'autant plus que c'est *l'élite des intelligences* qui s'engage dans cette voie, et que les qualités d'esprit mettent l'homme

1. Il est impossible de préciser ce chiffre comme pour les pays européens. Pour connaître la situation plus en détail, nous conseillons de se reporter au livre de M. Pierre Leroy-Beaulieu : *Les Etats-Unis au XXe siècle*.

d'affaires anglo-saxon bien au-dessus des Français qui sont entrés dans la même carrière sans goût et par nécessité.

Les résultats sont là pour nous montrer la vitalité de l'industrie et du commerce des pays actifs.

Nous l'avons dit déjà à propos du commerce français : nous sommes inondés par les produits anglais, allemands et américains ; et il en est de même pour toute la terre.

« Il suffit, dit M. Pierre Leroy-Beaulieu, de jeter un coup d'œil sur le tableau de l'industrie américaine, pour juger de l'extrême rapidité avec laquelle s'est développée depuis le milieu du siècle, depuis vingt ans, depuis dix ans, l'industrie américaine. En comparant son accroissement à celui qu'a pris l'industrie dans les autres nations civilisées, on voit mieux encore combien il est énorme. »

Effectivement, si nous nous reportons aux chiffres des exportations dans les pays germaniques et anglo-saxons, nous voyons combien leur développement à tous, et combien celui des Etats-Unis en particulier, est rapide.

En examinant les chiffres du commerce anglais de 1891 à 1901, on constate qu'en dix années seulement, les exportations ont passé de six milliards 180 millions à six milliards 784 millions, soit une augmentation de *704 millions*. Celles de l'Allemagne, pendant la même période, ont passé de *quatre* milliards 158 millions à *cinq* milliards 764 millions, augmentant de *un milliard 606 mil-*

lions. Aux Etats-Unis, les exportations s'élevaient dans le même temps, de *quatre* milliards 277 millions à *sept* milliards 390 millions ; l'accroissement était de *trois milliards 113 millions !*

Ces chiffres sont concluants.

Progrès national. — Progrès individuel. — Ces indications sont bien sommaires ; mais elles ont toutes une profonde signification. Elles nous montrent comment il suffit à un peuple d'être composé de citoyens actifs et énergiques pour prendre rapidement une des premières places dans le concours ouvert entre toutes les nations.

Un peuple, comme une créature humaine, est une matière malléable. Il peut se transformer si chaque citoyen pris individuellement a la ferme volonté de se transformer.

Section III

La nécessité d'avoir des hommes d'action

Remèdes urgents. — Possibilité d'appliquer ces remèdes. — Notre but. — Les différentes qualités de l'homme d'action. — Analyse de l'esprit d'initiative.

Remèdes urgents. — Les conclusions auxquelles nous conduit cette étude préparatoire sont assez nettes pour se dégager des seuls faits que nous venons de citer, sans qu'il soit nécessaire de les développer davantage.

Il en est une cependant sur laquelle nous ne pouvons pas passer sans y insister. C'est la *nécessité de multiplier en France les hommes d'action.* Il faut, comme le disait si bien M. Hugues Le Roux, comparer le type du Français de vingt ans au type que nous nous proposons d'obtenir, et porter remède à tous les vices de constitution que nous remarquons. Il faut mettre tout en œuvre pour élever l'enfant dans une atmosphère d'énergie et d'activité, pour *orienter vers la vie intense* tous ses désirs et toutes ses facultés ; il faut obtenir pour lui, de sa famille, une *éducation plus virile ;* il faut modifier les procédés d'enseignement pour *préparer l'enfant à la vie active*, pour en faire un homme d'affaires et non un mauvais lettré ; il faut enfin et surtout lui former un *corps souple et résistant* dont la force, d'abord nécessaire pour les luttes de la vie, réagira ensuite de la façon la plus heureuse sur la direction de sa volonté.

Il est indispensable de s'appliquer à cette œuvre ; le danger approche, et il est redoutable. *Nous sommes menacés*, si nous ne l'écartons pas, *de perdre promptement le rang de grande puissance* que nous avions gardé jusqu'à présent. Nous pouvons même dire que nous avons perdu ce rang, si nous nous comparons aux peuples qui jouent aujourd'hui le premier rôle dans le monde. Si nous voulons reprendre notre ancienne place, il est largement temps de réagir. *S'abandonner*, *même pour un instant, serait y renoncer définitivement.*

La possibilité d'appliquer les remèdes. — Il ne faut pas se laisser déprimer par un fatalisme qui, dans l'occurrence, ne peut servir que de prétexte aux âmes faibles qui renoncent à tenter aucun effort.

La situation dans laquelle nous sommes n'est point fatale, et nous pouvons y porter remède.

De même que le masseur suédois arrive à donner au corps une forme plastique, de même on peut arriver, par une méthode rigoureuse, à former le « vélite alerte » que nous rêvons. Il suffit d'agir sur la formation physique, intellectuelle et morale des jeunes générations pour les transformer.

Qui pourrait trouver des obstacles à la réussite?

D'ailleurs, l'exemple des peuples forts, — des Anglais surtout, qui sont passés rapidement d'une dégénérescence avancée à une situation supérieure, — suffit pour nous prouver que cette tentative n'est point irréalisable, nous dirons même qu'il est facile de la faire aboutir.

Notre but. — Nous nous adressons avec confiance aux jeunes gens qui, entre dix-huit et vingt-cinq ans, leurs études finies, vont entrer dans l'existence.

En attendant que l'éducation des lycées et collèges soit réformée dans un sens pratique, nous voulons les engager à réparer les principaux défauts qu'elle a fait naître en eux.

Nous essaierons d'indiquer, dans cet ouvrage, comment un jeune homme peut prendre en main la direction de sa vie et s'entraîner méthodiquement en vue de donner, dans l'existence, le maximum d'efforts et d'obtenir le maximum de résultats.

Avant d'entrer dans le détail de ces procédés, nous devons préciser nos idées. Etant donné que nous mourons d'inertie, quelles sont au juste les qualités qu'il convient d'acquérir pour renaître à l'activité?

Voici notre réponse :

Puisque nous périssons par manque d'énergie, *l'esprit d'initiative nous sauvera*. Il est le *ressort de l'activité virile, le gage du succès dans la vie.*

Les différentes qualités de l'homme d'action. — Or, quelles qualités réclament surtout le commerce, l'industrie, l'agriculture, la colonisation, et, d'une façon générale, toutes les professions actives?

Le bon sens, la clarté, la justesse du coup d'œil, l'audace qui suppose la confiance en soi, celle-ci résultant à son tour de la force physique, et du bon équilibre des facultés intellectuelles et morales.

Pour ne prendre qu'un exemple, la plupart des grands industriels sont des gens partis de bas (1), qui ont suivi une idée en l'améliorant

1. Lire à ce sujet les exemples cités par Carnegie dans *L'Empire des affaires*.

sans trêve ; ils ont gradué les effets avec les moyens ; ils ont eu l'esprit de décision qui commande les sacrifices en vue des gains à venir escomptés avec une ferme confiance. Ils ont connu les recommencements, non les découragements.

Ces différentes qualités nécessaires au jeune homme que nous voulons former peuvent donc se résumer d'un mot : l'*esprit d'initiative.*

Il importe d'y insister.

Analyse de l'esprit d'initiative. — Avoir l'esprit d'initiative c'est, par définition (1), savoir « commencer » quelque chose, et par suite, *savoir agir :* or, savoir agir, c'est, avant tout avoir un esprit résolu, habitué à prendre vivement un parti et à ne point hésiter devant les difficultés, — ce qui suppose une *intelligence* lucide et vive, et une *volonté* ferme ; c'est ensuite avoir un tempérament rompu à l'action, — ce qui suppose une certaine *activité physique*, un corps et des membres assouplis, toujours au service d'une volonté qui dirige.

L'esprit d'initiative est donc à la fois une qualité intellectuelle, morale et physique.

A. — Qualité intellectuelle. — C'est d'abord une qualité intellectuelle. Il implique nécessaire-

1. Nous rappellerons que *initiative* vient du mot latin *initium* qui veut dire *commencement.*

ment, d'une part, une intelligence, prompte, et ce qu'on appelle *l'esprit de décision*, et d'autre part, *le don de vouloir*, la volonté assurée de réaliser le projet adopté par l'intelligence.

Pour être un homme d'action et d'initiative, il est indispensable d'avoir tout d'abord des idées nettes et précises, de concevoir clairement le but à atteindre.

Ceux-là ne seront jamais des hommes d'action qui seront simplement des « intellectuels » et des analystes.

Chez eux, on aura surchargé la mémoire au détriment de l'intelligence ; l'habitude de la méditation, de la réflexion, de l'analyse, leur aura enlevé le goût de l'action. Ils se perdront dans les détails ; ils hésiteront toujours à se décider. Niera-t-on que des idées trop nombreuses amènent de la confusion dans l'esprit, en impliquant une longue délibération, et qu'un trop grand développement de l'esprit critique paralyse l'activité ? — L'homme d'action est avant tout un simpliste. Il a la conception rapide du but et des moyens. Il *voit*, et il marche droit au but qu'il s'est fixé.

B. — Qualités morales. — Mais l'intelligence lucide et nette ne suffit pas à elle seule pour être un homme d'initiative : le rôle de la volonté est capital. « Vouloir, c'est pouvoir », dit le proverbe. Point d'action efficace sans une volonté persistante : « La seule chose sérieuse, c'est la volonté », a dit Emerson. Heureux l'homme qui sait vouloir, c'est-à-dire réaliser ses desseins ! Pour réussir dans cette œuvre difficile, il lui faut dominer ses passions, résister aux caprices de son imagination et de ses sens, ne point se laisser abattre par les difficultés, persévérer malgré les obstacles, être tenace.

L'éducation de la volonté est chose difficile ; la volonté ne s'acquiert qu'avec de longs efforts et ne se développe que par un entraînement méthodique et rationnel. Mais une fois acquise, elle est un levier d'une force incomparable.

Si actuellement nous constatons autour de nous un déclin moral et économique aussi grave que celui que nous avons signalé plus haut, c'est parce qu'il y a un affaiblissement constant des volontés individuelles ; c'est parce que, dans l'éducation d'abord, tout contribue à arrêter chez les jeunes gens le développement de l'effort personnel et de l'esprit d'initiative. Les habitudes sociales, le système administratif et politique entravent ensuite la même qualité.

C'est cette maladie de la volonté qu'il faut guérir chez les jeunes gens, en leur demandant les efforts régénérateurs, en bannissant le charme trop séduisant d'études d'amateurs. L'exercice qui ne serait qu'un plaisir ne serait pas profitable pour l'éducation de la volonté.

C. — Qualités physiques. — Nous avons dit que l'initiative est une qualité physique. L'homme est un tout naturel ; l'âme et la bête marchent accouplées, comme les deux coursiers du char dans le mythe platonicien.

Si l'on veut que le corps soit pour la volonté un instrument docile et assoupli, il est indispensable de ne rien négliger pour assurer le fonctionnement régulier des organes corporels. Cela revient à dire que la *santé est une condition « sine qua non » de l'initiative*. Sans un corps valide et agile, point d'action efficace possible ; se bien porter est nécessaire pour *agir*.

Cette influence de la santé physique sur la santé morale nous paraît avoir beaucoup plus d'importance qu'on ne lui en attache généralement, surtout avec de jeunes générations qui ne paraissent pas en progrès physique sur leurs devancières. Nous n'emploierons point ici les grands mots « dégénérés, abâtardis » ; mais *diminués physiquement*, nos enfants le sont, à n'en pas douter.

On ne peut rien faire d'utile lorsqu'on est mal portant. Or que de malades nous entourent ? La vie renfermée des collèges et des pensions rend nos jeunes gens lymphatiques, inaptes au devoir militaire ; nos jeunes filles anémiques et impropres pour plus tard aux fatigues de la grossesse. Nos habitudes de « civilisés » qui nous éloignent des exercices physiques, nous rendent tous plus ou moins neurasthéniques (1) ou dyspeptiques.

Or la dyspepsie rend ceux qu'elle atteint maus-

1. Nous renvoyons pour plus de détails à l'ouvrage de M. Hilty, *La Neurasthénie*, déjà cité.

sades, tristes, amers, incapables d'action ; la neurasthénie, maladie inconnue il y a trois générations et qui est aujourd'hui la maladie à la mode, affecte surtout la volonté, qui perd peu à peu son empire, de sorte que l'homme tout entier devient le jouet de ses impressions contre lesquelles il n'est plus en état de réagir.

Tout cela déprime les individualités et par contre-coup contribue à affaiblir la force vitale de notre pays. « La crainte et l'envie, dit un auteur étranger, étendant leur empire sur la France entière qui devient un peuple de neurasthéniques ; personne n'a plus le courage de sa conviction, tout le monde y est agité et fiévreux. »

Reprenons à notre usage la formule banale du *Mens sana in corpore sano*. « Etre un bon animal », a dit Spencer, voilà l'idéal physique. L'hygiène, l'entraînement, l'éducation physique peuvent nous donner, avec la bonne santé, la capacité de faire des efforts, de nous mesurer avec les épreuves, de devenir des hommes d'action.

A vous, jeunes gens, qui demain allez être des hommes et qui contribuerez, selon votre conduite, au relèvement de votre pays ou à sa décadence, de choisir entre les deux genres de vie que nous venons de définir !

Si, comme nous l'espérons, vous optez pour la vie d'action, profitez de vos années de jeunesse pour vous y préparer sérieusement.

Et, si vous nous faites l'honneur de nous prendre pour guide, lisez et méditez les conseils que nous avons rassemblés à votre intention dans les pages qui vont suivre.

CHAPITRE II

L'Éducation morale

SECTION II

Peut-on agir sur la volonté ?

NÉCESSITÉ D'ÉDUQUER SA VOLONTÉ. — CETTE ÉDUCATION EST POSSIBLE. — PEU DE GENS S'APPLIQUENT A L'ÉDUCATION DE LEUR VOLONTÉ. — RÉSULTATS AUXQUELS ELLE PEUT CONDUIRE. — DIFFICULTÉS DE L'ÉDUCATION DE LA VOLONTÉ. — NÉCESSITÉ D'EMPLOYER DES MOYENS DÉTOURNÉS ET D'AGIR AVEC PERSÉVÉRANCE POUR FAIRE CETTE ÉDUCATION.

Nécessité d'éduquer sa volonté. — Le but essentiel que vous devez vous proposer, c'est avant tout de devenir capables de faire acte de volonté.

L'indécision entre plusieurs résolutions possibles n'est peut-être pas plus nuisible que cette sorte d'indifférence trop fréquente chez certaines personnes qui portent bien leurs préférences sur tel ou tel projet, mais qui s'en désintéressent encore au point de ne jamais chercher à l'exécuter. Ce qu'il faut, c'est être capable de faire un choix entre plusieurs alternatives, et, une fois la décision prise, de ne pas abandonner la poursuite du but désiré.

Pour traduire ce fait d'une façon vivante : il ne faut pas que tout se passe en vous comme dans une armée dont le général dresserait les plans de bataille, mais dont les soldats refuseraient d'exécuter les ordres.

Il faut que la délibération qui choisit provoque immédiatement la résolution qui exécute. Il faut une hiérarchie bien réglée, une soumission étroite qu'exprime si bien cette expression : LA MAITRISE DE SOI.

Soyez donc maîtres de vous.

L'éducation de la volonté est possible. — Il serait, en vérité, ridicule de vous recommander cet effort si notre nature le rendait impossible. Mais nous pouvons tous le faire aboutir, quelles que soient les affirmations qui se sont élevées contre cette idée.

C'est un fait curieux que le sens commun qui, en général, ne peut concevoir la possibilité d'un déterminisme rigoureux, ne manque pas d'attribuer à l'hérédité une influence éminente, supérieure à toute autre, sur la formation de notre volonté.

« Que de sottises écrites en ces derniers temps sur l'hérédité ! disait le docteur Toulouse dans un article publié dans *Le Journal*. Elles expliquent tout, en médecine comme en sociologie. Les maladies étaient fatales et se transmettaient, — sans qu'on puisse intervenir, — avec la rigueur d'une malédiction divine qui poursuit le pécheur jusque dans ses descendants les plus reculés... (1) Si les dispositions corporelles passent du parent à l'enfant difficilement sous la même forme, les caractéristiques morales sont encore moins simplement transmissibles. »

Aux influences héréditaires, les philosophes sont venus ajouter un déterminisme rigoureux, qui nous ôte toute prise sur nous-mêmes : nous sommes des jouets, conscients il est vrai, mais incapables de nous modifier.

Ces théories sont tellement fausses qu'il serait même inutile d'en faire mention, si beaucoup de personnes n'y voyaient un encouragement à s'abandonner et à perdre la maîtrise d'elles-mêmes. — Vous surtout, jeunes gens, qui, êtes vivement attirés de côté et d'autre par la fraîcheur de vos impressions, vous êtes trop sujets à croire à cette fatalité qui détermine la moindre de vos actions et à vous laisser aller ainsi à la dérive sans chercher à vouloir.

Peu de gens s'appliquent à éduquer leur volonté. — Vous nous montrerez, il est vrai, une foule de personnes qui passeront leur existence entière sans avoir jamais fait acte de volonté.

La plupart des hommes, en effet, vivent absorbés par les mêmes soucis matériels. Le cultivateur

1. Ils ont mangé du raisin vert, et les dents de leurs enfants en ont été agacées (la Bible).

va à son champ le matin, le fonctionnaire à son bureau ; et ils recommencent tous les jours la même tâche, sans beaucoup songer à leur vie morale ; le peu de temps que leur laissent les préoccupations matérielles de leur métier, ils l'emploient à se distraire, c'est-à-dire qu'ils éliminent toute préoccupation sérieuse.

Quant à ceux qui ne sont astreints à aucun travail, ils s'amusent... ou s'ennuient tout le long de la journée, et se croient encore bien plus dispensés de réfléchir que ceux qui sont soumis à de nombreuses obligations.

Il serait surprenant, dans ce cas, de constater quelque transformation dans leur caractère. Si l'on en observait une, ce serait plutôt un affaissement de l'énergie et de la volonté atrophiées par le mécanisme et le manque d'exercice.

Résultats auxquels peut conduire l'éducation de la volonté. — Mais à côté des êtres « atrophiés », dont on ne peut d'ailleurs tirer aucun argument en faveur de notre impuissance, combien d'hommes pourrons-nous citer qui, à force d'efforts, ont pu se modifier profondément.

« On voit des lâches affronter la mort pour gagner de l'argent, dit M. Payot dans sa belle étude sur *l'Education de la volonté*. Il n'est pas une passion qui ne puisse tenir en échec la peur de la mort.. Or le plus grand bien que possède l'égoïste est assurément la vie. N'a-t-on jamais vu d'égoïstes emportés par un enthousiasme passager, sacrifier leur existence à la patrie ou à quelque noble cause ?...

« Un caractère qui se transforme radicalement, ne fût-ce que pendant une demi-heure n'est point un caractère immuable, et il y a espoir de renouveler ces changements de plus en plus fréquemment. »

La bravoure surtout est une de ces qualités qui s'acquièrent manifestement. Tout homme de guerre a commencé par trembler sous le feu de l'ennemi. Ceux qui deviennent indifférents au danger sont ceux qui ont fait un apprentissage long et pénible, qui se sont transformés.

Aussi, pour peu que vous réfléchissiez sur la nature du caractère, devez-vous nécessairement adopter la conclusion à laquelle aboutit M. Albert Lévy dans la *Psychologie du caractère :*

« Le caractère, dit-il, reste subordonné à l'esprit comme la partie au tout, comme la pensée, le sentiment et la volonté isolés ou réunis, à l'essence une et entière de l'âme. Le caractère est en partie une détermination, une libre création du moi. »

Difficultés de l'éducation de la volonté. — Ce point acquis, ce serait tomber dans une autre erreur, plus grave peut-être que la première, que de croire facile cette transformation du caractère.

Il ne suffit point de vous dire : « Je veux être bon, je veux être brave », pour le devenir instantanément. S'il en était ainsi, pensez-vous qu'il y aurait autant d'êtres malfaisants qu'il en existe ? Il faut remarquer que ceux qui se proposent délibérément un but criminel sont bien peu nombreux. L'enfer, comme dit très justement la locution courante, est pavé de bonnes intentions.

D'ailleurs, examinez-vous vous-même, et vous constaterez combien de fois vous avez failli dans les beaux projets de réforme morale que vous vous étiez proposés.

Souvent vous vous êtes dit : « Je ne donne pas la somme d'efforts que je pourrais donner ; à l'avenir, je serai plus travailleur. » Et pour mettre en pratique vos bonnes intentions, vous vous êtes dressé un programme de travail. Si vous êtes arrivé à vous y conformer, nous ne nous tromperons pas en affirmant que ce n'a pas été à la première tentative, et qu'à plusieurs reprises, vous l'avez abandonné et modifié pour y revenir de nouveau.

Tous ceux qui sont parvenus à acquérir sur eux une maîtrise puissante pourront vous dire toutes les luttes qu'ils ont dû soutenir pour y parvenir, les lents progrès suivis de reculs passagers qui se sont succédé pendant leur vie.

L'exemple de Pascal qui a traversé plusieurs crises morales avant d'arriver à une pleine maîtrise de lui-même est significatif et intéressant à méditer.

Il est hors de doute que ceux-là même, qui avaient originellement la volonté la plus ferme et la mieux trempée, n'ont pu se transfigurer à la suite d'un FIAT.

M. Payot a trouvé, pour exprimer cette idée,

des paroles tout à fait propres à nous servir de conclusion sur cette question de la formation du caractère.

« La liberté morale, dit-il, comme la liberté politique, comme tout ce qui a quelque valeur en ce monde, doit être conquise de haute lutte et sans cesse défendue. Elle est la récompense des forts, des habiles, des persévérants. *Nul n'est libre, s'il ne mérite d'être libre.* La liberté n'est ni un droit, ni un fait ; elle est une récompense, la récompense la plus haute, la plus féconde en bonheur. »

Nécessité d'employer des moyens détournés pour éduquer la volonté. —Si telle est la nature de notre caractère, il importe de trouver, pour arriver à la maîtrise de soi-même, des procédés appropriés. Celui qui voudrait du jour au lendemain entreprendre de transformer radicalement son caractère et de substituer une habitude d'esprit à une autre, se heurterait à des obstacles insurmontables. Le découragement le prendrait, et non-seulement l'effet de sa première tentative serait nul, mais il serait dégoûté, à tout jamais, de recommencer.

Il faudra donc agir de façon détournée — nous dirons presque astucieuse — comme si l'on essayait de tromper quelqu'un. L'emploi de la *méthode progressive* est surtout nécessaire : *n'agissez jamais que peu à peu*. Quand vous aurez un résultat acquis, essayez d'en obtenir un autre, c'est ainsi que vous arriverez.

Nous connaissons tous, par exemple, des personnes qui, après avoir eu l'habitude de fumer vingt cigarettes par jour, sont arrivées à perdre cette habitude. Ces fumeurs ne se sont pas interdit immédiatement du jour au lendemain l'usage du tabac. La privation eût été trop grande, et après deux ou trois jours de véritable souffrance ils auraient manqué d'énergie pour continuer à s'abstenir de fumer. Ils ont réussi, au contraire, en réduisant progressivement le nombre de cigarettes qu'ils fumaient quotidiennement, et, presque insensiblement, sans révolte contre la loi qu'ils s'étaient imposée, ils sont parvenus à un succès complet et définitif; ils ont perdu jusqu'au désir de fumer.

Si la réforme du caractère ne peut s'opérer que lentement et progressivement, c'est dire que *ce doit être votre préoccupation* de tous les instants. Si la continuité de l'effort est nécessaire quelque part, c'est assurément lorsqu'il s'agit d'une réforme morale.

L'exercice des facultés intellectuelles est discontinu. Un professeur qui sait faire son cours peut le suspendre pendant un assez long temps; à sa reprise, il le fera aussi bien qu'auparavant. Au contraire, l'intervention du caractère dans les incidents de la vie est de tous les instants. Celui qui cesse de s'observer n'en agit pas moins; il agit donc fatalement d'une façon irréfléchie; et s'il n'est point soumis à des habitudes morales fortement enracinées, il est assuré de reculer dans son œuvre de perfectionnement.

M. Emile Faguet donnait d'excellents conseils sur ce sujet dans le discours qu'il a prononcé, en 1889, à la distribution des prix du Concours général. Il recommandait à ses jeunes auditeurs, au moment d'entrer dans la période des vacances, plutôt réservée au libre développement de toutes les fantaisies, de ne point négliger la culture de leur volonté :

« Que la volonté ait ses vacances, disait l'éminent professeur, je le veux bien, mais qu'elle n'abdique point ; qu'elle surveille toujours le caprice de nos inquiétudes et le divertissement de vos désirs. Qu'elle crée en vous une forte et saine liberté intime qui vous sera une puissance souvent, un refuge toujours. »

En effet, *tout moment est bon pour développer une faculté dont l'exercice est de tous les instants*.

Nécessité d'agir avec persévérance pour éduquer la volonté. — C'est un peu de cette façon qu'il faudra *toujours* procéder. Toutes les recettes que nous allons indiquer ne vous seront réellement profitables que si vous les appliquez *progressivement et avec continuité*, en vous proposant une série de petits résultats à atteindre successivement.

Etant donnée notre nature, c'est là le seul procédé efficace pour parvenir à la maîtrise de soi.

Nous avons donc désormais trois points définivement acquis :

1° *L'éducation de la volonté est plus nécessaire*

que jamais, eu égard aux conditions de la vie moderne ;

2° *Cette éducation est un* DEVOIR *pour celui qui veut développer les facultés dont il est pourvu;*

3° *Enfin cette éducation est possible, et l'on est sûr d'arriver à un résultat en se mettant à l'œuvre comme il convient.*

Quels sont les procédés pratiques à employer pour y parvenir ?

SECTION II

La formation de la volonté par les idées

IMPOSSIBILITÉ DE MODIFIER TOTALEMENT SES IDÉES. — POSSIBILITÉ DE DONNER A TELLE IDÉE UN ROLE PRÉPONDÉRANT. — MOYENS DE SE CONCENTRER SUR UNE IDÉE : LECTURE, EXEMPLES DES HOMMES D'ACTION, CONFÉRENCES, VOYAGES. — UTILITÉ DE PRENDRE DES NOTES. — MOYEN DE CONCENTRER SON ATTENTION. — LE CHOIX DES RELATIONS. — INFLUENCE DE LA MUTUALITÉ SUR LA VIE ACTIVE. — NÉCESSITÉ DE LA CONCENTRATION D'ESPRIT. — SES RÉSULTATS. — IMPUISSANCE DES IDÉES A DÉTERMINER L'ACTION.

Vous pouvez commencer à former votre caractère en vous imposant une sévère discipline intellectuelle.

Impossibilité de modifier totalement ses idées. — Il n'est pas en notre pouvoir de modifier nos idées, si nous entendons par là le fait d'acquérir une opinion qui n'est point la nôtre.

Si vous appréciez tel fait d'une certaine façon, il vous est absolument impossible par le simple effort de votre volonté, d'acquérir l'opinion contraire. D'ailleurs, quiconque pense d'une certaine façon pour des motifs qu'il croit raisonnables ne peut avoir le désir, ni la volonté de penser autrement. C'est seulement dans le cas où certains éléments d'appréciation, ignorés jusque-là, viennent à sa connaissance, qu'il peut modifier son opinion ; et encore ce second jugement semblera-t-il aussi peu arbitraire que le premier.

Possibilité de donner à telle idée un rôle prépondérant. — Par contre, nous avons tout pouvoir de donner à telle ou telle de nos idées une influence prépondérante.

Il suffit d'un simple effort d'attention pour considérer une idée, et sauf de rares circonstances où il vous est impossible de vous fixer pour des raisons exceptionnelles, vous êtes, le plus souvent capable de mettre en relief l'idée qui vous paraît intéressante.

Ainsi, vous êtes attiré pour une raison quelconque, ou simplement par une attraction irraisonnée, vers la vie active. Vous pouvez très aisément mettre cette idée de vie active au premier plan parmi celles qui vous préoccupent. Il vous est facile de réfléchir fréquemment sur ce sujet, de bien examiner tous les avantages et les inconvénients de ce genre de vie. Vous ferez l'analyse de la société moderne, ainsi que nous l'avons indiqué au début de ce livre, mais non d'un point de vue désintéressé comme précédemment ; vous le ferez avec une intention très particulière, pour découvrir les causes qui rendent nécessaire la vie d'action. Vous étudierez d'une façon beaucoup plus complète que nous n'avons pu le faire dans notre premier chapitre, la situation des pays où l'on préfère la vie d'aise, et vous la comparerez à la situation des pays de vie intense. La lecture des livres où l'esprit des uns et des autres est analysé, l'étude réfléchie des statistiques mettant en lumière d'une façon impartiale les résultats auxquels ces pays sont parvenus, vous donneront une forte documentation.

La réflexion, en s'y attachant, n'aura plus qu'à tirer les conclusions nécessaires, et vous serez alors armé d'un fonds d'idées appropriées au but que vous voulez atteindre. Vous aurez créé en vous un *milieu favorable* à la recherche d'une vie active.

Moyens de se concentrer sur une idée. — Cette concentration autour d'une idée ne doit pas être pour vous l'affaire d'un instant. Tout doit être choisi et dirigé en vue d'entretenir un état d'esprit favorable. *Vos méditations de chaque jour porteront sur des sujets se rattachant à cette idée principale.* Il vous faudra alimenter ces méditations à l'aide de lectures bien choisies.

Les lectures. — Voilà en effet un des procédés

les plus propres à conserver un tour d'esprit favorable.

Imposez-vous tous les jours une heure au moins de lectures utiles.

Mais l'important n'est pas tant de lire que de savoir choisir les livres utiles, ceux qui peuvent vous donner de bons conseils et vous entretenir dans de bonnes dispositions favorables.

Gardez-vous d'abord et surtout de ces ouvrages dissolvants dont le plus clair résultat serait de vous laisser hésitants sur toutes choses. *Les esprits sceptiques ont fait le plus grand mal à tous ceux qui s'en sont approchés. — Evitez ceux qui, comme Montaigne, ne savent discuter, et conclure que par un perpétuel « que sais-je ? ». — Evitez les pessimistes qui concluent toujours à l'inutilité de l'effort et de l'activité.* — Certains philosophes, qui présentent leur doctrine avec un appareil scientifique imposant, aboutissent à montrer le néant de toute certitude, à prouver par des sophismes l'inutilité de la recherche et la subjectivité de toutes nos idées.

Les plus dangereux sont encore ces découragés qui ornent leurs gémissements d'une forme littéraire. Un certain charme trompeur peut se rencontrer dans leurs ouvrages, qui tuera en nous toute énergie et tout ressort moral.

Quand les Grecs sont passés de la poésie virile et puissante d'Eschyle aux subtilités et au scepticisme d'Euripide, ils ont été bien près de leur fin.

L'EXEMPLE DES HOMMES D'ACTION. — Il est facile, au contraire, de se cantonner dans des lectures fortifiantes, de connaître la vie des hommes qui ont donné de grands exemples d'énergie. Citons seulement parmi les plus illustres Jules César, Henri IV, Cromwell, Napoléon Ier et, dans les temps modernes, Roosevelt, Carnegie.

Attirons encore l'attention sur un homme un peu oublié aujourd'hui, mais dont la vie nous fournit un exemple d'incroyable énergie et que nous pouvons prendre pour le type accompli de l'homme actif et persévérant. Nous voulons parler de Bernard Palissy qui, dénué de toutes ressources, n'hésita pas, un jour où il manquait de combustible, à brûler son pauvre mobilier, pour poursuivre jusqu'au bout les recherches scientifiques devait sortir la découverte qui a immortalisé son nom.

Vous lirez avec un égal profit le récit des faits héroïques qui montrent l'humanité sous son jour le plus favorable. Nous recommanderons assez volontiers les récits de guerres dont, à certains points de vue, la lecture peut être bienfaisante. Mais nous pensons que la vie des hommes qui se sont signalés comme inventeurs ou comme industriels, tels que Fulton, Stephenson, Jacquard, Oberkampf, pour ne citer que les plus connus, est mieux appropriée aux besoins de notre époque.

Enfin, les récits de voyages et d'explorations, ceux des Nansen, des Bonvalot, des Monteil, des

Brazza, et de tant d'autres, nous paraissent être les meilleurs livres qui puissent former la volonté et le caractère d'un jeune homme.

L'habitude des saines lectures est pratiquée d'une façon fort intelligente dans les écoles nouvelles, telles que le Collège de Normandie, l'Ecole de Guienne, l'Ecole des Roches, etc., où tout concourt d'ailleurs si bien à former des hommes d'action. Une demi-heure, chaque jour, est consacrée à une lecture en commun.

« Une question d'actualité, une découverte scientifique, lisons-nous dans le programme de l'Ecole de Guienne rédigé par son distingué directeur M. Picard, le compte rendu d'une mission, le récit d'un explorateur, la vie d'un grand homme, une crise économique ou sociale, quelques pages d'esthétique ou de morale : voilà le thème de ces lectures du soir. Le but en est d'initier nos jeunes gens aux choses de leur temps, de leur apprendre surtout à se faire une vie intérieure forte et à trouver en eux de puissantes raisons de vivre et d'agir. »

Les conférences. — A ces lectures, il convient d'ajouter l'habitude d'assister à des conférences, principalement quand elles sont faites par des hommes d'action, explorateurs, savants, hommes d'affaires. Le profit en est peut-être encore plus grand que celui des lectures, car les idées exprimées d'une façon vivante se gravent profondément dans l'esprit des auditeurs, et il se crée autour du conférencier une atmosphère qui vous pénètre intimement.

Vous profiterez donc de toutes les occasions pour assister à ces conférences qui sont si fréquentes aujourd'hui. Vous n'hésiterez même pas à vous imposer, s'il le faut, un très grand dérangement quand il s'agira d'entendre Bonvalot, Hugues Le Roux, Charcot, le commandant Lenfant, tous ceux qui ont agi et qui peuvent être pour vous d'utiles exemples.

Les voyages. — Dans la préparation à la vie *les voyages jouent un rôle exceptionnellement important.* Le jeune homme qui aura parcouru beaucoup de pays sera doué de plus d'initiative et de personnalité que celui qui n'a jamais quitté le foyer familial. Au contact de tout ce qu'il aura rencontré, ses goûts et son caractère se seront formés ; il aura des opinions personnelles sur beaucoup de choses ; il saura faire rapidement un choix. La curiosité le poussera naturellement vers l'action. Le contact d'hommes professant des idées différentes de celles qu'il a toujours entendu exprimer l'accoutumera à se dégager des influences de famille et de pays qu'il avait toujours et exclusivement subies auparavant. Enfin, il apprendra à penser et à juger par lui-même, à avoir sa volonté et son indépendance.

Voyagez surtout dans les pays anglo-saxons. Si les Etats-Unis et le Japon sont trop éloignés pour vos ressources pécuniaires ou pour le temps dont vous pouvez disposer, allez chercher en Angleterre et en Allemagne, en outre des avantages que procurent généralement les voyages, des exemples intéressants de vie active. Vous vous y trouverez dans un milieu propre à développer en vous les qualités qui conviennent à un *homme*. Et si vous avez bien profité de vos voyages, vous en reviendrez entièrement différents de ce que vous étiez au départ. Le changement sera tout à votre avantage.

Les efforts faits par le *Comité Dupleix* pour développer chez les jeunes Français le goût des voyages et pour améliorer notre mentalité nationale par ce procédé confirment en tout point notre manière de voir sur l'immense profit que peuvent retirer des voyages ceux qui savent voyager.

L'UTILITÉ DE PRENDRE DES NOTES. — Il est indispensable de *ne pas réduire son activité au minimum pendant les lectures, les conférences, les voyages*.

L'esprit s'engourdit vite quand on le laisse aller à sa fantaisie. On peut aisément le contraindre à l'attention en s'imposant de prendre constamment des notes.

Les notes vous permettent de tenir compte de ce qui vous aura frappé dans les choses que vous aurez vues, lues ou entendues, ainsi que des réflexions personnelles qui vous auront été suggérées. Ce procédé est aussi indispensable pour profiter de ce que l'on apprend que pour l'imposer à sa mémoire. Aucun ne produit une aussi forte concentration de la pensée vers le but à atteindre.

Ajoutons encore que c'est une bonne discipline

intellectuelle que de rendre l'esprit plus prompt à se fixer et plus ferme dans son attention. Ces qualités de promptitude et de fermeté vous serviront *toujours*, quel que soit le but que vous vous proposiez.

Moyen de concentrer son attention. — La condition essentielle pour profiter de cette concentration de l'esprit, c'est de savoir *ne pas se laisser détourner par un courant de pensées étrangères à celle qui nous préoccupe*, par un de ces courants que crée *l'association des idées*. Il faut d'abord que vous soyez fermement résolu à rejeter tout ce qui pourrait vous égarer. Quand, au milieu d'une lecture, vous êtes disposé à vous laisser entraîner par une idée qui vous semble attrayante, il vous faut un redoublement d'attention pour ne pas perdre le fil de votre sujet.

Mais il existe d'autres moyens pratiques de rompre ces associations dangereuses :

« Nous pouvons quand nous le voulons, dit M. Payot, produire en nous des états présentatifs, — introduire pour nous libérer d'associations très fortes des états présentatifs qui rompent violemment la chaîne. Il y a surtout un état présentatif remarquablement docile et commode : le *mouvement*, et parmi les mouvements, le mouvement constituant le *langage*. On peut prononcer les mots à haute voix, on peut lire. On peut même comme font les religieux en leurs tentations, se fustiger et briser avec violence les associations qu'on veut briser. L'idée à qui nous voulons assurer la victoire, de façon à ce qu'elle soit à son tour le point de départ d'une nouvelle direction de la pensée, nous pouvons nous l'imposer par la force. »

Le danger est autrement redoutable quand c'est votre esprit tout entier qui, pendant une certaine période, se détourne de votre idéal d'activité.

Il arrive fréquemment en effet, qu'on se laisse abattre pendant plusieurs jours, parfois pendant plusieurs semaines, par le découragement. Vous éviterez cet accident *en changeant le cours de vos idées par des moyens artificiels* dont l'efficacité est assurée. Vous pouvez, par exemple, vous attacher à un travail absorbant que vous vous obligerez à terminer dans un délai très court ; vous pouvez encore entreprendre un voyage qui vous tournera tout entier dans une direction nouvelle.

Il est en somme relativement facile d'éliminer une influence néfaste par un effort convenablement dirigé vers un objet plus favorable.

Le choix des relations. — Il faudra surtout faire attention à ne point vous laisser égarer par de mauvaises connaissances.

C'est un danger d'autant plus redoutable qu'il se présente à vous sous l'apparence de l'amitié, et rien n'est plus difficile que de résister aux sollicitations, quelquefois réitérées jusqu'à devenir importunes, et auxquelles notre plus grand désir est de céder. Mais l'influence de certaines personnes peut vous être funeste.

Vous rencontrerez fréquemment des jeunes gens qui, même sans avoir de gros défauts, mènent une vie oisive, passent une grande partie de leur existence au café ou autour d'une table de jeu, qui, en résumé, mènent cette existence décousue et sans but que vous voulez éviter. Il règne autour d'eux une atmosphère de lâcheté et d'inertie qui vous pénétrerait. *Il importe essentiellement que vous en restiez écarté.*

Aussi, représentez-vous donc tous les dangers auxquels vous exposeraient ces fréquentations; voyez quelles conséquences elles entraineraient sous leur apparence d'honnêteté et d'agrément. Persuadez-vous que vous avez à choisir entre ces liaisons et la vie active que vous désirez.

Une fois le choix fait — et nous ne doutons point du sens dans lequel vous vous déciderez — il faudra tourner toute votre énergie vers une rupture nécessaire. Il vous en coûtera pour y parvenir; mais vous vous en féliciterez plus tard, d'autant plus que cette rupture vous aura coûté plus de peine.

L'influence de la mutualité sur la vie active — Il est un péril que doivent éviter ceux qui veulent se créer un état d'esprit favorable à la vie active. Nous voulons parler du *danger de la mutualité et de l'assurance.*

Depuis un certain nombre d'années, l'initiative privée a donné une extension considérable aux sociétés de toutes sortes : sociétés de secours mutuels, sociétés d'assurances sur la vie, contre la maladie, les accidents, le vol, etc. Et en même temps qu'ils encourageaient et subventionnaient ces sociétés, les gouvernements prenaient l'initiative de fonder diverses institutions, dites de prévoyance sociale, telle la loi établissant l'assistance obligatoire pour les vieillards et infirmes, les projets de retraites ouvrières, etc.

Rien n'est plus dangereux pour l'activité et l'initiative individuelles.

Déjà, le système des pensions et des retraites ne leur est pas favorable. En effet, le fonctionnaire sait, en entrant dans l'administration, qu'après trente ou quarante ans de services, il jouira d'une retraite. Cela le dispense de toute préoccupation ; il serait bien naïf de s'inquiéter de l'avenir, puisque l'Etat se charge de ce soin en ses lieu et place ! Et, d'ailleurs, tout effort lui est presque inutile puisque, en règle générale, la durée des services exerce une influence beaucoup plus considérable sur le taux de la retraite que la qualité de ces services. — *L'inertie, le mécanisme sont donc grandement favorisés de ce fait.*

Mais le développement exagéré de la mutualité que nous indiquions tout à l'heure a étendu aux moindres circonstances de la vie la néfaste influence des retraites. Celui qui souscrit un certain nombre de polices d'assurances, qui adhère à quelques sociétés de prévoyance, n'a plus besoin d'agir ; si on le vole, ce qu'il perd lui est remboursé ; s'il a des enfants, ceux-ci touchent une dot à leur majorité ; s'il se ruine, l'Etat pourvoit à sa subsistance ; s'il meurt, telle société paie les frais de ses funérailles et telle autre remet un capital à ses héritiers, etc.

Il n'y a plus aucune raison pour travailler en vue de l'avenir lorsque quelques versements mensuels ou un modeste capital versé en une fois vous mettent à l'abri des hasards et de l'imprévu (1).

Vous avez la même sécurité que l'ascète qui n'a besoin de rien, et cela sans vous être infligé des séries de privations conduisant à un état de détachement absolu.

Si l'on songe à l'influence prépondérante qu'exerce le souci de l'avenir sur le développement de notre activité, on comprend combien la sécurité du mutualiste doit être débilitante.

Aussi vous conseillerons-nous de vous tenir en garde contre ce fléau. Il faut s'en méfier d'autant plus qu'il revêt les apparences fort respectables de la prévoyance et de l'économie. *Vous devrez donc laisser presque entièrement de côté toutes ces institutions de prévoyance qui ne sont faites que pour les hommes mous, peu intelligents et incapables d'action.*

VOUS ÉVITEREZ SURTOUT DE VOUS LAISSER GUIDER, DANS LE CHOIX D'UNE CARRIÈRE, PAR LA NÉFASTE ESPÉRANCE D'UNE RETRAITE.

Il est cependant des circonstances où la mutualité a des avantages et où elle encourage l'action au lieu de l'entraver. Si, par exemple, vous voulez

1. Un ouvrier, à qui nous reprochions dernièrement de dépenser une grande partie de son salaire au cabaret, nous répondit cette phrase typique : « A quoi bon faire des économies ? Si je suis malade, il y a l'hôpital ; quand je serai vieux, il y aura les retraites ouvrières ! »

vous lancer dans une entreprise exigeant que vous y engagiez toute votre fortune, une assurance sur la vie vous permettra de le faire, et donnera la sécurité à votre famille, qu'il importe de ne pas laisser dans la misère au cas ou vous viendriez à décéder

Mais *les cas où la mutualité contribue au développement de l'action sont extrêmement rares.* Lorsqu'ils ne se présentent point, vous devrez résolument renoncer à toutes ces combinaisons mortelles pour l'initiative et pour la vie d'effort.

Nécessité de la concentration d'esprit. — *Il vous est toujours possible de vivre dans le milieu le plus propre à faire de vous un homme d'action.* Cette concentration, cette maîtrise sur les idées, sont *deux moyens essentiels* et à la portée de tout le monde pour s'orienter vers la vie active.

La concentration de la pensée et de l'effort est, en effet, indispensable pour réussir à se bien gouverner. M. Carnegie la recommande expressément pour arriver au succès dans les affaires :

« Voici la première condition du succès, dit-il dans *L'Empire des Affaires*, le grand secret : concentrez votre énergie, votre pensée et vos capitaux uniquement sur les affaires dans lesquelles vous vous êtes engagé. Ayant commencé dans une partie, prenez la décision de la suivre jusqu'au bout, d'en devenir le maître...

« Les maisons qui échouent sont celles qui ont dispersé leurs capitaux, ce qui veut dire qu'elles ont aussi dispersé leurs cerveaux. Elles ont des placements dans ceci, dans cela, dans autre chose encore, ici, là, partout. « Ne mettez pas tous vos œufs dans le même panier. » est un proverbe entièrement faux. Moi, je vous dis : « Mettez tous vos œufs dans le même panier et surveillez ce panier. » Regardez autour de vous et voyez ce qui se passe ; les hommes qui agissent ainsi échouent rarement. Il est facile de surveiller et de porter un seul panier. Il est fatigant de porter trop de paniers. C'est ainsi qu'on casse le plus d'œufs dans ce pays (1). Celui qui porte trois paniers doit en mettre un sur sa tête, et ce panier peut tomber et le faire trébucher. »

M. Carnegie donne ce conseil pour *éviter à la fois la dispersion des capitaux et celle de la pensée*. Ses paroles ne sont pas moins justes quand il s'agit de la pensée seule.

Résultats de la concentration d'esprit. — Quand vous serez une fois arrivé à une concentration suffisante, vous serez dès lors invinciblement attiré par l'idée que vous aurez ainsi mise au premier plan.

L'intérêt ne tarde pas en effet à s'attacher à ce qui nous préoccupe. La chose la plus insignifiante et que vous n'éprouviez aucun désir de connaître quand vous avez commencé à l'étudier contient bien vite une infinité d'aspects curieux. Aussi peut-on dire que *l'intérêt ne réside point dans telle ou telle chose déterminée, mais dans toute chose à laquelle vous aurez suffisamment appliqué votre esprit.*

Impuissance des idées à déterminer

---

1. Les Etats-Unis.

l'action. — S'il vous est à la fois facile et utile de produire en vous cet état d'esprit, cela ne suffira point à vous rendre homme d'action. Il vous restera encore beaucoup à faire, soit qu'il s'agisse de la conduite générale de votre vie, soit de telle entreprise particulière.

En effet, si la volonté a grand pouvoir sur les idées, la réciproque n'est point vraie.

Nous n'entreprendrons point de réfuter ici la théorie des idées-forces (1) ; nous constaterons seulement que dans la pratique, *l'idée n'a de force exécutive que celle qu'elle tire de son alliance avec les vraies puissances, c'est-à-dire avec les états affectifs.*

De nombreux exemples donnés à l'appui de cette thèse par M. Payot dans son livre sur *L'Education de la volonté*, en montrent bien l'exactitude. M. Payot nous fait voir que dans certains cas où un danger nous menace, nous avons l'idée très nette de ce danger ; mais nous ne faisons aucun mouvement pour l'éviter, tant que l'élément affectif, la peur, n'est point apparue. Aussi nous trouvons-nous en complet accord avec M. Payot sur ce fait que

« dès que l'intelligence se trouve avoir à lutter seule, sans secours étranger, contre la brutale cohorte des puissances sensuelles, elle est condamnée à l'impuissance... Que l'intelligence n'ait en soi nulle force, nous ne le prétendons

---

1. C'est, on le sait, la théorie de M. A. Fouillée, l'éminent philosophe.

pas, mais qu'elle soit impuissante à remuer ou à refouler les lourdes tendances animales, voilà ce qui nous paraît bien certain. »

Et notre conclusion sera la suivante :

L'idée, pour avoir sur l'activité une influence véritable, est obligée d'emprunter à des sentiments la force nécessaire.

Secton III

La formation de la volonté par les sentiments

Impuissance de la volonté sur les sentiments ; [illegible] action indirecte. — Moyens d'agir sur les sentiments. — Moyens d'éliminer les sentiments défavorables. — Préceptes donnés par M. Payot.

Il faut agir sur nos sentiments pour nous créer un milieu favorable à l'action et à l'exercice de la volonté.

Impuissance de la volonté sur [illegible] sentiments. — Malheureusement, nous sommes à peu près impuissants à provoquer ou à étouffer en nous un sentiment quelconque.

Il suffit de recourir à son expérience personnelle, même d'une façon assez superficielle, pour constater qu'il existe en nous une foule de sentiments sur l'origine et la nature desquels nous sommes réduits à des conjectures. Ils semblent avoir été déposés en nous d'une façon incompréhensible. C'est une force mystérieuse que nous devons, semble-t-il, laisser agir sans intervenir.

Ainsi, nous nous sentons du goût pour le repos. Ce sentiment, nous n'en sommes point responsables. Pourquoi aimons-nous à nous reposer? Nous ne le savons ; mais nous sommes sûrs, par contre, d'éprouver du plaisir chaque fois que nous cesserons de travailler. Cette impuissance est encore plus sensible si nous nous rendons compte en même temps de l'avantage qu'il y aurait pour nous à travailler. On peut même voir alors l'opposition radicale qui existe entre le sentiment et l'idée : l'idée des mauvaises conséquences de la paresse ne peut point faire disparaître le sentiment que nous procure le repos.

« Les sentiments, dit M. Payot, sont despotes jusqu'au bout, et n'acceptent pas les ordres de la raison ni le contrôle de notre volonté ».

Toute lutte contre les sentiments semble donc impossible, et nous voilà livrés au fatalisme sans pouvoir nous défendre !

Action indirecte de la volonté sur les sentiments. — Si la lutte *directe* est impossible, l'intelligence peut cependant arriver à triompher des sentiments par une tactique appropriée. Vous n'essayerez point de faire que telle action qui vous était agréable devienne subitement désagréable ou *vice versa. Vous procéderez progressivement et par analyse.*

Au lieu de considérer l'action dont il s'agit telle qu'elle se présente, de considérer un travail à faire comme quelque chose d'ennuyeux sans chercher à en voir plus long, analysez un peu : vous apercevrez que ce travail produira un résultat heureux pour vous ; il vous assurera, par exemple, des avantages matériels que vous désirez vivement. Vous ne serez pas seul à en jouir ; ceux qui s'intéressent à vous, ceux auxquels vous désirez être agréable seront satisfaits de ce résultat.

Comme l'idée du moyen est toujours étroitement associée à celle du but, vous serez sûr qu'une partie de l'attrait qui s'attache à toutes les conséquences de votre travail rejaillira sur ce travail lui-même et le rendra moins rébarbatif.

Moyens d'agir sur les sentiments — Analysez encore plus profondément et étudiez ce travail en lui-même. Vous y trouverez aussitôt *une foule de causes de satisfaction.* Vous songerez, par exemple, à l'agrément que vous a procuré dans d'autres circonstances l'exercice intellectuel, la joie que vous avez éprouvée à faire de petites découvertes, le sentiment de supériorité que donne la poursuite d'un but élevé.

Vous pourrez même faire intervenir votre amour du repos : si vous concevez la nécessité absolue d'exécuter ce travail, le plaisir que vous espérez goûter après son achèvement pourra rejaillir sur lui et vous faire désirer de l'entreprendre.

Il y a ainsi deux sortes de travailleurs : celui qui travaille par amour de sa tâche, et celui qui travaille par paresse, pour se débarrasser plus vite. Tant il est vrai *qu'une réflexion approfondie peut attacher à une action des sentiments tout opposés de ceux qu'elle nous inspirait primitivement!* Vous arriverez alors à vous convaincre que ce sont des sophismes et de faux raisonnements qui provoquaient votre sentiment primitif.

« Ainsi, dit M. Payot, la vision nette du mensonge, de l'erreur, la découverte, par delà les fallacieuses promesses du présent, d'un avenir décevant, la prévision des conséquences douloureuses pour notre vanité, pour notre santé, pour notre bonheur, pour notre dignité, susciteront en face du désir, qui sans cela eût étouffé les considérations propres à l'enrayer, d'autres désirs, d'autres états affectifs qui lui feront obstacle et qui, s'ils ne parviennent à le vaincre, ne lui laisseront plus qu'une victoire douteuse, déshonorée en quelque sorte et précaire, et à la tranquille possession de la conscience, on substituera la guerre, l'inquiétude. »

L'idée a donc une puissante influence, *non pas pour transformer un sentiment en un sentiment différent*, mais pour en disséquer la cause, pour l'étudier, en voir le néant et pour y substituer d'autres raisons qui provoqueront *comme dernier résultat un sentiment parfois opposé au premier.*

L'intelligence, faculté analytique, acquiert ainsi, par l'analyse, une puissance presque absolue sur notre vie sentimentale.

— Il est encore un autre procédé pour donner à un sentiment favorable toute l'intensité nécessaire, ou pour éliminer celui que la raison juge nuisible.

Dans la vie courante, les conversations, les lectures, les déplacements, provoquent en nous une foule de sentiments qui se développent pendant un temps, puis sont remplacés par d'autres souvent très différents, parfois même opposés. Un flot continuel nous traverse.

Il n'est point de procédé préférable à celui qui consiste dans *un choix judicieux du sentiment favorable*. Vous choisissez dans cette foule celui qui vous semble digne d'approbation ; vous le retenez pour lui donner une force particulière en le rapprochant de tous les sentiments analogues que vous possédez ; vous appliquez toutes les forces de votre mémoire à rechercher les associations qui pourraient lui donner plus de puissance. Allez même jusqu'à rechercher la solitude pendant quelques moments pour insister un peu sur cette pensée.

Vous opérerez ainsi un travail de cristallisation. Le produit en sera un petit nombre de sentiments approuvés par l'intelligence et qui acquerront une intensité supérieure.

Moyens d'éliminer les sentiments défavorables. — *Vous pouvez agir exactement de même à l'égard des sentiments qu'il est de votre intérêt d'éliminer.*

Un de ceux-là se présente-t-il à vous pendant que

vous êtes occupé à réfléchir. Ne point intervenir, ce serait consentir à le laisser se développer. Vous devez au contraire *rompre* résolument, vous mettre aussitôt à une lecture ou plutôt à un travail quelconque qui absorbe toutes vos pensées. Sortez, allez faire une visite, voir des amis ; vous aurez changé le cours de vos idées sans donner libre cours à un sentiment nuisible. Vous aurez fait œuvre d'homme réfléchi et énergique.

Préceptes donnés par M. Payot. — Nous croyons utile de reproduire ici quelques préceptes dans lesquels M. Payot a résumé *les procédés indirects par lesquels l'intelligence peut arriver à gouverner la sensibilité* d'une façon aussi sûre que si elle avait sur elle un pouvoir direct.

Voici ses cinq règles :

« 1° Lorsqu'un sentiment favorable passe en la conscience, l'empêcher de la traverser rapidement, fixer sur lui l'attention, l'obliger à aller éveiller les idées et les sentiments qu'il peut éveiller. En d'autres termes, l'obliger à proliférer, à donner tout ce qu'il peut donner ;

2° Lorsqu'un sentiment nous manque, refuse de s'éveiller, examiner avec quelle idée ou quel groupe d'idées il peut avoir quelques liens ; fixer l'attention sur ces idées, les maintenir fortement en la conscience, et attendre que, par le jeu naturel de l'association, le sentiment s'éveille ;

« 3° Lorsqu'un sentiment défavorable à notre œuvre fait irruption en la conscience, refuser de lui accorder l'attention, tâcher de n'y point penser, et en quelque sorte, le faire périr d'inanition ;

« 4° Lorsqu'un sentiment défavorable a grandi et s'impose

à l'attention sans que nous puissions la lui refuser, faire porter un travail de critique malveillante sur toutes les idées dont ce sentiment dépend et sur l'objet même du sentiment;

« 5° Porter sur les circonstances extérieures de la vie un regard pénétrant, allant jusqu'aux moindres détails, de façon à utiliser intelligemment toutes les ressources et à éviter tous les dangers.

« Tel est, pour ainsi dire, le programme général que l'on doit chercher à appliquer. »

Section IV

Le rôle de la réflexion dans la formation de la volonté

Importance des préjugés. — Nécessité d'analyser les principes de conduite. — Influence de cette analyse sur le développement de la personnalité. — Utilité de l'activité intellectuelle. — La netteté dans les idées. — Utilité des formules. — Les recueils de préceptes. — Préceptes de M. Doumer.

Mais cette préparation est insuffisante tant qu'elle se borne à nous fournir d'idées et de sentiments appropriés au but que nous voulons atteindre. Nous ne sommes pas encore suffisamment armés pour l'action. Il nous reste à mettre ces matériaux en œuvre pour régler définitivement notre conduite.

L'importance des préjugés. — Nous sommes *envahis par une foule de préjugés, d'opinions toutes faites, de formules purement verbales* qui nous font illusion et que nous croyons nous appartenir en propre.

Il y a des principes que nous entendons répéter depuis que nous sommes en âge de retenir quelque chose : ils se présentent à nous avec une telle autorité qu'ils finissent par faire vraiment partie de notre mentalité et que nous ne songeons pas même à les discuter.

Ainsi, pour citer un préjugé des plus ancrés dans la majeure partie de la bourgeoisie française : « Un jeune homme de bonne famille ne doit embrasser qu'une carrière libérale ». Celui qui a entendu répéter ce principe depuis son jeune âge, qui a toujours vu traiter, je dirai presque avec mépris ceux qui ont « déshonoré » leur famille en n'obéissant pas à cette règle, celui-là ne peut faire autrement que de l'adopter ; *le préjugé se présente à lui avec une telle autorité qu'il ne songe pas même à l'examiner*, encore moins à le discuter.

Il est triste de constater combien sont puissantes les opinions toutes faites. La grande majorité des hommes, même de ceux qui sont réputés intelligents, acceptent ainsi une foule d'idées auxquelles ils n'ont point adhéré après examen.

« Dès l'enfance, a dit un profond moraliste, Nicole, nous avons ouï représenter certaines choses comme des biens et d'autres comme des maux. Ceux qui nous en ont parlé nous ont imprimé l'idée de leurs mouvements, et nous sommes accoutumés à les regarder de la même sorte et à y joindre les mêmes mouvements et les mêmes passions.

« On n'en juge plus par leur prix véritable, mais par ce prix qu'elles ont dans l'opinion des hommes. »

*Les mots ont sur nous une influence supérieure; ils nous font agir ; ils nous donnent même l'*ILLUSION DE PENSER.

Un fait peu important en lui-même montre bien l'exactitude de cette observation : c'est *l'influence des proverbes* sur notre conduite.

Combien de personnes, quand il leur faut agir, se laissent sinon déterminer, du moins influencer par les dictons ! Il est agréable, quand on est provoqué à quelque acte de faiblesse, de trouver un proverbe qui vous engage à rester dans l'inertie. C'est un *auxiliaire précieux pour toutes les mauvaises tendances*. Quand un jeune homme ne travaille pas, quand il mène cette vie oisive, déréglée et absurde qui est celle de beaucoup d'étudiants, n'est-ce pas pour lui un réconfortant, pour sa famille une consolation, que de répéter : « Il faut que jeunesse se passe ? » Et satisfait de ces mots vides de sens, on se dispense d'examiner des faits que la saine morale réprouverait.

Nécessité d'analyser les principes de conduite. — *Il vous faut donc soumettre à une analyse critique tous les principes qui semblent devoir influer sur votre conduite.* Il faut *les passer au crible de la raison* pour voir ce que chacun d'eux contient de justifiable et de conforme aux principes sur lesquels vous avez résolu de régler votre activité.

Demandez-vous toujours : « Pourquoi ai-je cette opinion ? par exemple : Pourquoi ai-je du mépris pour le commerce ? » La réponse que vous vous ferez, pourvu qu'elle soit loyale, suffira presque à détruire le préjugé. La première réponse qui vous viendra immanquablement à l'esprit sera la suivante : « Parce que tout le monde le dit ». Mais vous vous apercevrez bientôt que vous n'avez aucune raison personnelle pour partager ainsi l'opinion de ce « tout le monde ».

Si votre amour-propre ne se réveille pas encore et ne s'efforce pas de substituer votre propre jugement à celui de « on », interrogez-vous sur ce personnage mystérieux qui s'appelle « on ». Son autorité n'est puissante que parce que vous ne le connaissez pas exactement. Mais vous reconnaîtrez peut-être que « on » est, dans la circonstance, un homme à l'esprit étroit, vaniteux, ignorant, une caricature de Joseph Prudhomme que vous vous reprocheriez de vouloir imiter. Peut-être reconnaîtrez-vous une fois par hasard qu'il s'agit d'un homme intelligent et raisonnable. A supposer que, dans ce cas, vous abdiquiez votre personnalité devant la sienne, soyez bien persuadé qu'en général, cet examen de Monsieur « Tout le monde » ou de Monsieur « On » vous délivrera d'un nombre prodigieux d'absurdités ; car il suffit de voir clair pour en être débarrassé.

Cette réflexion critique, si simple et si facile à faire, vous permettra de dissiper tous les nuages que les préjugés ne cessent d'amonceler entre vous et la réalité. Vous verrez alors ce qu'il reste de bon et de pausible dans telle opinion ou dans tel principe de conduite.

Influence de cette analyse sur le développement de la personnalité. — *Vous serez vraiment vous-même quand vous aurez rejeté tous les préjugés* sous lesquels votre éducation vous avait étouffé, et *quand vous aurez dégagé les principes utiles.*

Mais, dans ce dernier cas, vous les aurez faits *vôtres* par l'approbation que vous leur aurez donnée. Ils auront la *même valeur* que si vous les aviez forgés vous-même. — Dans les deux cas, vous aurez sur toutes choses une opinion personnelle et raisonnée.

Le *résultat* essentiel de cette méthode sera de *faire de vous un homme d'initiative.* Quand vous aurez à prendre une décision, vous commencerez par ne pas vous laisser conduire par les préjugés d'autrui. Il ne faut certes pas affecter de mépriser, de parti-pris, tout ce qui ne vient pas de vous ; mais c'est un grand bonheur que de savoir s'en passer. Vous aurez ainsi, dans toutes les situations, une opinion personnelle et originale ; au lieu de vous laisser guider, vous serez à vous-même votre propre maître.

Utilité de l'activité intellectuelle. — Cette habitude de ne rien accepter sans l'avoir critiqué vous sera infiniment précieuse dans toutes vos entreprises. Vous aurez alors un tour d'esprit qui vous libérera d'un grand nombre d'errements traditionnels.

M. Carnegie recommande à celui qui veut faire son chemin dans les affaires de s'intéresser à tout ce qui se passe dans la maison où il est employé, de chercher quelque perfectionnement et de se mettre en avant pour le réaliser. Il dit que le succès récompense infailliblement un tel effort. Ce conseil est excellent. Celui qui s'y conformera, aussi bien dans la conduite générale de sa vie que pour les entreprises particulières dans lesquelles il s'engagera, ne peut manquer de faire son chemin.

La netteté dans les idées. — Un autre bienfait de cette méthode sera de vous donner sur toutes choses des *idées nettes*.

Il est facile de remarquer combien sont vagues et souvent même contradictoires les principes qui cherchent à s'imposer à vous. Faites attention aux proverbes qui représentent assez bien ces principes traditionnels, vulgaires et sots ; c'est un tissu de contradictions. Si votre conduite trouve dans l'un son excuse, la conduite opposée serait aussi facile à légitimer par le même procédé. *Seule, la réflexion personnelle pourra vous donner des principes nets et fixes*, et dont l'utilité ne peut être mise en doute.

« Dans les pratiques courantes de la vie, dit M. Doumer, dans ces mille actes quotidiens qui ont un si grand intérêt pour vous, puisqu'ils constituent comme la trame de l'existence, il est bon que nous n'ayons pas constamment à délibérer sur l'utilité de faire ou de ne pas faire, que nous ayons des règles fixes et qu'il suffise d'un simple acte de la volonté toujours en éveil, pour dicter notre détermination. »

Utilité de formules. — Une fois arrivé à des principes d'action personnelle, *il est d'un intérêt capital pour vous de réduire ces principes en formules, en préceptes.*

En effet, si chaque fois que vous avez une décision à prendre, vous devez analyser longuement la situation pour développer en vous les sentiments qui vous pousseront vers la décision la plus raisonnable, vous manquerez le moment d'agir.

Les préceptes sont eux aussi, dit M. Payot,

« ... des abréviations concises, énergiques, souverainement propres à éveiller les sentiments complexes plus ou moins puissants qu'ils représentent dans la conscience usuelle.

« Lorsque la méditation a provoqué en l'âme des mouvements affectueux ou des mouvements de répulsion, comme ces mouvements disparaissent bientôt, il est bon de conserver une formule qui les puisse rappeler en cas de besoin, qui les résume en quelque sorte. Cela est d'autant plus utile qu'une formule précise se fixe dans la pensée avec une grande solidité.

« Facilement évoquée, elle amène après elle les sentiments associés dont elle est le signe pratique, tenant d'eux la puissance, elle leur communique en échange sa netteté, sa commodité à être éveillée, sa facilité de transport.

« Si dans l'éducation de soi on n'a pas des règles nettes, on perd toute souplesse, toute vue d'ensemble dans la lutte contre le milieu et contre les passions.

« Sans elles, on combat dans l'ombre, et les plus belles victoires restent infécondes.

« Ainsi les règles de conduite donnent à notre volonté la décision, la vigueur rapide qui assure le triomphe ; elles sont des substituts commodes des sentiments que nous voulons éveiller. »

De même que les mots sont indispensables dans la vie intellectuelle, la vie morale ne peut se passer de ces préceptes clairement formulés.

Les recueils de préceptes. — Ce procédé a, du reste, pour lui l'autorité de tous les moralistes

« *Lorsqu'un homme est dans de bons mouvements, il doit se faire des lois et règlements pour l'avenir et les exécuter avec rigueur.* »

C'est dans ce but que certains écrivains, religieux ou laïques, se sont ingéniés à dresser des recueils de préceptes sous forme de catéchismes, qui résument nos principales obligations morales.

Il est facile à chacun, en se reportant à leurs ouvrages, de dresser une liste des règles de conduite qu'il croit utile de s'astreindre à suivre. Nous citons, comme type du genre, la liste que donne M. Doumer dans son *Livre de mes fils*. Chacun pourra la modifier à son gré ; il devra même le faire, s'il ne veut point adopter des opinions toutes faites et désire au contraire faire preuve de réflexion personnelle.

Préceptes de M. Doumer.— I. « Sache vouloir.

« Fais ce que doit.

« Sois courageux physiquement et moralement.

« Sache agir ; deviens homme d'action pour développer en toi les forces du corps et de l'âme, pour assurer ton succès dans la vie, pour faire œuvre de bon Français.

« Sois actif, laborieux, donne au travail le meilleur de ton existence.

« Sois discipliné.

« N'hésite pas à témoigner le respect dû aux personnes et aux choses respectables.

« Sauvegarde toujours la dignité de ta vie.

« Aime la vérité ; sois, en toutes choses, vrai, simple et naturel.

« Sois sincère et franc, loyal et droit.

« Sois modéré, discret, réservé, modeste.

« Sois ordonné et appliqué, sobre et frugal, courtois et aimable.

« Sois juste et sois probe.

« Sois bon, bienveillant, fraternel.

« Défends jalousement ta liberté ; respecte la liberté d'autrui.

« Sois tolérant. Garde fermement ta foi ou ta conviction, mais admets qu'on ait une foi ou une conviction différente.

« Ne fais rien, ne dis rien qui puisse blesser la croyance d'un autre homme ; c'est chose intime de la conscience humaine si délicate qu'on la froisse en l'effleurant.

« Forme ton intelligence et ta raison par l'étude ; dirige et règle ton imagination.

« Par la fermeté de ton caractère et la noblesse de tes sentiments, assure à ton corps la santé et la beauté. »

II. — « A tout âge, en toute situation, aime, respecte et honore ceux qui t'ont donné le jour.

« Reste uni par l'affection et le dévouement à tes parents de tous degrés.

« Sois pénétré de l'esprit de famille, acquiers avec le respect profond de la femme, les qualités et les vertus qui ne se trouvent qu'au foyer.

« Garde-toi de la débauche, des plaisirs grossiers et dégradants.

« Conserve ta jeunesse, la fraîcheur de tes sentiments, ta santé et ta dignité.

« Sache aimer. Que l'amour et la raison te dirigent dans le choix de la compagne de ta vie.

« Recherche, dans la jeune fille qui sera la tienne, la droiture, la bonté, la santé morale et la santé physique qui font la beauté.

« Marie-toi dès que tu le peux ; fonde une famille, crée un foyer.

« C'est le devoir humain et le devoir social ; c'est aussi le bonheur.

« Travaille pour ta famille.

« Fais-lui une vie matérielle aussi douce que tu le pourras ; mais fais-lui surtout une vie morale noble et belle, que rien de bas ou de malsain n'effleure jamais.

« Donne à la société et à la nation les enfants dont elle a besoin.

« Elève-les pour elles et non pour toi.

« Prépare tes fils à l'homme de bien, de volonté et de courage que tu veux être toi-même ; tes filles à la femme accomplie que tu as désirée pour compagne.

« Vis de la vie de famille.

« Aime ton foyer ; attache-toi à le rendre agréable aux yeux et chaud au cœur.

« Ouvre ta maison aux amis intimes et sûrs, mais ne l'ouvre qu'à eux.

« Donne une part de tes loisirs aux distractions, aux plaisirs simples, aux jeux qui entretiennent la santé et la gaieté. »

SECTION V

Le passage à l'action

NÉCESSITÉ DE L'ACTION. — INTERVENTION DE LA RÉFLEXION POUR PROVOQUER L'ACTE. — DIFFÉRENTS PROCÉDÉS POUR PASSER A L'ACTION. — PROCÉDÉS PROPRES A ENTRAVER UNE ACTION NUISIBLE. — EMPLOI DE PROCÉDÉS PHYSIQUES. — LES MANIFESTATIONS ÉMOTIONNELLES ; MOYENS DE LES ÉLIMINER. — RÉSULTATS AUXQUELS ON PEUT ABOUTIR.

Nécessité de l'action. — *Tout ce travail intérieur de méditation est encore bien insuffisant s'il reste à l'état de réflexion et s'il ne se traduit pas par un acte.*

L'ACTION, voilà en effet le BUT SUPRÊME vers lequel nous marchons. *Les plus nobles résolutions, si elles restent en puissance, sont équivalentes aux pires.*

« PENSER ET VOULOIR NE SERAIENT RIEN, dit M. Doumer, S'ILS NE SERVAIENT A AGIR. »

Il faut donc passer à l'action.

Tendance de l'idée à se traduire par un acte. — Une incursion, très brève d'ailleurs, dans le domaine de la psychologie nous apprendra que toute

« idée d'acte à accomplir, ou d'acte à ne pas accomplir, si elle est très distincte, a, en l'absence d'états affectifs hostiles, une puissance de réalisation qui s'explique par le fait qu'entre l'idée et l'acte, il n'y a pas une différence essentielle » (1).

Mais il faut, pour faire un bon emploi de son initiative, *intervenir dans ce mécanisme*, soit pour le renforcer, soit pour s'y opposer.

Intervention de la réflexion pour provoquer l'acte. — La réflexion, la méditation prolongée sur la nécessité d'un acte, la façon de l'effectuer et les résultats qu'on en attend aideront déjà puissamment la tendance de l'idée à se traduire par un acte.

Vous pouvez donc aisément profiter de ce mécanisme naturel et même le renforcer considérablement par les seuls procédés que nous avons indiqués précédemment pour concentrer toutes les forces de l'esprit sur une idée.

Différents procédés pour passer à l'action. — Mais *l'idée de l'action ne suffira pas toujours à la provoquer.*

Ainsi, vous savez que vous allez rencontrer quelqu'un à qui vous désirez parler ; vous avez envie de l'aborder. Si vous avez longtemps réfléchi à cette entrevue, vous aurez assurément, dès que vous verrez la personne en question, une tendance naturelle à aller lui parler. Mais si, à ce

1. Payot : *L'Education de la volonté.*

moment, le plus petit incident vient vous troubler, si vous pensez à quelque désagrément qui pourra survenir, cette simple idée suffira à vous arrêter. Peut-être ces appréhensions seront-elles fugitives et disparaîtront-elles rapidement ; mais le temps de vous ressaisir aura laissé perdre une occasion souvent fugitive et le retour de votre énergie vous permettra de regretter plus cruellement l'échec de votre pseudo-tentative.

Il est donc d'une haute importance de ne point avoir seulement l'idée ou le vague projet de l'acte à accomplir, mais d'y être fermement résolu.

Il ne faut pas le considérer comme une possibilité, mais comme un fait qui doit nécessairement avoir lieu. Les idées dont l'apparition pourrait vous troubler auront déjà moins de force contre une résolution ainsi prise.

On peut d'ailleurs essayer de les éliminer. Vous pourrez y parvenir de deux façons différentes : soit en pensant obstinément à l'acte que vous devez accomplir, soit en n'y pensant plus du tout.

Dans le premier cas, et pour suivre l'exemple que nous avions choisi tout à l'heure, vous vous dites : « *Je veux* aller aborder telle personne. Dès que je la verrai, je marcherai vers elle très rapidement et je prononcerai telle phrase que j'ai préparée à l'avance, car je suis absolument décidé à faire violence à ma timidité ou à mes hésitations. » Vous emploierez alors tout le temps qui vous reste à répéter, en pensée, le rôle que vous allez jouer, en y insistant et en reprenant les moindres détails. Vous éviterez ainsi de songer aux incidents qui pourraient survenir au cours de l'entretien. Quand vous vous trouverez en présence de celui qu'il faut aborder, il se produit en vous une sorte de « déclanchement ». Vous exécutez automatiquement tout ce que vous aviez projeté, et tout se passe sans qu'une pensée inopportune n'intervienne.

Dans le second cas, vous établissez encore nettement à l'avance votre ligne de conduite. Cela fait, vous ne pensez plus à votre projet. Distrayez-vous, lisez, intéressez-vous à un incident quelconque. Quand le moment d'agir sera venu, rien ne vous aura troublé et vous vous trouverez dans les mêmes dispositions que dans le premier cas que nous avons indiqué. Vous serez peut-être même plutôt dans de meilleures conditions, car vous ne serez point surexcité par une trop grande concentration d'esprit ; vous serez plus maître de vous, plus libre pour agir dans les incidents que vous ne pouviez ni prévoir ni préparer à l'avance.

Ces deux procédés se recommandent particulièrement pour des circonstances différentes : le premier pour un acte isolé, pour une circonstance telle qu'il est possible de préparer tous les mouvements à exécuter. Le second pour une éventualité plus complexe et comportant de l'imprévu, pour un cas où vous aurez besoin de votre liberté d'esprit pour adapter votre conduite aux événements.

L'un et l'autre procédés vous seront d'ailleurs d'un puissant secours pour passer de l'idée à l'action.

Procédés propres à entraver une action nuisible. — Si nous devons nous préoccuper de traduire par des actes certaines idées, *il est des cas dans lesquels nous devrons, au contraire, nous efforcer de ne point agir.*

Certaines idées, certains sentiments prennent un tel développement et une telle importance qu'ils nous poussent à l'action sans que nous ayons besoin d'accomplir un véritable acte de volonté. Dans ce cas, vous devrez faire effort pour ne point agir.

Vous y réussirez d'abord en mettant toute votre énergie à ne point passer de l'idée à l'acte. Mais vous devrez aussi essayer de *supprimer l'idée.*

Si vous persistez à examiner cette idée, soyez bien persuadé qu'elle finira par devenir toute puissante. La bonne tactique ne consiste pas ici à regarder l'ennemi en face, mais à lui tourner le dos et à fuir. C'est peut-être le moyen le moins courageux ; mais il ne s'agit point, dans l'occurrence, de faire preuve de courage ; contentez-vous d'user du procédé le plus sûr pour vous soustraire à l'influence d'une idée nuisible.

Emploi de procédés physiques. — Si les moyens psychiques que nous venons d'indiquer sont utiles pour rendre certaines tendances actives et pour empêcher d'autres tendances de se traduire en une action nuisible, vous y joindrez avec profit certains procédés physiques qui ne sont point sans valeur.

Dans son intéressant ouvrage sur *Le corps et l'âme de l'enfant*, le docteur Maurice de Fleury nous indique par exemple un *traitement médical de la paresse*. Ce traitement consiste dans un régime alimentaire plus léger joint à des exercices physiques convenablement réglés et à l'emploi de bons toniques qui « progressivement et sans à-coups, redonnent non pas la vigueur d'un moment, mais la tonicité, la tension constante, soutenue, l'énergie physique toujours disponible, toujours aux ordres de la volonté ».

Les exemples sont fort nombreux de traitements physiques employés pour entraver un certain genre d'activité. Une foule de médicaments calmants agissent en effet sur les nerfs pour en empêcher les manifestations excessives.

C'est ainsi, par exemple, que l'on peut porter remède à une trop grande irritabilité et l'empêcher de se traduire au dehors, en s'abstenant de boissons excitantes telle que le thé, le café, le vin de champagne, et en absorbant certains médicaments comme la digitale qui règle les battements du cœur. Il conviendra naturellement de ne pas prendre ces médicaments à la légère et de ne pas en abuser. Pour quelques-uns, comme la digitale que nous venons de citer, on aura soin de prendre l'avis d'un médecin, afin d'en proportionner les doses au tempérament de chacun et d'empêcher ainsi que le remède ne soit pire que le mal.

Un médecin allemand, le docteur Gebhardt, a publié sous ce titre : *Comment devenir énergique* (1), un ouvrage dans lequel il indique certaines recettes dont on va pouvoir juger.

Dès le premier chapitre de son livre, il donne un moyen absolument radical d'empêcher certaines tendances de devenir prédominantes. Ainsi, il recommande, contre la sensualité, de se priver « pendant trois jours, de *tout* aliment solide et de boissons nourrissantes et de boire uniquement de l'eau pure. »

« On répétera ce jeûne, dit-il, jusqu'à la réalisation du but cherché, deux à trois fois de suite, à intervalles de deux jours. » Il est évident qu'aucun désir sensuel ne saurait se traduire par des actes après un pareil traitement !

Dans le même sens, on a trouvé le moyen de guérir les ivrognes. Certains médecins arrivent, au moyen d'un traitement approprié, à empêcher leurs malades de satisfaire leur triste passion. On a encore fait peu d'efforts en Europe pour le traitement physique de l'ivrognerie ; mais, aux Etats-Unis, il existe quelques grands instituts thérapeutiques, véritables maisons de santé, dans lesquels on obtient des cures merveilleuses. Très peu des ivrognes invétérés qui consentent à aller passer quelques semaines ou quelques mois dans ces éta-

1. Librairie des Nouveautés médicales, Paris.

blissements retombent plus tard dans leur abominable défaut (1).

On peut recourir à des procédés plus simples encore, et d'une application beaucoup plus aisée, pour éviter des réactions extérieures trop violentes. Ainsi, si vous êtes naturellement porté à la colère et disposé à faire hors de propos des mouvements brusques et désordonnés, il vous sera profitable de vous accoutumer à faire des gestes lents et en particulier de vous y exercer chaque matin pendant quelques instants en vous tenant devant une glace. Vous aurez bien soin, d'ailleurs, de prolonger d'autant plus cette petite « leçon de calme » et de vous y appliquer plus attentivement que vous vous sentirez plus spécialement porté à céder à vos habituels mouvements d'excessive vivacité.

Un des principaux avantages de cette méthode, c'est que non seulement elle s'oppose à ce que la tendance se traduise par un acte, mais qu'elle finit même par la supprimer totalement.

C'est un phénomène couramment observé qu'une tendance qui n'est suivie d'aucun effet, finit par s'atrophier et par disparaître définitivement.

De même une tendance favorable deviendra plus intense si, par des moyens physiques appropriés, vous facilitez les réactions auxquelles elle donne lieu naturellement.

---

1. On trouvera une très intéressante description de ces établissements dans l'ouvrage de M. Huret : *De New-York à la Nouvelle-Orléans.*

Les manifestations émotionnelles.—Mais, dans le passage à l'action intervient un *élément auquel il faut bien prendre garde*, car il est susceptible de modifier complètement cette action : nous voulons parler des *manifestations émotionnelles*.

Les personnes nerveuses et excitables, quand elles se trouvent dans la nécessité d'agir, sont souvent prises de troubles qui paralysent tout leur pouvoir d'action.

Il existe, d'une part, une foule de réactions incohérentes, capricieuses ; de l'autre, une inertie complète. La forme la plus caractéristique de cet état est l'attaque de nerfs où l'on perd la conscience de soi.

Moyens d'éliminer les manifestations émotionnelles. — Il est fort aisé de se rendre compte du grand intérêt que l'on a à éliminer le plus possible ces manifestations. N'est-il pas indispensable, en effet, de ne point être sujet aux attaques de nerfs ou simplement à un état de nervosité excessive, quand arrive le moment de l'action ?

Vous pouvez *arriver à la maîtrise néc ssaire en vous appliquant à ne point réagir intempestivement*.

Vous commencerez par vous dompter dans des circonstances favorables et à rendre de plus en plus rares les cas où vous tomberez dans de tels égarements ; vous fortifierez en même temps votre système nerveux par une bonne hygiène corporelle ; vous vous appliquerez à considérer les choses et les événements avec plus de désintéressement et de vraie philosophie.

Au besoin, la lecture des stoïciens vous rappellera *qu'il est d'une bonne tactique générale de vouloir ce qu'on ne peut pas empêcher*, et que c'est une maxime qui vaut son pesant d'or que celle qui vous convie à « prendre les choses par leur bon côté ».

Il s'agit uniquement ici, bien entendu, des choses fatales et contre lesquelles tous vos efforts demeureraient stériles.

Résultats auxquels on peut aboutir. — Vous pouvez, à maints égards, vous proposer comme modèle le caractère d'un homme d'état mort récemment, Waldeck-Rousseau, dont le docteur Toulouse a pu parler dans les termes suivants :

« Il apparaît assez nettement que ce grand caractère était un *caractère de formation* et un beau modèle offert à la méditation des éducateurs. La maîtrise absolue de soi que ni les amitiés, ni moins encore les attaques des adversaires ne venaient ébranler, en était le trait le plus saillant. Il savait masquer d'un voile impénétrable les mouvements émotionnels dont l'excès constitue les parties honteuses de notre vie morale. »

Quand vous aurez ainsi acquis un plein pouvoir sur vos réactions extérieures, tantôt pour provoquer les unes, tantôt pour entraver les autres, vous aurez presque achevé l'œuvre qui vous procurera la maîtrise de vous-même.

Nous disons « presque », car si le plus important est fait, il vous reste encore à acquérir quelques perfectionnements.

SECTION VI

L'Habitude

OBSTACLES AUXQUELS SE HEURTE L'ACTE ISOLÉ. — BIENFAITS DE L'HABITUDE. — NÉCESSITÉ DE TRANSFORMER L'ACTE ISOLÉ EN HABITUDE. — RÈGLEMENT DE L'EMPLOI DU TEMPS. — NÉCESSITÉ DE ROMPRE ACCIDENTELLEMENT LES HABITUDES. — PETITS CRUCIFIEMENTS. — IMPORTANCE DE CES EXERCICES POUR L'ÉDUCATION DE LA VOLONTÉ. — TRANSFORMATION PROGRESSIVE DES HABITUDES.

Obstacles auxquels se heurte l'acte isolé. — Si les efforts que réclame un acte de volonté étaient toujours aussi laborieux qu'ils le sont la première fois qu'on accomplit cet acte, personne ne pourrait agir beaucoup, ni agir promptement ; personne n'aurait non plus assez d'énergie pour persévérer dans l'action.

Fort heureusement, l'habitude va intervenir ici pour compléter l'œuvre de notre affranchissement.

Bienfait de l'habitude. — M. Payot a commenté en excellents termes les avantages que l'on retire de l'habitude :

« Un premier acte, même pénible, accompli, dit-il, sa répétition coûte déjà moins. A une troisième, à une quatrième reproduction, l'effort diminue encore et va s'atténuant jusqu'à disparaître. Que dis-je, disparaître ! Cet acte pénible au début va devenir peu à peu un besoin, et franchement désagréable d'abord c'est son non-accomplissement qui deviendra pénible ! Pour les actes que nous voulons, quel allié précieux que celui-là ! et comme il s'entend à transformer promptement en une large et belle route le sentier rocailleux où il nous répugnait de nous engager ! Il nous fait une douce violence pour nous amener là où nous avions fixé d'aller, mais où notre paresse nous refusait d'abord d'aller ! »

Un grand nombre d'observations, telles que chacun peut en faire aisément, mettent en lumière les constatations de M. Payot. Ainsi, une douche froide prise le matin est tout d'abord désagréable, et il faut un réel effort de volonté pour s'y soumettre ; mais la répétition de l'acte ne tarde pas à faire disparaître ce qu'il avait de pénible. Bientôt il devient franchement agréable et, l'habitude prise, il faudrait un sérieux effort pour *se priver* une seule fois de cette douche quotidienne.

Un petit fait, d'une observation très fréquente, et auquel M. Maurice de Fleury fait précisément allusion dans son livre sur *Le corps et l'âme de l'enfant*, confirme précisément et exactement les multiples remarques que nous pouvons faire sur nous-mêmes :

« Contraignons professeurs et institutrices, dit-il, à exiger que les leçons et les devoirs commencent régulièrement chaque jour, sans rémission, à telle minute précise. C'est l'unique moyen de supprimer les déluges de pleurs et ces menus accès de rage qu'ont les bébés que l'on arrache au jeu et à qui l'on refuse aujourd'hui les dix minutes de répit qu'on leur avait accordées hier...

« Un enfant qui sait que tous les jours que Dieu fait, à neuf heures tapant, doit commencer sa leçon du matin, va de lui-même, sans un murmure, s'asseoir à sa petite table. »

Nécessité de transformer l'acte isolé en habitude. — Une fois que vous aurez clairement *déterminé votre ligne de conduite* et que vous aurez *accompli pour la première fois un acte de volonté, votre principal but devra consister à transformer cet acte isolé en habitude.*

Il faudra que toutes les décisions prises une première fois se transforment le plus rapidement possible en *règles fixes* et immuables, les circonstances restant d'ailleurs les mêmes.

Par exemple, vous dites un jour : Il serait bon pour ma santé d'aller faire une longue promenade à pied dans la campagne. Au lieu d'exécuter votre projet le jour où vous l'avez conçu, puis de n'y pas penser le lendemain ni les jours suivants, ce qui rendrait bien peu profitable l'unique promenade accomplie, vous devrez vous dire : Il faut que je me soumette à un régime d'exercice physique réfléchi et bien déterminé ; comme je suis retenu par ma profession de telle heure à telle heure, je vais réserver régulièrement tel moment de la journée ou tel jour de la semaine pour faire une longue course. Votre programme étant dressé, toutes les forces de votre volonté devront tendre à sa stricte observation.

Règlement de l'emploi du temps. — *Il importe surtout que vous établissiez bien l'emploi de votre temps.* Vous reconnaîtrez en effet combien la régularité est indispensable quand vous aurez remarqué combien est désordonnée l'activité de ceux qui ne suivent d'autre règle que leur fantaisie et à quels minces résultats ils aboutissent quoique, souvent, ils développent d'importants efforts.

Commencez par considérer toutes les obligations que vous impose votre profession, et attribuez-leur, sans lésiner, bien entendu, telle partie de la journée. Si vous êtes astreint à vous trouver à un bureau quelconque à heure fixe, point n'est besoin, naturellement, de vous tracer de règle à ce sujet ; il vous suffira de ne point vous mettre en retard afin d'éviter tout désagrément. Mais si vous avez une profession plus indépendante, si vous êtes chef d'un établissement quelconque, ou avocat, homme de lettres, etc., prenez la ferme résolution de consacrer à votre profession tel moment de la journée. C'est l'unique moyen de produire une somme de travail considérable. Or pour réussir dans toute profession, il faut beaucoup travailler.

Dans *aucun* cas, cette régularité ne peut être nuisible. Un poète même, que les hasards de l'inspiration semblent devoir soustraire à toute règle fixe, peut s'y soumettre s'il en a la ferme volonté.

L'exemple de Victor Hugo qui, *pendant soixante ans*, a consacré plusieurs heures, *tous les matins*, à son œuvre littéraire, montre que l'habitude facilite n'importe quel genre de travail. De même, Emile Zola, dont on admire la merveilleuse fécondité, s'était imposé d'écrire *tous les jours* quelques pages. Il avait résumé ce principe dans une phrase : « *Nulla dies sine linea* », et avait fait graver ces quatre mots en lettres d'or en face de sa table de travail, sur le fronton de sa bibliothèque. C'est peut-être à la fidélité avec laquelle il obéit à sa devise qu'est due l'immensité de son labeur.

Les questions professionnelles une fois réglées, *soumettez de même tous vos besoins physiques à des règles fixes.*

Calculez, d'après votre tempérament, le temps que vous devez consacrer au sommeil ; adoptez pour le lever et le coucher les heures que vous reconnaîtrez les plus favorables, et suivez exactement les règles que vous vous serez ainsi tracées. Procédez de même pour les repas, pour la marche et les exercices en plein air.

Vous ne tarderez pas à éprouver les bienfaits de ce régime, et vous constaterez que votre corps deviendra plus actif et plus vigoureux.

Il n'est point jusqu'aux divertissements eux-mêmes qui ne puissent se régler avec la même précision. Vous répartirez dans vos heures de loisirs les délassements qui vous sembleront les plus utiles et les plus agréables, ceux qui conviennent le mieux à votre caractère, à votre tempérament et à votre situation de fortune et de famille, et vous vous ferez une obligation de ne point manquer à cette partie de votre programme.

Cette réglementation de l'emploi du temps est utile à tout le monde; elle est particulièrement indispensable aux caractères faibles, aux abouliques, c'est-à-dire précisément à ceux auxquels il sera le plus difficile de s'imposer ainsi une discipline. Ceux-là devront se faire aider par les personnes de leur entourage qui leur imposeront les habitudes qu'ils sont incapables de prendre eux-mêmes. Leur faiblesse trouvera dans l'habitude un remède qui les soutiendra et supprimera même ce défaut de leur caractère.

Il vous sera très facile d'adopter des habitudes, même malgré vous. Si, par exemple, vous conformant aux conseils que nous vous donnions tout à l'heure, vous avez décidé de vous lever tous les matins à une heure déterminée, vous constatez votre impuissance à exécuter votre projet, il serait bon que vous ordonniez à quelqu'un de votre entourage de vous faire sortir du lit à l'heure fixée, même par la violence. Au besoin, une légère prime promise à votre domestique en cas de succès l'engagera à vous rendre actif malgré votre paresse naturelle.

Autre exemple : vous vous accoutumerez à prendre vos repas à heure fixe en défendant à la maîtresse de maison de les retarder si vous êtes absent de chez vous au moment prescrit. Si vous arrivez en retard, on ne vous servira point les premiers plats, et, votre estomac aidant, vous finirez bien vite par devenir exact.

Ces exemples sont très simples et très faciles à mettre en pratique. Ce sont là quelques-uns des multiples moyens que vous pourrez imaginer pour vous imposer des habitudes conformes à votre situation et à votre genre de vie.

Nécessité de rompre accidentellement les habitudes. — Toutefois, je n'oserais vous recommander de vous conformer *toujours* à des habitudes trop strictes. Ce serait substituer l'automatisme à la libre activité, et vous auriez alors plus de peine à vous dégager de ces habitudes pour accommoder votre action aux circonstances que si vous étiez toujours resté dans cette période d'activité désordonnée si critiquable.

Il ne faut pas devenir l'esclave de vos habitudes.

Il y a un moyen bien simple de vous prémunir contre ce danger. Il consiste à rompre de temps en temps les habitudes que vous avez prises, à les rompre pour un instant seulement, juste assez pour *les empêcher de dégénérer en manies.*

Si vous savez agir ainsi, vous pourrez reprendre votre indépendance complète le jour où cela sera nécessaire.

Petits crucifiements. — Il existe un grand nombre de moyens de mettre ce conseil en pratique. M. Payot en propose quelques-uns qu'il nomme assez joliment les « petits crucifiements de chaque jour ». — En voici des exemples :

Après vos repas, vous aimez à fumer un cigare ; arrangez-vous pour ne pas en avoir sous la main et contentez-vous d'une cigarette.

Ou bien encore : Vous avez l'habitude de prendre un verre de chartreuse ou de bénédictine. Quand la bouteille sera vide, ne la renouvelez pas immédiatement ; il faudra bien vous en passer pendant deux ou trois jours.

Enfin : Il vous est agréable d'écrire ou de lire assis dans un fauteuil ; supprimez-le de temps en temps et prenez une chaise.

Importance de ces exercices pour l'éducation de la volonté. — Je ne veux point prétendre que ces petits exercices soient utiles en ce sens que vous pourrez en tirer des résultats positifs immédiats.

Mais ils servent à la culture de la volonté et, en ce sens, ils ont une importance considérable. Ils vous apprennent à *manifester votre personnalité* en vous élevant au-dessus de l'automatisme.

M. Doumer a bien saisi toute l'importance de cette éducation de la volonté pour elle-même. Dans son *Livre de mes fils*, il recommande toute pratique

« qui a pour résultat d'habituer à vouloir, de préparer une volonté forte pour les grandes actions, pour les heures graves où il faut savoir se décider, où c'est en voulant fermement avec constance et ténacité, qu'on arrive à d'heureux résultats ».

Transformation progressive des habitudes. — D'ailleurs, le procédé qui suspend seulement pendant quelques instants la puissance de l'habitude, n'est point le seul dont vous deviez faire usage pour éviter de tomber dans le mécanisme.

Vous devrez considérer les habitudes prises, non point comme un fait acquis auquel se bornent tous vos désirs, *mais comme un point de départ* pour de nouvelles améliorations.

Il faut vous soumettre à une sorte d'entraînement analogue à celui des hommes de sport. Une fois qu'ils sont parvenus à exécuter un exercice quelconque, ils ne se contentent point de le répéter tous les jours sans modification ; ils s'efforcent de perfectionner sans cesse les résultats acquis, de faire mieux, soit en durée, soit en intensité. Leur but est de *battre un record.*

Eh bien, votre objectif doit être le même. *Vous avez toujours un record à battre :* il consiste à vous efforcer continuellement de vous dépasser vous-même.

SECTION VII

Le contrôle de l'action

NÉCESSITÉ DE CONSTATER SES PROGRÈS MORAUX. — L'EXAMEN DE CONSCIENCE. — COMMENT IL DOIT ÊTRE PRATIQUÉ.

Nécessité de constater ses progrès moraux. — Dans la lutte entreprise pour le développement de la volonté, *il importe avant tout d'être toujours au courant des progrès accomplis* et de ce qui reste encore à gagner.

Le vieux précepte : « Connais-toi toi-même » est absolument de rigueur dans toute œuvre de perfectionnement moral, car il est la base sur laquelle il conviendra de s'appuyer pour régler sa conduite future.

L'examen de conscience. — On arrive à ce résultat par une pratique extrêmement simple, qui a toujours été connue et utilisée et que recommandent tous les moralistes : *l'examen de conscience.*

M. Pignolet, professeur de philosophie, a exposé en détail et avec une extrême netteté la façon dont il convient de procéder à cet examen. Nous ne pouvons mieux faire que de reproduire en grande partie l'article dans lequel il donne ces précieuses indications :

Comment doit être pratiqué l'examen de conscience. — Tout d'abord, ne l'oublions pas, dit M. Pignolet, quand on pratique l'examen de conscience, il faut que chacun observe sa propre conscience, et non pas celle de son voisin, car, par une métamorphose étrange, l'examen de conscience pourrait bien consister chez certaines personnes à passer en revue les fautes... de leur prochain. On ferait ainsi une maligne inspection de tous les défauts d'autrui, et l'on exercerait à part soi son esprit de médisance en attendant qu'on parle tout haut des belles découvertes faites au cours de cet examen minutieux des actions de nos semblables. Le bel examen de conscience, qui consisterait à dire : telle personne s'est montrée peu aimable avec moi ; elle est bien orgueilleuse ! Cette autre avait encore aujourd'hui une nouvelle toilette : ce n'est pas étonnant, la vanité est son moindre défaut ! Celle-ci a causé plus d'une heure dans la rue avec moi : comme elle est bavarde ! et ainsi de suite. Pratiqué de la sorte, l'examen de conscience ne servirait qu'à revenir sur toutes les circonstances de la journée où nous avons pu prendre en faute le prochain, où nous avons eu à nous plaindre de lui, et ainsi son plus clair résultat serait d'accroître notre malveillance, et aussi de susciter en nous des sentiments de rancune tenace, en arrêtant notre attention sur de petits sujets de mécontentement qu'il eût mieux valu oublier bien vite. Le véritable examen de conscience au contraire ne porte que sur les fautes qu'on a pu commettre, et l'on ne doit y faire preuve de malveillance qu'envers soi-même ; et ici, soyons sans crainte, l'excès n'est pas à redouter ; on ne trouve que trop bien des raisons de s'excuser et de s'innocenter à ses propres yeux.

L'examen de conscience doit donc être fait dans les dispositions d'esprit suivantes : *esprit de sévérité*, qui ne laisse rien passer et fait même effort pour se prendre en défaut ; c'est à cette condition seule que la conscience devient de plus en plus fine et scrupuleuse. Le progrès moral a pour condition cette sévérité croissante d'une conscience qui ne consent pas à s'arrêter dans la poursuite de la perfection et à se contenter du progrès déjà réalisé. Puis vient *l'esprit d'humilité*, grâce auquel nous nous défions de nous et sommes d'avance convaincus de notre faiblesse. Rappelons-nous en effet que le plus grand obstacle à tout perfectionnement de nous-mêmes, c'est l'orgueil qui nous rend satisfaits de ce que nous sommes ; c'est alors la ruine de tout effort vers le mieux, car désormais content de sa propre valeur, comment travaillerait-on à se rendre meilleur ? On se complaît dans son état présent, sans aspirer à mieux ; combien sont justes ces vers du grand Corneille :

« Nous nous aimons un peu, c'est notre faible à tous.
« Le prix que nous valons, qui le sait mieux que nous ? »

Cet orgueil se manifeste surtout dans nos rapports avec nos semblables ; nous leur connaissons difficilement une supériorité sur nous, et nous reconnaissons plus difficilement encore des torts à leur égard. Les conséquences de cet orgueil sont infinies, et leur étude suffirait à remplir un long chapitre d'un traité de morale pratique. C'est donc une des tâches de notre éducation que d'extirper de nous cet orgueil ; et c'est de l'examen de conscience qu'il convient de le bannir tout d'abord, en nous montrant très défiants de nous-mêmes, convaincus d'avance qu'il y a beaucoup à réformer en nous ; alors seulement nous pourrons rendre justice à autrui, nous montrer *indulgents pour les autres, sévères pour nous-mêmes*, ce qui est la règle de toute saine morale, et faire un effort sérieux pour nous améliorer. — Mais il ne suffit pas de cet esprit d'humilité, qui nous fait croire d'avance que nous pouvons faillir : il faut y joindre *l'esprit de sincérité*, grâce auquel, après la faute, nous savons reconnaître que nous avons effectivement failli ; alors nous n'hésitons pas à nous avouer franchement les fautes commises, sans chercher à les parer de fausses couleurs, de façon à donner au mal l'apparence du bien. Car beaucoup de consciences faussées sont habiles à se tromper elles-mêmes ; on connaît les *Maximes* de La Rochefoucauld, où cet auteur nous décrit ce qu'il appelle les ruses et les souplesses de l'égoïsme ou de l'amour de soi ; et en tout cas, l'on sait combien nous excellons tous à transformer nos défauts en qualités ; nous prenons l'entêtement pour de la fermeté, la dissimulation pour de la discrétion, et ainsi de suite. Il nous est de la sorte aisé de changer en actes méritoires nos fautes les plus manifestes. L'habitude de la sincérité avec nous-mêmes nous préserve de ce danger de nous faire illusion sur notre valeur morale, ce qui rendrait impossible toute amélioration de nous-mêmes.

Ces trois qualités de sévérité, d'humilité et de sincérité constituent l'inspiration qui doit nous animer quand nous nous livrons à l'examen de conscience. Il reste à régler les détails de cette pratique. Tous les sages de l'antiquité sont d'accord pour affirmer qu'il doit être quotidien ; mais à quelle heure faut-il le faire, et comment procéder à cet examen ? Par quelle méthode le fera-t-on le mieux ? La réponse est aisée : parmi les moralistes anciens, les uns recommandent l'heure du coucher, les autres celle du lever, d'autres enfin les deux moments. Or, cette dernière opinion paraît la meilleure, et c'est celle qu'adoptent les philosophes modernes, en distinguant deux espèces d'examen de conscience qui se complètent l'un l'autre et concourent à ce même but : se bien connaître pour bien se réformer. L'un est celui du matin, nommé *examen de prévoyance ;* il consiste à faire retour sur soi-même, pour se rendre compte par avance des fautes qu'on est exposé à commettre. Il doit être vivifié par une ardente aspiration au bien et une énergique résolution d'y conformer toute notre conduite au cours de la journée ; l'âme alors se recueille dans la contemplation du bien pour mieux le graver dans sa pensée et l'aimer davantage ; elle renouvelle ainsi chaque matin sa sève morale, et reprend de nouvelles forces pour la lutte contre le mal. La conscience joue ici le rôle d'un conseiller prévoyant qui nous avertit des erreurs à redouter. Dans cette revue des fautes auxquelles nous sommes exposés, il y a lieu d'insister surtout sur nos défauts habituels, eux dont nous sommes pour ainsi dire esclaves, et qui peuvent à toute heure nous entraîner malgré nous à quelques fautes ; l'un sera sujet à l'emportement, l'autre à l'indolence, un troisième au bavardage. C'est donc là que réside surtout le danger, et là par suite que doit s'exercer notre vigilance. — Pour la même raison, notre attention devra se fixer davantage sur les fautes particulières à la condition où nous sommes placés : pour l'enfant, qui doit surtout faire preuve de souplesse et de soumission, ce sera la désobéissance ou l'obstination ; pour le fonctionnaire, ce sera la nonchalance ou la négligence qu'engendre aisément l'uniformité des obligations professionnelles ; pour la jeune fille, habituée aux attentions et aux compliments, ce sera l'affectation ou la vanité, la frivolité, la coquetterie, et ainsi de suite. En un mot, nous sommes d'autant plus exposés à commettre certaines fautes que les circonstances nous en fournissent plus souvent l'occasion : il y a donc lieu d'y prêter une attention plus spéciale.

En résumé, l'examen du matin, l'examen de prévoyance, doit nous prémunir contre toutes les fautes possibles, de telle sorte qu'au moment de la tentation le souvenir de la perfection morale désirée par nous et des bonnes résolutions du matin se dresse entre la faute et nous fortifie comme un solide rempart. — Puis, le soir venu, c'est l'examen de conscience proprement dit ; c'est la réflexion sur toute la conduite de la journée, pour voir en quelle occasion nous avons pu faillir ; alors la conscience, qui le matin nous mettait en garde, joue ici le rôle de juge, et nous informe des fautes échappées à notre vigilance et des progrès qu'il nous reste à réaliser.

Parfois aussi, elle témoigne en notre faveur, et nous remplit de la joie la plus pénétrante, celle qui résulte du mal évité et du bien accompli ; c'est le côté consolant et doux de l'examen de conscience, qui sans cela risquerait de ne produire que l'amère constatation de notre persistante imperfection. Mais d'ailleurs le regret même des fautes commises laisse à l'âme sa sérénité, et par suite d'un nouvel espoir de mieux agir le lendemain.

Si maintenant l'on désire savoir comment faire l'examen de conscience avec méthode, il suffit de se rappeler les conseils d'un moraliste ancien : se remémorer tous les devoirs imposés à l'homme, pour juger si nous n'avons pas manqué à aucun d'eux. On peut d'ailleurs dans la pratique imaginer les moyens les plus propres à faire cette revue des devoirs ; telle est par exemple la distinction entre les fautes en actions, en paroles et pensées, car l'on sait que la pensée même de négliger un devoir est déjà une faute. — Pour plus de précision, veut-on voir comment un homme habitué à ne rien faire sans méthode travaillait à la réforme de soi-même? Rappelons-nous l'histoire de Franklin : décidé à accroître sa valeur morale, il avait dressé une liste de treize vertus principales (1), qu'il se proposait tout spécialement de développer en lui ; tempérance, silence, ordre, résolution, fruga-

1. Franklin a exposé sa méthode de la façon suivante :

« Concevant, dit-il, qu'un examen journalier me serait nécessaire, j'imaginai la méthode suivante pour y parvenir :

« Je fis un petit livre où il y avait une page pour chaque vertu. Je réglai chaque page en encre rouge de façon à avoir sept colonnes, une pour chaque jour de la semaine, mettant en haut de chacune des colonnes les premières lettres du nom des jours. Je coupai ensuite transversalement ces colonnes par treize lignes rouges au commencement desquelles j'écrivis la première lettre du nom des treize vertus. Sur cette ligne, et à la colonne voulue, je marquais d'un point noir chaque faute qu'après examen je reconnaissais avoir commise contre telle ou telle vertu. »

lité, industrie, sincérité, justice, modération, propreté, tranquillité, chasteté, humilité. Pour atteindre ce but, il fallait se corriger de treize défauts opposés : intempérance, orgueil, etc. Franklin, réfléchissant qu'il serait difficile de lutter à la fois contre les défauts, eut l'idée de les combattre l'un après l'autre. « Pour cela, nous dit-il lui-même, je résolus de donner une semaine d'attention sérieuse à chacune de ces vertus successivement. Ainsi mon grand soin pendant la première semaine fut d'éviter la plus légère faute contre la tempérance, laissant les autres vertus courir leurs chances ordinaires, mais marquant chaque soir les fautes de la journée. Si dans la première semaine je me croyais assez fortifié dans la pratique de ma première vertu, et assez dégagé de l'influence du défaut opposé, j'essayai d'étendre mon attention sur la seconde, et, procédant ainsi jusqu'à la dernière, je pouvais faire un cours complet en treize semaines, et le recommencer quatre fois par an. » — Franklin ajoute qu'il goûta bientôt le plaisir encourageant de voir diminuer le nombre des fautes commises, et qu'il eut enfin le bonheur de se délivrer complètement de ses défauts. Voilà un bel exemple à suivre ; il va sans dire qu'on peut varier les détails de cette méthode ; mais il est bon au moins d'en retenir cette leçon, qu'un homme déjà mûr ne dédaignait pas la pratique quotidienne de l'examen de conscience ; cela nous montre une fois de plus qu'il ne s'agit pas là d'une pratique puérile, bonne pour les enfants, mais d'une coutume indispensable à la vie morale, et dont nul ne doit s'abstenir.

Comme l'observe si justement M. Pignolet, on peut varier les détails de la méthode imaginée par Franklin. Nous estimons même que l'on *devra* le faire, car un tel système ne peut pas donner de bons résultats s'il n'est pas exactement adapté au caractère et au genre de vie de chacun. Il est, par exemple, différentes vertus que beaucoup d'individus pratiquent toujours, soit par goût, soit par une sorte d'instinct naturel. Ainsi, on rencontre tous les jours des gens qui n'ont jamais fait abus de la boisson, soit qu'il leur soit désagréable physiquement d'absorber des liqueurs, soit qu'ils ne songent même point à en boire au delà des limites raisonnables ; il en est de même de la propreté, etc. Les semaines que ces individus passeraient à s'observer pour observer telle ou telle vertu seraient donc en quelque sorte du temps perdu pour leur progrès moral.

Pour beaucoup, il sera préférable de n'accorder une semaine de surveillance spéciale qu'aux défauts dans lesquels ils retombent le plus souvent. Ainsi, ils en désigneront quatre, et sans cesser d'ailleurs de s'appliquer à pratiquer les autres vertus, ils verront revenir chaque mois le moment de veiller sur un de leurs principaux défauts, ce qui ne peut manquer de hâter considérablement la réforme de leur caractère.

Un autre point sur lequel il convient d'insister est le suivant : Il importe de toujours songer que le perfectionnement moral est une œuvre de longue haleine et que ce n'est ni en quelques semaines ni en quelques mois que l'on arrivera à se corriger de ses défauts. Celui qui pratiquerait très sérieusement l'examen de conscience et tiendrait régulièrement la comptabilité de ses fautes pendant trois mois, par exemple, aurait grand tort de se décourager s'il constatait que la dernière page de son petit livre est aussi garnie de points noirs que la première ou à peu près.

Bien des hommes ne constateront un réel progrès qu'après plusieurs années d'efforts. Une élite seulement atteindra la perfection. C'est là une loi de notre nature : nous devons sans cesse poursuivre notre idéal, même sachant que nous ne l'atteindrons probablement jamais.

CHAPITRE III

L'ÉDUCATION PHYSIQUE

SECTION I

Hygiène et santé

NÉCESSITÉ D'UNE BONNE SANTÉ. — INFLUENCE DE LA SANTÉ SUR L'ÉTAT MORAL ET INTELLECTUEL. — INFLUENCE DE LA VOLONTÉ SUR LA SANTÉ. — L'IGNORANCE ET LE MÉPRIS DES PRÉCEPTES DE L'HYGIÈNE. — EFFETS DU TEMPS ET DE L'HABITUDE SUR LA SANTÉ. — L'ÉDUCATION DE LA SANTÉ. — EN QUOI CONSISTE LA SANTÉ.

Nécessité d'une bonne santé. — La condition *essentielle* de tout perfectionnement moral et intellectuel est d'avoir à sa disposition un *corps sain et vigoureux*. — *L'éducation physique* est donc nécessaire pour préparer et soutenir la vie de l'homme d'action, et c'est pourquoi nous lui ferons place dans cet ouvrage, immédiatement après l'éducation de la volonté et avant l'éducation de l'intelligence.

En effet, la santé est aussi indispensable à l'*homme d'initiative* que la volonté. Nous sommes créés de telle sorte que l'état de notre système nerveux exerce une influence certaine sur nos volitions, et que du fonctionnement de notre estomac et de notre intestin dépendent notre gaieté et notre santé morale.

Aussi est-ce un mauvais calcul que de surmener notre corps en ne tenant pas compte des lois physiques auxquelles nous sommes soumis, car *sans la santé nous ne valons rien.*

N'a-t-on pas dit avec raison que la santé « est le chiffre qui, placé devant les zéros de la vie, leur donne de la valeur » ?

Influence de la santé sur l'état moral et intellectuel. — La débilité corporelle s'accompagne toujours d'un manque d'énergie, d'une volonté chancelante. Chacun sait combien, dans tous les ordres d'activité, *le succès dépend plus de l'énergie infatigable que de toute autre cause ;* on sera donc disposé sans peine à croire que la condition première pour être un homme d'action est de se « bien porter ».

Comme le dit en termes excellents M. Payot :

« Presque toujours l'enthousiasme moral coexiste avec ces moments radieux, où le corps, comme un instrument bien accordé, fait sa partie sans fausses notes, et sans distraire vers lui la conscience intime. En ces moments de pleine vigueur, *la volonté est toute-puissante* et l'attention peut être fortement tendue. Au contraire, lorsque nous sommes faibles, débiles, nous sentons lourdement les chaînes qui lient notre esprit au corps, et les échecs du vouloir ont souvent pour causes des malaises d'ordre physiologique. »

« ... Condition d'une volition et d'une attention prolongée et vigoureuse, la santé ne se borne pas à récompenser le travail par la joie qui en est la conséquence ; elle a en outre sur le bonheur et sur la vie de chacun une influence extrême. »

Dès que l'organisme est atteint par la maladie, nous nous trouvons donc, même au point de vue intellectuel et moral, dans un état évident d'infériorité. Que les reins, par exemple, viennent à mal fonctionner, il peut en résulter des troubles profonds au cerveau et dans l'exercice même de la pensée. Chacun sait combien les mauvaises digestions rendent pénible le travail intellectuel. Le nervosisme croissant, que nous constatons si souvent à notre époque, a son point de départ dans une fatigue excessive du système nerveux.

Nous n'insisterons pas davantage sur ce qu'il est convenu d'appeler « l'influence du physique sur le moral ». Chacun a pu en voir autour de soi de nombreux exemples.

Si donc vous voulez assurer le *complet développement* de vos facultés, si vous aspirez à devenir un *homme d'initiative*, vous devrez donner à l'hygiène corporelle la place qui lui est *due*. Ceci nous amène à rechercher les moyens pratiques de réaliser cet idéal : MENS SANA IN CORPORE SANO.

Influence de la volonté sur la santé. — Mais, de suite, une question se pose : « Peut-on avoir une bonne santé ? Dépend-il de nous de nous bien porter ? N'y a-t-il pas des gens qui naissent malades, et d'autres bien portants ? »

Nous sommes de ceux qui pensent que d'une façon générale et en laissant de côté les exceptions, on est maître de sa santé, comme on est maître de sa volonté.

Sans doute on est doué par la nature d'une santé plus ou moins florissante. La santé, comme la richesse, est un bien inégalement réparti. Mais celui qui n'abuse pas de ses forces et qui sait les augmenter progressivement doit arriver à se bien porter.

Dans ces conditions, il est vrai de dire *qu'il dépend de nous d'avoir un corps sain et des organes fonctionnant d'une façon régulière*, et d'arriver ainsi à être un « bon animal », suivant la formule de Spencer.

En règle générale, et sauf les maladies héréditaires (1), on peut affirmer que nous ne sommes

1. La folie est souvent une maladie héréditaire ; le docteur Roubinovich, dans un récent article du *Matin*, a cependant montré qu'il est possible de l'éviter par une hygiène appropriée.

malades que par notre faute et parce que *nous gaspillons notre santé.*

« Si la souffrance vient de toi, examine ta vie passée », dit l'Ecriture. Huxley, dans un passage célèbre, dit que nous ressemblons à des joueurs d'échecs : nous avons un partenaire patient et sans pitié qui ne nous pardonne pas la moindre faute, mais qui paie avec générosité les bons joueurs. Cet adversaire est la nature, et tant pis pour qui ignore les règles du jeu.

L'ignorance et le mépris des préceptes de l'hygiène. — Il faut en effet l'avouer, nous ignorons souvent *les règles de l'hygiène* ou, si nous les apprenons parfois, *nous négligeons de les appliquer.*

Pour ne prendre qu'un exemple, c'est un lieu commun de dire que les systèmes actuels d'éducation sont défectueux et contraires aux principes élémentaires de l'hygiène. Le surmenage résultant du travail intellectuel mal compris et de l'absence d'exercices physiques, la sédentarité, la mauvaise hygiène alimentaire ont pour effet, chez la plupart des jeunes gens, de débiliter l'estomac, de rendre les digestions laborieuses, — et, comme l'estomac est enlacé d'un réseau serré de nerfs, le retentissement des troubles de cet organe sur le système nerveux est considérable. De là, ces migraines, ces maux de tête, ces refroidissements des extrémités inférieures que nous avons tous connus, plus ou moins, au lycée ou au collège ; de là, ce *ner-*

vosisme qui est la caractéristique de la jeunesse intellectuelle française d'aujourd'hui.

La meilleure preuve que cet état physique est le résultat d'une *mauvaise méthode de travail* et de *l'inobservation des lois de l'hygiène*, c'est que nous voyons, au contraire, les jeunes Anglais acquérir, grâce à un entraînement progressif et voulu, une santé excellente et une vigueur physique surprenante. On leur apprend combien les exercices physiques sont utiles, et on leur fait comprendre que ces jeux sont, non un but, mais un « moyen » d'arriver à la santé; on leur apprend les lois de l'hygiène, avec autant de soin que les lois de la physique; mieux encore, on les oblige à les appliquer.

Aussi sont-ils pour la plupart vigoureux et bien musclés, alors que nos jeunes gens sont délicats et de faible constitution.

Un écrivain anglais, sir John Lubbock, dans son ouvrage si populaire, le *Bonheur de vivre*, insiste avec raison sur la nécessité pour chacun de régler minutieusement sa vie, de veiller à la chaleur, au froid, à l'éclairage, aux repas, de prendre de l'exercice. Il entre dans des détails qui nous sembleraient futiles et ridicules, mais qui sont pris au sérieux par ses lecteurs anglais. C'est ainsi qu'il écrit, par exemple, pour achever de les convaincre : « Gladstone m'a raconté que la belle santé dont il jouit vient de ce que, dès sa jeunesse, il a appris et appliqué dans ses repas, d'une manière absolue, cette maxime physiologique : « Il faut mâcher vingt-cinq fois chaque morceau de viande, avant de l'avaler. »

Ces recommandations et ces préceptes, qui nous sembleraient d'une excessive minutie, montrent bien l'importance que les Anglais attachent à l'observation des lois de l'hygiène. Cela ne devrait-il pas nous faire voir que la santé peut s'acquérir à force de volonté et qu'elle est la récompense des efforts que chacun sait s'imposer.

Effets du temps et de l'habitude sur la santé. — La toute-puissance que le temps nous confère, ainsi que nous l'avons vu, pour arriver à développer notre volonté, le temps nous la confère donc aussi pour changer notre tempérament et affermir notre santé. Ici encore *l'habitude a des effets puissants*. Il ne faut pas plus de temps pour prendre de bonnes habitudes que pour en prendre de mauvaises, pour manger selon les règles que pour mal manger, pour faire un peu d'exercice que pour demeurer paresseusement à mal digérer en son fauteuil ou lire les journaux au café. Il suffit seulement d'un peu de bonne volonté, d'un peu d'attention et de persévérance.

L'éducation de la santé. — Il conviendrait donc que l'on s'occupât davantage de ces questions de santé et d'hygiène. Il faudrait qu'au lieu d'apprendre à nos jeunes gens un tas de choses inutiles, on leur apprît d'abord à se « bien porter », et qu'on leur enseignât — sans craindre le ridicule — les règles élémentaires de l'hygiène.

Ce n'est pas tout : il est urgent que nous ayons des jeunes gens, non seulement sains, mais robustes. Or, la vigueur physique ne s'acquiert qu'*à la longue* et à la suite d'un *entraînement méthodique*. C'est avec raison que beaucoup d'esprits judicieux n'ont cessé de demander depuis quelques années — et ont obtenu en partie — qu'on donne dans nos lycées et collèges une part plus grande aux soins matériels et aux exercices du corps.

Il serait aussi à désirer qu'on apprît à chaque élève un *métier manuel*.

A cet égard, les *Ecoles nouvelles* (Collèges de Normandie, de Guienne, Ecole des Roches, etc.) ont donné un utile exemple en prenant une louable initiative. Elles ont organisé l'*enseignement manuel*, totalement négligé et même méprisé dans les autres établissements d'instruction. Chaque jour, certaines heures sont consacrées à des travaux de menuiserie, de jardinage, etc., qui contribuent au *développement corporel* de l'enfant en même temps qu'il délassent son esprit.

D'autre part, la *gymnastique*, telle qu'elle est actuellement enseignée dans les établissements d'instruction, ne donne aucun résultat sérieux.

Bien plus, si l'on en croit beaucoup de bons esprits elle conduit à des résultats tout opposés de ceux qu'elle doit faire attendre.

On sait, en effet, d'après les remarquables travaux du docteur Lagrange (*Physiologie des exerci-*

ces du corps), que la gymnastique telle qu'elle est d'ordinaire pratiquée, c'est-à-dire la gymnastique avec agrès dans un espace renfermé appelé gymnase, exige des efforts nerveux qui contribuent à fatiguer le cerveau déjà surmené par le travail intellectuel.

Il est illogique de demander à de jeunes enfants en croissance, déjà énervés par le travail excessif du cerveau, des exercices de trapèze, d'anneaux, de barre fixe, etc., qui exigent une attention soutenue et par suite un véritable travail d'esprit.

Il y a des exercices fatigants qu'il faut éviter à ceux qui sont déjà surmenés intellectuellement ; voilà une vérité dont il faut se pénétrer, et que les Suédois, les Allemands et les Anglais connaissent depuis longtemps.

Ici encore notre ignorance nous a été fatale et les essais d'exercices physiques et de jeux scolaires tentés avec engoûment dans les établissements d'instruction ont tristement avorté, parce qu'ils ont été faits sans une connaissance approfondie des lois physiologiques.

Encore une fois, pour se bien porter, pour devenir actif et vigoureux, il faut un entraînement méthodique et rationnel. Par suite, quiconque voudra devenir homme d'action et d'initiative devra *considérer l'hygiène comme une vraie science et apprendre à en appliquer les lois.*

En quoi consiste la santé. — Avant de donner des règles précises sur les moyens de se bien porter, nous préciserons quel est le but vers lequel il faut tendre.

Dans un remarquable article paru dans *Le Journal*, M. le docteur Toulouse observait très justement que *la santé ne consiste point dans la force musculaire* et que de véritables athlètes étaient parfois sujets à des maladies plus fréquentes et plus graves que les autres hommes.

Il remarquait même que les femmes jouissent d'une meilleure santé que les hommes et qu'elles vivent en général plus longtemps qu'eux, tout en étant plus faibles au point de vue musculaire.

« La santé, ajoutait-il, ne consiste pas davantage à être gros et gras. » *L'embonpoint n'a aucun rapport avec la santé véritable* de l'individu et avec sa résistance à la maladie.

Enfin :

« La santé n'est pas même la résistance aux grandes infections. Un individu qui n'est pas touché par la variole, la scarlatine, la fièvre typhoïde, n'est pas pour cela d'une organisation supérieure. Ce qui fait la santé, *c'est plutôt la résistance aux causes morbides de second ordre*. C'est celui qui peut s'exposer au froid sans avoir une angine ou une bronchite, au chaud sans se congestionner, à l'air confiné sans redouter les migraines, à un supplément de travail sans insomnie, à un dîner copieux sans crises gastralgiques ; c'est celui surtout qui ne fabrique pas des malaises de luxe ; c'est celui en somme *qui est bien équilibré dans la vie de tous les jours et dont la machine fonctionne avec un minimum de déchets et le meilleur rendement*. Il vit longtemps et ne compte à sa fin qu'un petit nombre de journées de maladies. C'est le membre idéal d'une Société de secours mutuels. »

Aussi, l'homme d'action n'a-t-il pas besoin d'être un athlète. Son idéal ne doit pas être de pouvoir résister à des fatigues extrêmes. Mais il doit être à même d'*accomplir régulièrement et sans fatigue sa tâche quotidienne* et même, au besoin de pouvoir *fournir sans défaillance*, et *dans des circonstances exceptionnelles, un supplément de travail.*

C'est cet art de *bien vivre*, d'observer les lois de l'hygiène, de ménager un juste équilibre entre nos facultés, dont nous allons essayer de rappeler les règles principales.

SECTION II

Règles générales d'hygiène

NÉCESSITÉ DE CONNAÎTRE SON TEMPÉRAMENT. — CHOIX D'UN RÉGIME APPROPRIÉ AU TEMPÉRAMENT. — NÉCESSITÉ DE SE CONFORMER STRICTEMENT AU RÉGIME ADOPTÉ.

Pour acquérir l'art de *se bien porter* et de se « tenir en forme » comme on dit en langage sportif, il faut savoir régler *toutes* les conditions de sa vie physique d'une façon détaillée. Avant d'aborder des questions un peu précises, il importe de poser quelques principes généraux.

Nécessité de connaître son tempérament. — *La base de toute hygiène rationnelle est la connaissance de soi-même.* Il faut d'abord se connaître, savoir quelle est la limite de sa résistance en tous ordres d'activité, et s'arrêter quand elle est atteinte.

On peut ainsi arriver à connaître avec précision les *anomalies* auxquelles on est sujet, remarquer les circonstances dans lesquelles on se trouve incommodé alors que toute autre personne n'éprouve rien de semblable (idiosyncrasies). On arrivera, par exemple, à dresser la liste des aliments qui agissent d'une façon particulière. En un mot, *on connaîtra son point faible* (estomac, poumons, reins, etc.).

Choix d'un régime approprié au tempérament. — Après s'être ainsi consulté soi-même, *il convient d'adopter un régime* ou manière habituelle de se nourrir, de dormir, de prendre de l'exercice, afin d'éviter de retomber dans les maladies ou les malaises auxquels on peut être sujet.

C'est ainsi que les *nerveux*, qui vibrent au moindre choc, et qui aiment les émotions, les plaisirs intellectuels, les sensations raffinées, feront sagement de modérer leurs travaux intellectuels, et de chercher dans les sports ou les travaux manuels d'utiles dérivatifs. Ils devront préférer les études graves et sérieuses, telles que les mathématiques, les sciences naturelles. Au contraire, ceux qui se plaisent aux méditations, aux idées tristes trouveront avantage dans la culture des beaux-arts, de la musique gaie, voire même de la poésie.

Les *lymphatiques* rechercheront le soleil, l'air pur et vivifiant de la campagne. L'usage modéré des excitants leur sera souverainement utile. Mais, qu'ils prennent garde aux exercices disproportionnés à leurs forces et évitent l'excès de sommeil !

De même encore, ceux qui ont une tendance à l'embonpoint éviteront les aliments trop nourrissants, et s'entraîneront à des exercices sportifs (escrime, équitation).

Que tous consultent, au surplus, un médecin intelligent qui saura trouver la cause de leurs faiblesses et instituer un traitement pathogénique approprié.

Il ne faut pas même hésiter à adopter un régime contraire aux règles de l'hygiène commune, s'il doit en résulter un bienfait *évident.*

M. le Dr Toulouse cite en exemple un de ses amis qui, pour éviter de s'assoupir après ses repas, se livre à un travail intellectuel des plus actifs (contrairement aux principes hygiéniques généralement recommandés). C'est pour lui le seul moyen d'avoir de bonnes digestions et de se bien porter.

Nécessité de se conformer strictement au régime adopté. — En règle générale, il est extrêmement rare que notre santé s'altère subitement. Le plus souvent, cette altération a des *causes multiples et répétées.*

Souvenons-nous que la nature est un comptable minutieux qui marque les coups.

Ceci est vrai dans la plupart des maladies, maux d'estomac, d'intestin, de reins, maladies nerveuses.

On commet des excès réitérés..., on résiste tout d'abord; puis un jour quelques malaises surviennent auxquels on ne prête pas attention; puis, un autre jour, la machine s'arrête, tout se détraque.... et il est trop tard.

On verrait rarement surgir la maladie si l'on obéissait fidèlement à ses penchants instinctifs, aux conseils de la raison. La mesure de tout exercice de l'organisme a deux bornes limites : le besoin et le plaisir d'un côté, la satiété et le dégoût de l'autre; ces limites franchies, la douleur et la fatigue apparaissent.

Les besoins, on le sait, ne sont pas tous également pressants, irrésistibles ; mais ils sont soumis à des retours réguliers séparés par des périodes de satiété. C'est bien à tort que l'on prétend qu'il ne faut avoir rien de fixe, rien de réglé, parce que l'on doit être prêt à tout. Bien au contraire, il faut, au moins en temps ordinaire, *mener une vie régulière* et *régler avec une méthode inflexible tous ses exercices organiques.*

Il faut discipliner le corps et le rompre à de bonnes méthodes hygiéniques. Ce sera, pour plus tard, une économie de temps et d'argent, car on évitera ainsi de faire connaissance avec la maladie et les médecins.

En résumé, les règles générales d'hygiène auxquelles il importe de se conformer, peuvent se formuler de la manière suivante :

1° *Connaître sa mesure et ne jamais l'atteindre;*

2° *Se faire un régime approprié à son tempérament ;*

3° *Mener une vie régulière, obéir à ses besoins, régler avec méthode ses exercices organiques.*

Entrons maintenant dans quelques détails pratiques pour montrer comment vous pourrez réaliser ce programme, et ne perdons pas de vue, pour nous excuser de traiter ce sujet avec quelques développements, que les erreurs et les fautes en cette matière mènent à de graves conséquences.

Section III

Hygiène de l'habitation et du vêtement

Où il faut habiter. — La salubrité du logement. — Le mobilier. — Le vêtement.

Où il faut habiter. — Les conditions de la vie moderne ne permettent malheureusement pas à chacun d'avoir, en bonne situation, le logement ou la maison salubre qui lui serait nécessaire. Beaucoup de jeunes gens, obligés d'habiter les grandes villes, préfèrent encore se loger à l'étroit dans les affreux *compartiments* d'une *maison moderne*, c'est-à-dire d'une de ces casernes aussi *incommodes* que *prétentieuses* comme on en bâtit aujourd'hui dans presque toutes nos grandes villes. Ils cherchent à être à proximité des lieux de plaisir qu'ils aiment à fréquenter et à ne pas être obligés de trop se déplacer pour se rendre à leurs cours, s'ils sont étudiants, ou à leur travail.

Ce genre d'habitation dans des appartements *étroits, mal aérés, privés de lumière*, est *en opposition totale avec tous les principes de l'hygiène et du bon sens.*

Il faut, toutes les fois que cela ne vous est pas absolument impossible, vous *éloigner du centre des villes*, rechercher avant tout *l'air pur*, le grand air de la campagne ou des *larges espaces*.

On peut trouver, dans la banlieue de toutes les villes, des logements sains ou, suivant les situations sociales, des maisons habitées par une seule famille, entourées d'un petit jardin, et dans lesquelles on peut facilement mener une vie *normale*, c'est-à-dire conforme aux règles de l'hygiène.

Loin d'être un inconvénient, l'éloignement du centre des affaires vous sera *très favorable*, car il vous obligera, pour vous rendre à votre travail, à vous livrer à un exercice régulier qui sera très bon pour votre santé.

La salubrité du logement. — Le cadre de cet ouvrage ne nous permet malheureusement pas de donner tous les détails relatifs à l'hygiène de l'habitation. Nous renvoyons le lecteur à l'un des ouvrages d'hygiène les plus récents, celui de M. le docteur Pagès (1) pour tout ce qui concerne la disposition des locaux d'habitation. Nous retiendrons seulement quelques principes essentiels concernant surtout l'*aération* et l'*hygiène de la respiration*.

Tâchez de trouver pour vous loger une maison *bien exposée* aux rayons du soleil, autant que possible donnant vers le midi.

Si vous êtes absolument forcé d'habiter l'intérieur d'une grande ville, méfiez-vous du rez-de-chaussée ou même du premier étage. Mieux vaut habiter plus « près du ciel ». L'air est plus pur, étant moins chargé des poussières et des microbes de la rue.

En été, habituez-vous au régime de la *fenêtre ouverte ;* pendant les autres saisons, aérez vos appartements chaque fois que vous sortez. Il n'y a qu'un critérium pour s'assurer de la ventilation efficace d'une pièce : il faut qu'en y entrant, on n'éprouve *aucune* sensation de mauvaise odeur ni de poussière, quelle que soit la température.

En hiver, faites du feu, mais ne vous chauffez pas trop ; une température de seize degrés est

---

1. *L'Hygiène des Sédentaires*, Librairie Universelle.

pleinement suffisante pour un homme bien portant.

Le mobilier. — L'intérieur des appartements doit être organisé de façon à laisser pénétrer le plus largement possible l'air et la lumière. C'est ainsi que l'on doit éviter soigneusement les *rideaux d'étoffe*, les *tapis cloués* au parquet qui sont de véritables réceptacles de poussière et de microbes, les *portières*, les *rideaux de lit* et autres tentures superflues.

Comme il faut avant tout chasser les microbes, n'oubliez pas que la *peinture* est préférable au papier pour les murs d'appartements, car elle présente cet avantage de pouvoir se laver fréquemment.

Le lit devra être l'objet d'une attention toute spéciale. Il faudra préférer les *sommiers métalliques* recouverts d'un seul matelas, ni trop dur, ni trop mou, *supprimer*, bien entendu, les *édredons, lits de plume*, *oreillers*, etc., n'employer comme couvertures que des étoffes *légères et isolantes* recouvrant de préférence les parties basses du corps.

D'ailleurs, le type de la chambre hygiénique a été défini par le *Touring-Club de France* dont le modèle de mobilier pour hôtel commence à être assez répandu. L'ameublement en pitchpin et en cuivre, sans fauteuil ni table de nuit, sans tenture d'aucune sorte, constitue un idéal de propreté et d'hygiène.

Le vêtement. — Il ne nous est pas possible d'entrer ici dans des détails sur l'importante question de l'habillement. Il est d'ailleurs extrêmement difficile de formuler des règles générales en cette matière, chacun devant tenir compte de son tempérament, de son âge, de sa situation sociale plus encore que de ses goûts personnels.

« La forme, dit M. le Dr Pagès, respectera l'hygiène sans trop violenter l'esthétique. D'une manière générale, les habits seront bouffants à la poitrine et aux membres et serrés à la ceinture et aux extrémités : l'astriction légère dans la région du corsage porte à se bien tenir et vient en aide aux muscles de la taille toujours en action ; le lacement aux extrémités protège contre les intempéries et facilite les mouvements. La ceinture du pantalon ne montera pas trop haut : elle doit soutenir le bas ventre et non pas comprimer les hypocondres. »

M. le docteur Pagès recommande expressément *de ne pas modifier complètement son habillement suivant les variations de la température*. Les personnes qui ne se livrent pas à un travail en plein air ont intérêt à *ne pas trop se couvrir en hiver*, ce qui est malsain, et à *ne pas se vêtir trop légèrement en été*, ce qui provoque une perte de calorique ; « en sorte que les habits dits de demi-saison peuvent être des habits de toute saison ».

C'est un conseil qui nous paraît excellent et que vous ferez bien d'*appliquer* si votre tempérament vous le permet.

SECTION IV

L'Alimentation

IMPORTANCE DE L'ALIMENTATION. — LES EXCÈS DE NOURRITURE. — COMMENT IL FAUT MANGER. — CONDUITE A TENIR AVANT, PENDANT ET APRÈS LE REPAS. — LA RATION ALIMENTAIRE. — COMPOSITION DES REPAS. — QUALITÉS DES ALIMENTS : SUBSTANCES ANIMALES ET VÉGÉTALES. — PRÉPARATION DES ALIMENTS. — LES RÉGIMES ALIMENTAIRES. — LES BOISSONS. — COMMENT IL FAUT BOIRE. — QUALITÉS DES DIFFÉRENTES BOISSONS : EAU, VIN, CIDRE, BIÈRE, CAFÉ ET THÉ, ETC., BOISSONS ALCOOLIQUES. — TABAC ET NARCOTIQUES.

Importance de l'alimentation. — L'importance d'une bonne hygiène alimentaire est extrême, car *la condition primordiale* nécessaire au bon fonctionnement du système nerveux est qu'il baigne dans un sang pur et riche.

Il n'est pas besoin de rappeler ici que les aliments servent à l'accroissement, au développement et au renouvellement de nos organes ; ils ajoutent à leur composition ou réparent leurs pertes.

Avoir un bon estomac est donc une chose non seulement désirable, mais même nécessaire, pour pouvoir se livrer à une vie d'action. Comme disait Voltaire : « *Nul n'a rien s'il ne digère.* » De là l'utilité d'établir un « régime alimentaire » convenablement approprié pour atteindre le but que nous cherchons à atteindre, à savoir : l'art de se bien porter.

Pour arriver à régler d'une façon rationnelle son alimentation, il serait tout d'abord nécessaire d'*étudier de très près* la valeur nutritive de chaque denrée alimentaire et de *connaître* suffisamment *son tempérament* ainsi que la *somme d'énergie* dont on a besoin. On pourrait alors déterminer un régime exactement approprié aux conditions de chaque individu.

Mais d'une part, l'étude de chaque aliment dépassant les bornes de cet ouvrage, et la détermination d'un régime approprié étant une question purement individuelle, nous nous bornerons à donner quelques indications très générales sur cette question.

— La formule d'Harpagon : « Il faut manger pour vivre et non vivre pour manger » sera de tout temps excellente à retenir.

En effet, le but de l'alimentation doit être de *se maintenir en santé* et de fournir au corps les matières nécessaires pour *réparer l'usure* que produit le travail.

Les excès de nourriture. — Cette règle, qui semble si facile à observer, est fréquemment enfreinte dans la pratique. Que de gens mangent trop !... Combien boivent, soit pendant, soit entre les repas, d'une façon disproportionnée ! N'est-il pas avéré, par exemple, que beaucoup d'étudiants sont alourdis par l'abus de la bière ?

Il est donc utile que chacun étudie les moyens pratiques de régler ses aliments et sa boisson en qualité et en quantité, de façon à compenser exactement les dépenses de force qu'il doit faire.

Heureux celui qui « ignore qu'il a un estomac » ! Celui-là sait manger, il n'a que faire de lire un livre d'hygiène. Puisqu'il se porte bien, qu'il fasse comme le nègre : qu'il continue !

Quant aux autres, ils devront prendre la peine de s'étudier, de connaître leur tempérament et de tenir compte du milieu dans lequel ils vivent : ils n'oublieront pas que le travailleur intellectuel a besoin d'une nourriture plus légère que le travailleur manuel, qu'il faut moins d'aliments à celui qui vit enfermé qu'à celui qui vit en plein air.

Une chose essentielle, pour bien s'alimenter, est de savoir être *sobre* et de bannir systématiquement la gourmandise.

« Seule, dit le docteur E. Monin (1), une sobriété de tous les instants jointe à une activité physique jamais démentie, préservera de catastrophes prématurées ces Damoclès si communs dans notre bourgeoisie contemporaine. Qu'ils cessent de penser surtout par le ventre, et ils ne creuseront pas, comme l'a dit James Eyre, leurs tombes avec leurs dents ! La gastrolâtrie est mère de la

1. *Consultation pour ceux qui souffrent de l'estomac.* Société d'éditions scientifiques.

dyspepsie... La surcharge alimentaire est, il n'en faut pas douter, la raison majeure de la plupart des troubles digestifs. »

Il ne faut donc jamais manger plus qu'on ne peut, et la règle essentielle est celle-ci : bien digérer ce que l'on a absorbé. M. Georges Régnal a présenté dans son ouvrage : *La vie telle qu'elle est, comment il faut la prendre*, des observations très justes sur ce sujet. Il recommande avant tout de *bien digérer*.

« Je dis : *bien*, ajoute-t-il, parce qu'on peut digérer, mais mal, d'une façon incomplète ou pénible.

« Beaucoup de gens affirment posséder un excellent estomac parce qu'ils n'ont pas la preuve commune de l'indigestion. Chez eux, cependant, des malaises inexplicables n'ont pas d'autres causes qu'une mauvaise répartition des substances introduites dans leur économie. On peut être incommodé par une cuillerée de petits pois frais, alors qu'on est capable d'engloutir un homard sans inconvénient sensible. Seulement, si vous continuez à manger du homard, tout en n'ayant aucun trouble d'estomac apparent, vous aurez probablement une poussée d'urticaire ou tout autre genre d'inflammation. Les estomacs ont des tyrannies contre lesquelles il est inutile de vouloir s'insurger. »

Les excès de nourriture sont donc toujours *à craindre* et *à éviter*. Par contre il peut être nécessaire de s'alimenter dans certains cas d'une façon plus abondante et plus substantielle que de coutume. L'homme d'action, qui a besoin de temps à autre de fournir un *supplément de travail*, doit se nourrir tout particulièrement *en vue de cet effort*. Il faut que son énergie physique soit assez grande pour lui permettre de ne point défaillir. C'est la conséquence nécessaire de ce principe que *le corps ne doit jamais être l'objet de soins, pour lui-même, mais qu'il doit être au service de l'esprit* et que l'individu ne doit point être entravé dans ses entreprises par une débilité soit constante, soit accidentelle.

Comment faut-il manger. — *Les repas doivent être réguliers*. Il est absolument nécessaire, aussi bien pour ceux qui sont en bonne santé que pour ceux qui digèrent mal, de prendre ses repas à des *heures régulières*.

L'A. B. C. du régime rationnel, dit le docteur Monin, est de prendre les repas à des heures précises, sans jamais accepter d'aliment ni de boisson en dehors de ces heures. Le cafetier (pour l'homme), le pâtissier (pour la femme), sont les industriels collaborant le plus efficacement à gonfler les honoraires du spécialiste de l'estomac. »

Il ne faut donc prendre *aucun aliment entre les repas*, ni gâteaux, ni pâtisseries, ni lait. C'est d'ailleurs à tort que beaucoup de personnes considèrent le lait comme une simple boisson. Il constitue au contraire un aliment très nutritif.

Nombre des repas. — Les repas étant réguliers, quel intervalle convient-il de mettre entre chacun d'eux ?

D'après l'avis des hygiénistes les plus autorisés, l'intervalle entre le repas du matin et celui du milieu de la journée sera d'environ quatre heures ;

celui compris entre ce dernier repas plus copieux et celui du soir, de six heures environ.

Comme le dit le docteur J. Laumonier, dans un article du « *Monde Moderne* » :

— En France on fait d'ordinaire trois repas : l'un le matin avant le travail, le second à midi, le dernier le soir. Cependant dans les grandes villes et parmi les classes riches, où l'on se crée facilement des besoins factices, certaines personnes ajoutent à ces repas un goûter dans l'après-midi et même un souper la nuit. C'est là un abus, — non que le fractionnement des repas soit chose nuisible, bien au contraire, — mais parce qu'alors les aliments sont trop abondants eu égard au travail produit, souvent lourds et qu'ils s'avalent sans appétit ou avec un appétit artificiellement excité ; d'où résultent assez vite des troubles plus ou moins graves de l'appareil digestif. En outre, les repas sont toujours suivis d'une élévation de température et d'une excitation qui, si elle se répète trop souvent, comme c'est le cas pour les gens qui font quotidiennement quatre à cinq repas, finit par aboutir à la neurasthénie.

— Par contre, il est des personnes qui ne mangent vraiment qu'une fois par jour. Le danger ici n'est pas moindre, car, la faim étant pressante, on dévore avec précipitation, sans prendre le temps de mastiquer ; on se surcharge l'estomac, tout en assimilant fort mal, et les accidents gastriques qui ne tardent pas à éclater ne précèdent que de peu cet état d'appauvrissement désigné sous le nom de *misère physiologique*.

Par conséquent, l'alimentation des enfants et des convalescents mise hors de cause, les adultes bien portants et même beaucoup de malades, les diabétiques et les dilatés en particulier, doivent s'en tenir à la coutume, c'est-àdeux grands repas et un léger déjeuner le matin au réveil. »

Conduite à tenir avant, pendant et après le repas. — Il est très facile d'en déterminer les règles principales, en se reportant aux observations des médecins qui ont particulièrement étudié cette question.

Avant le repas, il est bon de prendre un exercice modéré. Ainsi, si vous avez une promenade ou une course à faire, vous choisirez de préférence le moment qui précède immédiatement le repas. C'est là le moyen le plus efficace pour bien *achever la digestion* du repas précédent et pour être assuré d'avoir l'estomac absolument *libre* au moment de se mettre à table.

En mangeant, il faut prendre soin de bien mastiquer les aliments pour réduire au minimum le travail de l'estomac dont les muscles sont faits pour brasser les aliments (mouvements péristaltiques), et non pour broyer les aliments, comme le gésier des oiseaux. On ne peut atteindre ce résultat que si on ne se laisse distraire par aucune préoccupation absorbante. C'est pourquoi, on devra éviter pendant le repas tout travail intellectuel, toute conversation sérieuse et surtout toute lecture. C'est là une habitude qui vaut son pesant d'or. Souvenez-vous de la règle de Gladstone : « Il faut mâcher *vingt fois* le même morceau de viande », et appliquez-la au moins jusqu'à concurrence de moitié. Rappelez-vous également que l'heure du repas est une heure sacrée qui ne doit à aucun prix être écourtée, et que, si vous mangez trop vite, vous digérerez mal et vous perdrez votre journée.

Après le repas, le repos est de rigueur :

En admettant que votre déjeuner finisse vers une heure vous ne reprendrez votre travail qu'à une heure et demie.

Ce repos d'une demi-heure est un minimum nécessaire pour faciliter le travail de la digestion.

Une petite promenade sera un excellent moyen de bien digérer.

Notons cependant que M. le Dr Pagès conseille aux personnes malades de l'estomac d'éviter, immédiatement après le repas, de prendre la position verticale : elle augmente, selon lui, l'anémie cérébrale qui suit fatalement tout repas copieux. Il ajoute toutefois qu'il faut éviter également la position horizontale qui accentuerait la gêne de la circulation vers les centres nerveux. Aussi conseille-t-il à ces malades de rester assis dans un fauteuil, les jambes horizontales et le corps très incliné, en s'occupant à quelque divertissement inoffensif et peu absorbant.

Certaines personnes ont l'habitude de dormir après le repas de midi. C'est là une erreur ; il faut fuir le sommeil comme la *peste*, ainsi que le recommande l'Ecole de Salerne ; et l'on y arrivera sûrement par un certain effort de volonté et d'*innocentes distractions* (jeu de cartes, billards, etc.).

« Bien que le souper soit moins copieux que le dîner, on attendra pour se mettre au lit que le premier effort digestif, qui est aussi le plus grand, soit achevé ; c'est-à-dire, que si le dernier repas finit vers 7 heures 1/2 ou 8 heures, on ne se couchera que vers 9 heures 1/2 ou 10 heures.

La ration alimentaire. — L'heure et le mode des repas étant ainsi réglés, essayons de préciser quels aliments doivent entrer *de préférence* dans le régime.

On a beaucoup écrit sur ce sujet depuis quelques années. D'après les ouvrages les plus autorisés et les plus récents, les savants considèrent la machine humaine comme une *machine thermique* qui transforme les aliments en *chaleur*, puis en *travail mécanique ou cérébral*. Ils sont ainsi arrivés à exprimer en calories la dépense du moteur humain. Cette dépense journalière est d'environ 2.800 à 3.000 calories. Elle varie suivant l'âge, le sexe, la profession, la saison, etc., et ces variations sont de 35 à 58 calories par kilogramme de poids ; admettons une moyenne de 40 calories. Cela représente 2.800 calories que l'alimentation doit fournir chaque jour à un homme de 70 kilogrammes, faisant un travail très modéré.

Pour produire cette chaleur et cette force nous avons à notre disposition, selon la remarque d'un hygiéniste, trois espèces d'aliments : les albuminoïdes, les hydrates de carbone et les graisses. Chimiquement, tous nos aliments se ramènent à ces trois ordres de substances. Il faut à l'homme, en moyenne, par vingt-quatre heures, 100 grammes d'albuminoïdes, 400 grammes d'hydrates de carbone et 70 grammes de graisses.

Les *albuminoïdes* sont essentiellement les aliments *réparateurs,* ceux qui servent à compenser l'usure de la machine. Les *hydrates de carbone* sont le charbon nécessaire au fonctionnement de cette machine ; ce sont les *aliments producteurs de force et de chaleur.*

Il est à noter que la tendance actuelle des biologistes est de restreindre de plus en plus le rôle et la quantité des albuminoïdes, au profit des hydrates de carbone considérés comme les vrais « instruments chimiques de l'activité ». Autrefois, le chiffre de 120 grammes d'albuminoïdes paraissait à peine suffisant. Beaucoup estiment aujourd'hui que c'est encore trop de moitié, et certains même abaissent au-dessous de 60 la ration quotidienne nécessaire. En prenant le chiffre de 1 gramme d'albumine par kilogramme du poids du corps, nous aurons une moyenne et, en outre, une moyenne facile à retenir. Un homme de 70 kilos peut se maintenir en forme avec 70 grammes d'albumine par jour.

Le plus difficile, dans ces conditions, est de savoir quelle est la *proportion* d'albumine, d'albuminoïdes, de graisses, etc., qui entre dans la composition des aliments dont nous faisons usage.

Pour préciser les idées sur ce point, nous reproduirons un tableau donnant la composition centésimale en albuminoïdes, graisses, hydrates de carbone, matières minérales et eau, de quelques-uns des aliments usuels :

DÉSIGNATION DES ALIMENTS	ALBUMINOÏDES	GRAISSES	HYDRATES DE CARBONE	CELLULOSE	MATIÈRES MINÉRALES	EAU
Viande de bœuf (aloyau) .	19,17	5,86	»	»	1,38	73,43
Viande de mouton (gigot).	17	6	»	»	1,5	75
Volaille (poulet).	18	9	»	»	1,4	70
Poisson (maquereau) . . .	19	8	»	»	1,85	71
Œuf de poule.	12,55	12,11	»	»	1,12	73,67
Lait de vache.	3,55	3,7	4,9	»	0,7	90
Fromage de Brie.	18,3	24,83	»	»	5	51,87
Pain blanc.	9	»	45	1	1	43
Lentilles.	25,9	1,9	52,8	3,9	3,04	12,3
Pommes de terre.	2,1	0,2	21	0,7	1	75
Champignons de couche .	3,7	0,2	4,2	»	0,5	91,3
Fruits sucrés en général. .	1	0,5	10	1	1	83

Ces chiffres fournissent d'une manière générale le moyen de calculer le nombre de calories qu'on absorbe dans un repas quelconque.

« Les aliments les plus calorigènes sont la graisse, le beurre, le lard salé, qui, pour un poids de 10 grammes, fournissent respectivement 85, 75 et 68 calories. Puis vient le sucre, dont 10 grammes donnent 38 calories.

« Le fromage, toujours pour 10 grammes, en fournit 36 ; les légumes secs 32 ; le pain 22 ; les œufs, 15 ; le poisson, 11 ; la viande de boucherie, 9,4 ; les pommes de terre, 8,5 ; les légumes frais, 3.

« Le vin donne 5 calories 5 pour 10 grammes et la bière 2,6. » (1).

Composition des repas. — En se basant sur les chiffres qui précèdent, on peut arriver à *établir d'une façon mathématique pour ainsi dire la composition des repas* pour chaque individu, suivant sa taille, sa force, sa profession, le pays où il habite, etc.

Ainsi, un Parisien de *force et de taille ordinaires* et qui se livre à un *travail modéré* devra consommer quotidiennement : 1 litre de boisson ; viande, poisson ou gibier, 250 grammes ; légumes frais, 200 grammes ; pommes de terre, riz, féculents, 100 grammes ; pain, 450 grammes ; sel de cuisine, 10 grammes ; fromage de Brie ou autres, 15 grammes ; sucre, 40 grammes ; beurre et huile, 30 grammes, qui représentent en moyenne 120 grammes d'albuminoïdes ; 60 grammes de graisse, 330 grammes d'hydrates de carbone, et donnent un ensemble de 2.800 calories, ce qui est précisément la quantité de calories réclamée par les physiologistes pour le bon fonctionnement de la machine humaine.

Pour un travailleur intellectuel, de ceux qu'on appelle les sédentaires, voici quelle serait la ration journalière d'après MM. Landouzy et Labbé :

---

1. Journal *Le Matin*, 3 juillet 1906.

« Avec 70 grammes d'albuminoïdes, 40 grammes de graisses, 310 grammes d'hydrates de carbone et 40 grammes d'alcool, il peut constituer sa ration physiologique : la meilleure façon d'utiliser cette ration est de la répartir comme il suit :

« 350 grammes de pain, 150 grammes de viande, 100 grammes de légumes frais, 200 grammes de pommes de terre, 250 grammes de lait, 40 grammes de sucre, 25 grammes de beurre, 15 grammes de riz, 100 grammes de fruits, un demi-litre de vin et une tasse de café. »

Cet homme aurait ainsi les 2.100 calories qui lui sont nécessaires pour le travail de bureau qu'il doit fournir.

Autre exemple, également donné par les docteurs Landouzy et Labbé, et qui montre comment il faudrait réformer l'alimentation d'un ouvrier :

« Prenons un ouvrier chapelier, faisant un travail modéré. Il a besoin de 2.600 calories. Il en obtient à peine 2.400 avec le régime suivant, composé surtout de pain, de viande et d'alcool : 400 grammes de pain, 225 grammes de viande. un demi-litre de soupe, 7 grammes de sucre, 1 litre de vin rouge et 50 centilitres d'alcool en plusieurs petits verres. Et cependant cette nourriture insuffisante lui revient à 2 fr.25.

« En se contentant de 150 grammes de viande, avec addition de 300 grammes de pommes de terre, et 100 grammes de légumes frais, en remplaçant un quart de litre de vin par un quart de litre de lait, en substituant aux petits verres un peu de beurre, de fromage et 100 grammes de fruits, cet ouvrier aurait, avec ses 400 grammes de pain et ses trois quarts de litre de vin, une ration suffisante de 2.600 calories, qui ne lui coûterait que 1 fr. 25.

« On voit, en somme, que la « réforme alimentaire »

doit porter surtout sur la diminution de la viande et de l'alcool. L'albumine dont nous avons besoin, nous la demandons de préférence à la viande, qui n'en fournit d'ailleurs que 10 pour 100 ; mais nous la trouvons à bien meilleur compte dans les légumes secs, qui en contiennent 23 pour 100, dans le pain, dans le lait, dans les œufs. Les féculents, les pâtes, les mets sucrés, les fruits nous fournissent les hydrates de carbone. Le sucre et le café devraient remplacer l'alcool. » (1).

La conclusion des chiffres un peu arides qui précèdent est qu'on fera bien de dresser une fois pour toutes un devis des rations alimentaires conformes à son tempérament et à son mode de vie, et l'on essaiera de s'y tenir, sans tomber, bien entendu, dans une surveillance trop minutieuse, qui conduirait à la neurasthénie.

Qualités des aliments. — Etant donnée la valeur nutritive de chaque aliment, toute personne doit composer son régime des mets à la fois les plus *légers* et plus *nourrissants*.

Nous rappelons ici, d'après les meilleurs ouvrages d'hygiène, quelle est la valeur nutritive des aliments les plus fréquemment employés.

1° Substances animales. — C'est dans la classe des mammifères que l'on trouve les aliments les plus réparateurs.

La chair du *bœuf* et du *mouton* est très nourris-

---

1. Journal *Le Matin*, 9 juillet 1906.

sante et d'une digestion facile pour les personnes en bonne santé. Le *veau* est convenable pour les estomacs débiles. La viande du *porc* nourrit bien les personnes qui s'adonnent à des exercices violents et peuvent la digérer aisément. La chair du *lapin* est fade, peu ferme, mais de digestion facile ; celle du *lièvre*, en revanche est plus nourrissante mais aussi plus excitante.

Parmi les *volatiles*, les uns sont de digestion assez *facile* : le pigeon, le poulet ; les autres sont nourrissants, mais *lourds à digérer*, tels que le canard et l'oie.

La perdrix, la grive, le râle, le pluvier doré, la bécasse, la bécassine sont des mets agréables, mais excitants.

Le faisan (dont on a dit : gibier de roi, roi des gibiers) a la chair délicieuse, d'une saveur relevée ; mais il a besoin, pour être apprécié des gourmets, d'un commencement de décomposition, et il est alors difficile à digérer.

Les *œufs frais* constituent un aliment économique et de premier ordre, mais à condition qu'ils soient pris de préférence à la coque et très peu cuits. On peut encore les prendre dans des potages, du café noir, du lait, des crèmes, etc.

Parmi les *poissons*, les estomacs délicats choisiront de préférence les poissons maigres, tels que la sole et le merlan. Leur chair riche en phosphore et de facile digestion est un aliment de choix.

« Si l'on disposait, dit le docteur Pagès, de poisson frais dans les villes du continent, les intellectuels devraient en manger au moins tous les deux jours. Cet aliment ne donne pas une grande force ni des tissus bien fermes, mais il nourrit légèrement et favorise le travail cérébral ; secondement, il permet de diminuer les aliments de force (viande) et les aliments de réplétion (légumes). On aurait tort de ne rechercher exclusivement que les poissons maigres..., les poissons mi-gras comme le maquereau et le hareng sont très supportables pour un estomac moyen. »

2° SUBSTANCES VÉGÉTALES. — La *fécule* est d'une digestion facile et très nourrissante ; on doit la rechercher sous quelque forme qu'elle se présente et choisir spécialement les substances végétales où elle se trouve en plus grande quantité. Aussi conseillerons-nous beaucoup les haricots, les pois, les lentilles, les fèves, *en purée principalement*, car ils sont alors très digestifs. Les pommes de terre, le riz contiennent également beaucoup de fécule et pour cette raison sont aussi recommandables. Pour les personnes délicates, les salades sont préférables cuites.

Les *légumes verts* sont évidemment beaucoup moins nourrissants et digestifs que ceux que nous venons d'énumérer, mais ils ont l'avantage de laisser dans l'intestin des résidus abondants, non toxiques qui facilitent la régularité des selles. De plus ils occasionnent moins d'embonpoint parce qu'ils sont moins nutritifs d'une part, et que d'autre part ils donnent plus rapidement par leur volume la sensation de la satiété.

Les *fruits acides et sucrés* sont nombreux. Les cerises sont rafraîchissantes, les bigarreaux sont difficiles à digérer. Certaines prunes sont acidulées ; d'autres, comme la reine-Claude, sont forts douces. Desséchées, les prunes s'appellent pruneaux ; leur décoction est quelque peu purgative.

« Deux fruits, dit M. le docteur Pagès, méritent une place à part : le *raisin* dont on devrait pouvoir user la moitié de l'année, et la *pomme* qu'il est déjà loisible de consommer pendant l'autre moitié. »

M. le docteur Pagès cite, à propos de ce dernier fruit, l'exemple d'un individu qui, sans maladie définie, s'affaiblissait et ne pouvait plus vaquer à ses occupations habituelles. Un médecin lui conseilla de manger deux fois par jour des pommes cuites : Ce fut le salut. « Si je m'en rapporte à un article de Séverine, ajoute M. le docteur Pagès, le savant psychologue Jules Soury se serait trouvé dans les mêmes conditions. »

Les pêches, les abricots sont des fruits délicieux ; les noix sont plus difficiles à digérer.

Parmi les substances végétales, il en est une qui doit tout particulièrement retenir notre attention. Nous voulons parler du *sucre* dont la valeur alimentaire est tout à fait *hors ligne*. Cette substance, riche en carbone, est particulièrement propre à *entretenir la chaleur vitale* et à *permettre une grande dépense d'énergie*.

Deux morceaux de sucre pris à chaque repas soit purs, soit de préférence dissous dans une boisson chaude, sont un excellent aliment.

Nous terminerons ces conseils en recommandant, d'une façon générale, *de s'abstenir rigoureusement* :

1° De toute viande provenant d'un animal vieux ;

2° De toute viande ou de tout aliment froid qui, du fait de son refroidissement, serait dense, compact ou gélatineux ;

3° De tout aliment réchauffé, sauf le bœuf, le veau et le porc ;

4° De toute substance alimentaire préparée avec une sauce contenant de la farine, de la fécule ou de la graisse ;

5° De tout légume ou fruit qui ne serait pas arrivé à parfaite maturité.

Pour rendre nos observations plus faciles à comprendre, nous croyons utile de les compléter par un tableau plus détaillé dans lequel les aliments les plus usités sont répartis en *trois* catégories suivant leurs *qualités* et leur *puissance digestible*.

Bons	Assez bons	Mauvais
Viandes de boucherie		
Roastbeef Veau Porc	Bœuf braisé	Bœuf bouilli Mouton Boudin Gélatine
Viandes de basse-cour		
Poulet Dindon Pintade Lapin	Pigeon Oie Canard Cobaye } jeunes	Poulet Dindon Canard Oie } vieux
Viandes de venaison		
Râle Caille Perdreau Faisan Levraut Chevreuil	Perdrix Alouette Bécasse Canard Oie } jeunes Grive Pigeon ramier (jeune)	Oiseaux de passage du type canard ou du type vanneau. Lapin de garenne Lièvre Sanglier
Substances diverses		
Œufs à la coque Omelette Jambon d'York	Œufs cuits mous Macaroni Nouilles Jambon ordinaire	Foie gras Pâtés Œufs durs (à moins qu'ils ne soient réduits en bouillie et passés au tamis).

Bons	Assez bons	Mauvais
Légumes ou condiments		
Pommes de terre (en purée ou cuites au four). Navets Haricots verts Epinards Oseille Cardon Concombres Riz	Asperges Choux Oignons et artichauts crus Salsifis Scorsonères Raiponce Tomates crues ou cuites Laitue Mâche Chicorée Romaine et Barbe Betterave Haricots } en purée Lentilles } en purée	Pommes de terre (en morceaux) Haricots } non réduits en purée Lentilles } non réduits en purée Pois Oignons cuits Carottes Champignons Olives Artichaut cuit Radis Potiron Pissenlit Céleri Cresson
Poissons		
Sole Turbot Barbue Merlan Limande Truite grillée Cabillot Meunier ou Gardon	Truite de mer ou d'eau douce au court bouillon. Rouget Raie Hareng Eperlan Chien de mer Anguille de mer ou congre Anguille d'eau douce Goujon Carpe Brochet Tanche Perche (friture à l'huile, court bouillon)	Maquereau Thon Vive Anchois Sardine Saumon (friture à la graisse)
Crustacés		
	Ecrevisses	Crabe Homard Langouste

Bons	Assez bons	Mauvais
	Coquillages et mollusques	
Huîtres		Moules Vignots Escargots
	Fruits	
Pêche Cerises Abricot Raisin blanc Orange Pomme cuite	Prunes Fraises Framboises Melon Pastèque Ananas Figues Pommes crues	Poires Raisin noir Amandes Noix Noisettes Nèfles
	Fromages	
Suisse double-crème Demi-sel Brie Camembert Beurre cru	Fromage à la crème Port-Salut	Gruyère Hollande Beurre fondu
	Confitures	
Gelées { Oranges, Pommes, Coings }	Compotes { Abricot, Rhubarbe } Marmelades tamisées	Confitures proprement dites
	Pâtisseries	
Pâtes feuilletées Gâteau de riz Sucreries	Crèmes Brioche Crêpes (chaudes)	Beignets Gâteau d'amandes Biscuit (type) Échaudé (type)
	Boissons et liqueurs diverses	
Eau filtrée crue — Vin blanc mélangé d'eau sec ou mousseux — Bière mousseuse	Cidre Hydromels Vins rouges de Bordeaux Vins sucrés blancs Préparations : oranger, angélique, badiane, anis	Alcools — Vins noirs et rouges du Midi — Liqueurs Eau de Seltz

Préparation des aliments. — La façon de préparer les aliments est presque *aussi importante pour la santé* que la *qualité* des aliments eux-mêmes. En principe cette préparation sera aussi simple que possible.

« Il ne faut pas faire *revenir* outre mesure les aliments, conseille le docteur Pagès ; ni surchauffer le beurre au point de le rendre brun ou noir ; ni saler ou poivrer à l'excès : les mets *relevés*, comme certains rôtis au four ou à la cocotte, et tous les civets irritent immédiatement notre estomac et troublent à la longue notre nutrition. »

D'autre part, d'une façon générale, les aliments *chauds* sont *plus digestes* et *plus engraissants* que les aliments froids.

Quant aux *aliments crus*, il est bon d'en user quelquefois, car l'absence complète de préparation leur laisse une simplicité et une fraîcheur qui ne sont pas à négliger.

Les *viandes* peuvent être préparées de façons différentes : elles peuvent être frites, fumées, rôties, bouillies ou cuites dans leur jus.

La *friture* est indigeste, mais si l'on enlève la croûte, l'aliment devient salubre.

Les *roux* irritent les estomacs faibles, et les viandes fumées sont indigestes.

Le *bœuf bouilli* forme une assez bonne nourriture ; les viandes cuites dans leur jus avec une petite quantité d'eau sont faciles à digérer et très nourrissantes.

C'est sans contredit le *rôti* qui conserve à la chair ses principes ; il nourrit et excite.

Les *semences* des légumineux sont plus digestibles à l'état frais : on les réduit le plus souvent en purée.

Les *aliments mucilagineux* doivent subir une préparation spéciale. Souvent on fait frire ces substances, on les revêt d'une croûte farineuse sous le nom de « friture en pâte ». Mais pour les personnes d'estomac délicat, de constitution débile, pour les convalescents, elles sont trop lourdes et irritables.

Souvent on mange les *fruits* crus tels qu'ils ont été cueillis. Pour les estomacs fatigués les fruits cuits, les marmelades, les gelées de toute espèce sont préférables.

Les régimes alimentaires. — Après avoir rapidement étudié les qualités respectives des principaux aliments de consommation courante, nous croyons utile de donner quelques indications sur la *façon de les grouper* pour composer un régime hygiénique.

Nous avons dit plus haut qu'il convenait de prendre trois repas par jour. Quelle devra en être la composition ?

Le matin, peu après le réveil, on devra prendre un repas chaud et peu abondant. Nous ne recommanderons pas le café au lait qui est assez indigeste et dont on dit beaucoup de mal (1).

1. Voir Dr Dubois, *Traité de médecine*.

Le cacao et le chocolat au lait conviennent assez bien à tous les estomacs. On peut toutefois les remplacer par un lait de poule (composé de deux jaunes d'œuf délayés dans de l'eau bien sucrée), par un potage épais ou une panade.

Le racahout (1), la revalescière et autres aliments reconstituants conviennent spécialement aux malades, aux enfants et aux estomacs débiles.

Le repas de midi doit être le plus important et le plus abondant de la journée. Il doit toujours comporter un plat de viande grillée ou rôtie, un plat de légumes (tel que les pommes de terre en purée qui conviennent particulièrement aux estomacs délicats), puis du fromage (frais de préférence). Enfin des fruits et des gâteaux secs constituent un excellent dessert.

C'est avec intention que nous n'avons pas indiqué les hors-d'œuvre, généralement peu nourrissants et presque toujours difficiles à digérer.

Le repas du soir, pris vers 6 ou 7 heures, sera toujours plus léger que celui de midi. Un potage, un plat de viande avec légumes et un léger dessert suffisent amplement.

Certaines personnes remplacent, le soir, la viande par des œufs et s'en trouvent fort bien. La digestion s'opère ainsi plus aisément et s'achève avant le sommeil.

---

1. Par exemple le racahout Delangrenier.

Les boissons. — *La boisson est, plus souvent encore que les aliments solides, une cause de dyspepsie.* Absorbée en quantités excessives, elle *dilate l'estomac* et *provoque de graves troubles digestifs.*

La quantité de liquide que l'on absorbe doit être convenablement réglée. Les médecins sont généralement d'accord pour reconnaître que 1.000 à 1.500 grammes de boisson suffisent largement pour la consommation journalière.

Cette quantité peut d'ailleurs varier avec chaque individu, suivant son état de santé et son genre de vie. Les personnes grasses doivent boire *beaucoup moins* que les maigres, sous peine de prendre rapidement un embonpoint qui peut provoquer des troubles sérieux dans leur organisme.

Ceux qui souffrent de l'estomac feront bien de réduire les quantités indiquées ci-dessus, et ne prendre par exemple que trois verres de liquide à chaque repas en été et deux verres en hiver. Pour arriver à ce résultat d'une façon sûre, ils se feront apporter la quantité exacte de boisson qu'ils voudront prendre afin d'éviter les tentations de la table.

Un autre moyen que feront bien d'employer ceux que l'amour du bon vin pousse à trop boire est de ne se servir que de verres à bordeaux, d'une faible contenance. Obligés de remplir leurs verres plus souvent ils auront leur attention attirée sur leur défaut, et pourront l'éviter.

Tous les procédés, si mesquins qu'ils paraissent sont bons, s'ils permettent d'atteindre le résultat désiré.

Comment il faut boire. — Il faut *éviter de boire au début du repas*. Dans ce cas, en effet, les aliments baignent au milieu de la boisson. L'estomac presse inutilement cette masse spongieuse ; le suc gastrique ne travaille d'abord que le liquide, et les aliments solides sont à peine pressés que l'estomac ralentit ses contractions ; aussi la digestion devient pénible et parfois douloureuse.

Au contraire, quand le bol alimentaire est descendu dans l'estomac, que celui-ci a déjà commencé son travail, l'aider avec un peu de liquide ingurgité lentement, c'est faciliter son œuvre et activer la digestion.

Qualités des différentes boissons. — L'EAU. — La première et la plus précieuse de toutes les boissons, c'est *l'eau*.

Pure, elle étanche parfaitement la soif, rafraîchit les parties organiques qu'elle touche, et facilite la digestion des aliments.

Elle est indispensable à l'organisme et constitue la boisson par excellence.

Beaucoup de gens affirment que l'eau débilite et qu'un autre liquide est nécessaire pour stimuler les fonctions de l'estomac.

C'est une erreur. *L'eau ne débilite pas quand elle est bue avec modération*. Nous savons d'ailleurs que Démosthène, l'orateur vigoureux par excellence, Locke, Milton, Hoffmann, et beaucoup d'hommes célèbres étaient des buveurs d'eau.

Les gens dont les digestions sont pénibles, devraient mieux se pénétrer de cette vérité que : *le régime de l'eau seule peut remettre un estomac fatigué*. Pour ceux qui ne veulent pas avoir de digestions trop rapides, l'eau seule convient encore. — Donc, n'hésitez pas, buvez de l'eau ! Vous y aurez tout avantage au point de vue de la santé et de l'économie.

Mais quelle eau faut-il boire ?

La meilleure eau est l'*eau de source*, captée le plus près possible de son point d'émergence, afin d'éviter sa contamination sur un parcours plus ou moins long.

L'eau doit être *claire*, d'une *saveur agréable*, *dépourvue d'odeur ;* elle doit *contenir de l'air et certains sels*.

Elle ne doit contenir *aucun microbe*, que révélerait d'ailleurs facilement une analyse microscopique.

Les *eaux de pluie* sont généralement *souillées* par les poussières athmosphériques. On doit aussi se méfier tout particulièrement des *eaux de puits ou de citernes* qui, lorsqu'elles sont à proximité de fosses d'aisance, peuvent recevoir des infiltrations dangereuses.

Si l'eau n'apparaît pas comme *absolument pure*, il convient de la soumettre à une ébullition de quelques minutes. Mais comme l'eau à l'état normal contient une certaine quantité d'air qui disparait par l'ébullition, il faut la lui restituer avant sa consommation : pour cela il suffit de la battre pendant quelques minutes ou de la faire tomber d'une certaine hauteur et par petites quantités à la fois d'un récipient dans un autre. Ce système de double ébullition avec restitution d'air est surtout applicable aux eaux qui ne sont pas trop chargées de sels, car l'ébullition, en diminuant le volume de l'eau, en concentre la solution.

Nous ne terminerons pas ces conseils sans parler de l'habitude qui se généralise de boire presque exclusivement aux repas des eaux *minérales gazeuses*.

Si l'eau dite « de table », l'eau légèrement gazeuse est permise, souvent même conseillée, il n'en est pas de même de certaines eaux qui possèdent des *propriétés médicamenteuses* réelles et efficaces. Ainsi, on devra *s'abstenir* de faire un *usage constant* de l'eau de Vichy sans avoir pris l'avis d'un médecin.

Le plus simple serait de *choisir une eau très pure* et de la faire venir de la campagne pour la mettre en bouteilles et la conserver en cave. Le prix de revient de cette eau est très bas (à peine 0 fr. 15 pour celle que l'on ferait venir de Bourgogne à Paris), et les personnes qui en font usage la trouvent aussi bienfaisante que les eaux d'Evian, très bonnes, mais très chères.

Le vin. — Si l'on ne peut absolument pas s'habituer à l'eau pure, que l'on prenne de la bière légère, ou du vin blanc légèrement étendu d'eau.

Dans certains cas même, *les boissons excitantes s'imposent.* Des tempéraments fatigués ont besoin d'être relevés par un léger coup de fouet. On aura alors à choisir entre le vin rouge et le vin blanc.

Un des rares hygiénistes qui admettent l'usage du vin pour presque tous les tempéraments, M. le docteur Pagès, écrit ce qui suit :

« Le vin rouge convient toutes les fois que l'individu est fort mangeur, qu'il a des sécrétions abondantes et que son intestin se vide bien... Si, malgré cette heureuse organisation, le vin rouge provoque quelques aigreurs de temps à autre, il est de toute nécessité de le mouiller : les vins un peu acides à la façon des bourgognes supportent incomparablement mieux la dilution que les vins neutres type bordeaux ; mais chaque individu doit consommer autant que possible le vin du pays qu'il habite, à défaut un vin moyen, comme le minervois.

« Le vin blanc favorise immédiatement la digestion et augmente, à la longue, la capacité digestive ; il est nettement diurétique, grand avantage sous les climats humides et froids qui demandent une lessive abondante.

« Je considère le vin blanc mouillé comme la boisson principale des petites natures et en général de tous ceux que l'eau seule ou le vin rouge pur ne satisfont pas complètement.

« Un individu de corpulence moyenne consommera au jour moyen, c'est-à-dire aux équinoxes :

« 1° Un dixième de litre de vin blanc pur ;

« 2° Un tiers de litre de vin blanc coupé d'eau ;

« 3° Un cinquième de litre de vin rouge pur choisi dans les types de vin dont j'ai parlé plus haut. »

D'une façon générale les vins âpres et astringents ont une *influence fâcheuse* sur l'estomac et les intestins ; les vins légers et agréables nourrissent peu. Les vins sucrés sont excitants et peu digestibles. Ce qu'il faut surtout éviter, ce sont les vins peu généreux mélangés d'alcool : leur action est fâcheuse, ils enivrent promptement.

Le cidre. — Le cidre est une de ces boissons *légères* et *peu nourrissantes* qu'on est porté à prendre et qu'on peut impunément ingérer en grande quantité. Il désaltère bien, mais il aigrit l'estomac et ne convient qu'aux personnes vivant en plein air. On lui reproche aussi d'altérer la dentition, toutes raisons pour lesquelles il ne faut en user qu'avec modération.

La bière. — La bière est très *recommandable* à bien des égards. Ses propriétés varient du reste beaucoup suivant la fabrication : la bière parisienne empâte, est lourde et nourrissante ; celle de Strasbourg est plus facile à digérer, c'est la véritable bière.

« Tant que nous n'aurons pas à Paris, dit M. le docteur Pagès, une bière analogue, nous serons obligés de nous adresser à d'autres boissons pour étancher la soif ardente ou activer le *courant d'eau* dans lequel nous vivons. »

Le café et le thé. — Nous arrivons aux boissons chaudes : le *café* et le *thé* sont très employés de nos jours.

Pris en petite quantité, ils sont utiles à la santé, surtout chez les travailleurs intellectuels. Toniques, digestifs, ils excitent le système nerveux et accélèrent la circulation.

Mais il faut éviter d'en prendre en trop grande quantité ; car alors ils entraînent la *perte du sommeil* et prédisposent aux *cauchemars*, aux *hallucinations* et à *l'énervement*, aux *palpitations*, aux *dyspepsies*.

Pris avec excès, ils déterminent des troubles rappelant d'assez près *l'alcoolisme* et plus graves encore : « L'homme résiste à l'alcool, il ne résiste pas au café », a dit Brillat-Savarin.

Quant au *café au lait*, nous avons dit et nous répétons que nous n'en sommes point partisan. Il est d'une médiocre digestibilité et occasionne souvent des pesanteurs d'estomac.

Autres boissons. — Les *boissons acides* et quelque peu sucrées, les sirops étanchent la soif sous une petite quantité.

Le *petit lait et le lait caillé* sont très rafraîchissants. D'après le docteur Metchnikoff, de l'Institut Pasteur, le lait caillé aurait pour effet d'enrayer dans son cours le dépérissement lent et continu de notre organisme. Les microbes lactiques auraient pour résultat de mettre obstacle aux putréfactions intestinales. On sait que les Bulgares, qui vivent très vieux en général, font une grande consommation de lait caillé.

Le *lait frais* est *particulièrement recommandé* à quiconque se livre à un exercice violent en plein air, surtout par la chaleur. Il constitue à la fois un *aliment* et un *rafraîchissement* agréable, et il ne présente pas les mêmes dangers que l'eau froide absorbée au moment de la transpiration. Il ne convient pas toutefois à tous les estomacs.

Les boissons alcooliques. — *Evitez surtout de vous alcooliser.*

L'*alcool est inutile et dangereux*. Trop souvent on confond l'alcoolisme et l'ivrognerie ; or, sachez-le bien, *on peut devenir alcoolique sans avoir jamais connu l'ivresse*. Tout individu qui absorbe régulièrement du vin pur, des apéritifs, des petits verres est un alcoolique.

« Théoriquement, dit M. le docteur Raoul Blondel (1), l'alcool a la valeur alimentaire du sucre ; mais, pratiquement, il exerce sur le système nerveux une action déplorable. Il l'excite d'abord, puis crée un état d'impuissance qui appelle le besoin d'une nouvelle excitation et d'une nouvelle dose d'alcool. Ce n'est pas autrement que l'alcoolisme est né. »

« Comme excitant local, dit M. le docteur Pagès, l'alcool à faibles doses favorise la digestion. C'est comme excitant général qu'il supplée à l'alimentation insuffisante et qu'il

1. *L'Echo de Paris*, 16 août 1906.

permet de supporter les grandes fatigues, particulièrement la privation du sommeil...

« C'est comme excitant général que l'alcool donne une certaine *vie subjective* à tous ceux qui ne peuvent ou ne veulent en avoir une plus élevée : les natures par trop primitives ou par trop rudes, les isolés et les miséreux ; et c'est dans cet *effet moral* qu'est la raison principale de son usage universel. C'est enfin comme excitant qu'il égaie, qu'il distrait tout au moins un instant les cœurs fortement affligés... et c'est pourquoi il doit reculer devant le bien-être matériel et moral pour ne plus être finalement qu'un médicament. Son action comme tel sera d'autant plus énergique et d'autant plus précieuse qu'il aura été plus complètement exclu de la consommation courante. »

La conséquence nécessaire de ces observations est *qu'il faut formellement rejeter l'usage constant et régulier de l'alcool sous toutes ses formes :* apéritifs, liqueurs, etc.

L'alcool s'élimine lentement, et *empoisonne* peu à peu les organes. Quand les spiritueux ne rendent pas phtisique, tuberculeux, ils mènent à la folie, au suicide et au crime. Comme on l'a très bien dit : « L'alcoolisme est le grand pourvoyeur des asiles de fous ; il n'est pas un aliéné qui ne compte parmi ses ancêtres des alcooliques ou tout au moins des buveurs. »

Tabacs et narcotiques. — Nous dirons quelques mots, pour terminer, du tabac et du haschisch qui ont plus que jamais leurs apôtres fervents.

L'un et l'autre donnent aux humains l'oubli de

leurs maux, procurent les joies infinies des ivresses voluptueuses et transportent l'esprit dans les sphères éthérées des rêves et des enchantements.

Alexandre Dumas père était un passionné du haschisch, et ceux qui lisent dans le *Comte de Monte-Cristo* le merveilleux tableau qu'il a décrit apprennent combien sont délicieux les transports voluptueux et les rêves édéniques dans lesquels il plonge.

Nous ne disconvenons pas que les narcotiques entretiennent momentanément une surexcitation passagère. Mais, au fond, leurs effets sont pernicieux et nuisibles à la santé.

Moreau de Tours a fait sur lui-même l'expérience des effets du haschisch. Il conclut à peu près en ces termes : « C'est l'affaiblissement gradué du pouvoir personnel ; le haschisch affaiblit la volonté et rend prédominante l'action de la mémoire et de l'imagination. Nous sommes le jouet des impressions les plus diverses : la crainte devient de la terreur, le soupçon de la certitude. L'usage continu et prolongé des narcotiques engendre l'hébétement et la folie. Les narcotiques sont, conclut-il, « les poisons de l'intelligence ».

Des récentes études faites sur l'abus du tabac et de la morphine, il résulte qu'ils engendrent : l'*affaiblissement de la volonté et de la mémoire*, des *insomnies*, la *perte de l'appétit* et des *troubles gastriques*.

Le mieux est donc de s'en abstenir complètement; d'ailleurs ce sera pour la bourse une économie sérieuse.

Cependant les dangers que peut présenter l'usage du tabac sont méconnus par la grande majorité de nos concitoyens. La consommation s'en accroît chaque année dans de notables proportions, et l'impôt sur le tabac est un de ceux dont le rendement donne le moins de désillusions à nos ministres des Finances.

Notons à ce propos que l'*Etat est en partie responsable* de cet état de choses quand il distribue gratuitement du tabac aux soldats et contribue ainsi à donner aux jeunes gens une habitude dont ils ne pourront plus se défaire.

Les autres narcotiques sont heureusement d'un usage extrêmement *rare* dans notre pays. Il existe bien dans les ports et à Paris quelques fumeries d'*opium* fréquentées par des marins ou par des fonctionnaires coloniaux de passage dans la métropole. Ces fumeries sont impitoyablement fermées par la police, toutes les fois qu'elle peut en découvrir l'existence, et cela est fort heureux, car sans cette vigilance, la contamination serait rapide et nous deviendrions rapidement un peuple de fous et de dégénérés.

Les effets de la *morphine* sur l'organisme humain sont tellement analogues à ceux des narcotiques dont nous venons de parler, que beaucoup de personnes en font usage au même titre que du haschisch ou de l'opium. Nous la condamnerons tout aussi *formellement* et nous conseillerons à celui qui veut être un homme d'action, non seulement de ne pas en faire un usage répété, mais encore de ne pas même s'en servir une seule fois. Bien des gens auxquels on a fait une fois une piqûre de morphine pour les débarrasser d'une douleur insupportable, ont pris goût à ce poison et ont fini par devenir assez rapidement des morphinomanes invétérés.

Section V

Hygiène de la respiration

Utilité de l'air pur. — Aération nocturne. — Nécessité de bien respirer

Utilité de l'air pur. — De même qu'une nourriture saine et appropriée est indispensable à l'estomac, de même, nous ne saurions trop le répéter, *l'air pur en abondance est de première nécessité* pour les poumons.

Il ne suffit pas d'avoir beaucoup de sang ; il faut que ce sang soit toujours largement oxygéné, c'est-à-dire que la *respiration* soit toujours *facile*.

Il est donc de toute nécessité de s'arranger de façon à *ne jamais manquer d'air*, car l'appareil respiratoire de l'homme est plus délicat encore que son appareil digestif. Les maladies les plus graves et les plus dangereuses sont celles qui atteignent les poumons.

Tout le monde peut organiser sa vie de façon à jouir de l'air pur qui nous est indispensable.

Si vos occupations vous retiennent dans un bureau, un magasin, un atelier, ne négligez pas de faire, chaque fois que vous en aurez le loisir, de l'exercice au grand air, des promenades à la campagne.

L'étudiant doit même travailler au grand air toutes les fois qu'il le peut. Qu'on ne dise pas : il n'est possible d'étudier que chez soi. Il est très facile, au contraire, d'apprendre en se promenant. La plupart des sciences peuvent être étudiées dans de petits manuels que l'on glisse au fond de sa poche et que l'on ouvre en se promenant dans la campagne .Une lecture faite en plein air, du haut d'une colline ou à l'ombre d'une forêt, dans le cadre grandiose de la nature en fête, a une tout autre saveur que dans l'air impur et vicié du cabinet de travail (1).

Aération nocturne. — Celui qui aura demandé à l'air du jour tout ce qu'il peut lui donner, devra aussi recourir à l'air de la nuit.

L'aération nocturne étant incontestablement favorable aux *pulmoniques*, les médecins ont voulu l'imposer à tout le monde.

« De la naissance à la mort, tu respireras constamment l'air frais », dit Bilz.

1. Lire à ce sujet Channing, *De l'Education personnelle.*

Si l'on suivait strictement ce précepte, il pourrait assurément en résulter quelques inconvénients. *L'aération nocturne doit en effet être appropriée aux conditions différentes dans lesquelles se trouve chaque individu.*

D'une façon générale, les malades qui ont un peu de fièvre la nuit éprouvent un grand bien de l'aération nocturne.

Parmi les individus sains, les uns, très robustes musculairement et qui sont menacés de syncope dès que l'air se vicie, ont également besoin de *respirer de l'air pur* pendant la nuit. D'autres, au contraire, à tendance plutôt lymphatique, n'ont aucun besoin d'aération nocturne.

On peut encore faire à cet égard une distinction entre les sédentaires et les travailleurs manuels.

Tandis que l'homme de bureau ne doit laisser échapper aucune occasion d'absorber l'air pur dont il ne peut pas jouir constamment, l'ouvrier qui travaille en plein air n'a aucun besoin d'activer les oxydations de la nuit.

Il importe également d'avoir égard à l'âge des individus, avant de trancher la question de l'aération nocturne.

Chez les personnes déjà âgées, certains inconvénients peuvent en résulter si elles n'ont déjà l'habitude de dormir la fenêtre ouverte. Les enfants, au contraire, s'en accommodent parfaitement (1).

---

1. Sauf, bien entendu, les tout jeunes enfants.

M. le docteur Pagès a donné des indications très précises sur les procédés pratiques à employer pour aérer les appartements pendant la nuit.

Il recommande d'abord de *ventiler complètement les chambres à coucher avant de se mettre au lit*, et il ajoute :

« Par les grands froids on se contentera de laisser un peu de jour entre les deux battants de la fenêtre ; puis, on les écartera progressivement pour les laisser grands ouverts pendant toute la belle saison. A l'entrée de l'hiver, on rapprochera de nouveau les deux battants de la fenêtre jusqu'à la position de départ...

« Aux époques où il y aura un trop grand contraste entre la température de la nuit et celle du matin, les croisées seront fermées plus ou moins avant les premières heures du jour ; ce sera aussi un moyen d'éviter l'impression de froid au saut du lit, très désagréable aux personnes sensibles...

« Quant aux persiennes, ce seront des volets en bois percés de grandes fentes transversales ne s'imbriquant pas outre mesure : l'été, on les rapprochera seulement pour diminuer l'éclairage et briser les courants d'air ; l'hiver, on les fermera complètement.

« L'aération indirecte, par un couloir ou une chambre voisine, sera toujours secondaire ; en aucun cas, elle ne devra remplacer l'aération directe.

« Il est bien entendu que l'individu couché sera bien couvert.

« A mesure que l'homme de bureau *s'endurcira*, il ouvrira plus largement fenêtres et persiennes.

« Même alors, les courants d'air seront soigneusement évités. »

Nécessité de bien respirer. — Il ne suffit pas d'avoir nuit et jour de l'air pur en abondance, il faut encore savoir en faire un bon usage. Celui qui respire mal perd tout le bénéfice des précautions qu'il peut prendre par ailleurs.

Il y a beaucoup de personnes qui ont contracté la *mauvaise habitude de respirer par la bouche*. Ils s'exposent ainsi à faire entrer dans les poumons toutes les poussières et tous les microbes que contient l'atmosphère et qui seraient restés dans les fosses nasales si la respiration s'était faite par le nez comme elle *doit* se faire.

Nous devons donc nous efforcer de respirer continuellement par le nez, même dans les moments d'essoufflement.

Il faut surtout *respirer profondément*, de façon à ne point laisser dans les poumons une quantité trop considérable d'air qui ne se renouvelle pas.

On peut atteindre ce résultat soit par des *inspirations profondes*, répétées chaque jour pendant quelques minutes, soit par des exercices violents comme la course. C'est là le moyen le plus naturel et le plus sûr d'activer la respiration.

La parole est, elle aussi, utile pour conduire à ce résultat.

« La parole, dit M. le docteur Pagès, est une arme à deux tranchants : modérément, elle fortifie les organes respiratoires, ainsi qu'on l'observe chez des sourds-muets auxquels on apprend à articuler quelques mots ; immodérément, elle est une cause d'épuisement...

« J'ai connu beaucoup de personnes qui devaient à leurs bavardages incessants, particulièrement au bavardage à table, l'état précaire de leur santé ... »

Si la parole à côté des avantages incontestables qu'elle peut procurer est aussi capable de provoquer de sérieux inconvénients, on ne saurait en dire autant de la lecture à haute voix qui donne aux organes de la respiration une force plus grande sans pouvoir, par son excès, finir par les épuiser.

Il est donc facile, *par un exercice convenablement réglé,* d'arriver à acquérir un mode de respiration tout à fait hygiénique. On en sentira vite les bienfaits : on pourra profiter parfaitement de l'air pur dont on est entouré et, d'autre part, on se fortifiera les organes respiratoires, bienfait inappréciable pour l'homme qui veut arriver au développement le plus complet de ses facultés actives.

Section VI

Le travail et le repos

La répartition des heures de travail intellectuel et de travail physique. — Le surmenage et la précipitation. — Le repos quotidien. — Le repos hebdomadaire. — Les vacances.

La répartition des heures de travail intellectuel et de travail physique. — Dans le chapitre que nous avons consacré à l'éducation morale, nous avons cru devoir insister tout particulièrement sur la nécessité de s'imposer l'observation d'un emploi du temps afin d'obtenir à la fois de notre corps et de notre esprit un maximum de rendement.

Cette nécessité d'une vie bien ordonnée s'impose encore à un autre titre. Elle est essentielle pour *vivre en bonne santé* et conserver le *corps sain et vigoureux* dont l'homme d'action a besoin.

Il nous est naturellement impossible de dire combien vous devez consacrer d'heures par jour ou par semaine au travail intellectuel, au travail physique, aux distractions, etc. C'est là, en effet, un problème très complexe et dont la solution dépend des données les plus variables : profession, constitution physique, puissance de travail, etc., chacun le résoudra suivant les conditions de sa propre existence. Après quelques expériences, on arrivera à se tracer une règle de conduite parfaitement convenable.

Nous nous bornerons à indiquer les règles essentielles dont il importera de tenir compte dans l'établissement du régime.

Le surmenage et la précipitation. — Beaucoup de gens s'imaginent qu'*un homme actif est un homme pressé*. Rien n'est plus *faux*. Le véritable « homme d'action » sait agir avec calme et sans précipitation.

Un des procédés les plus favorables au maintien de la santé aussi bien qu'au bon équilibre intellectuel, est la « modération dans l'action même ».

Le docteur Toulouse a observé (1) que :

« Ne pas se hâter est le premier et le dernier secret de l'hygiène personnelle, précepte aisé à formuler et qui l'est beaucoup moins à suivre. »

« La condition habituelle du surmenage, continue-t-il, me paraît être la rapidité plus que la durée du travail, bien que celle-ci soit à la longue effective. »

Il est en effet facile à observer que la *précipitation* dans un exercice physique quelconque entraîne immédiatement une très *grande fatigue*. Ainsi tel individu qui parcourra aisément vingt ou trente kilomètres à une allure normale, sera bientôt épuisé et n'atteindra certainement pas le terme de sa course s'il veut forcer sa vitesse.

C'est ainsi que le docteur Toulouse remarque que :

« Si le paysan est moins frappé par la tuberculose, c'est en grande partie parce que son travail est plus calme. Et cependant il peine, mais avec une lenteur prudente. Quand il va à son champ, c'est sans impatience ; et une fois en train, il travaille sans plus de hâte. L'ouvrier citadin court à l'atelier, et là se dépense en une activité qui n'est jamais suffisamment prompte. »

Le *travail intellectuel* est soumis à des conditions identiques. *Tout excès amène invariablement le surmenage et l'épuisement.*

« Tous ceux qui mènent une existence très active, ajoute le docteur Toulouse, savent par expérience qu'ils

1. *Le Journal*, 29 novembre 1904.

vont en quelques instants — lorsqu'ils n'y prennent pas garde — se courbaturer moralement et physiquement pour toute une journée. Ils n'ont pour cela qu'à se presser dès le début de leurs occupations à quelque travail, même peu difficile, comme de donner des ordres communs à plusieurs personnes, ou se hâter dans les réceptions ou la correspondance.

« La vraie neurasthénie m'apparaît comme une maladie provoquée par la hâte. Mais il est d'autres affections plus graves qui ressortissent à la même condition principale. La paralysie générale par exemple, qui décime les cerveaux dans les grandes villes, est certainement provoquée par l'épuisement.

« Partout, on peut retrouver l'influence de la hâte. Au lycée, le surmenage n'a été bien remarqué que lorsque les changements de programmes ont amené, au lieu d'une éducation plus simple, peut-être *plus sûre par certains côtés* — qui portait surtout sur les langues mortes et la philosophie, — une instruction plus complexe et plus variée, ayant les objets les plus divers de sciences et de lettres.

« Le surmenage est donc généralement causé par la précipitation dans les actes. Et c'est une erreur de croire que la variété des sujets de travail diminue la fatigue, chaque mode d'activité ayant au contraire le sien ; et en outre tout éreintement physique amène une lassitude intellectuelle, car c'est avec le cerveau que nous agissons. Sans hâte, il est possible de travailler très longtemps sans ressentir une fatigue notable. C'est le labeur patient du paysan qui agit à son champ tout le jour. »

Le repos quotidien. — Il ne suffit pas de ne point agir d'une façon précipitée, pendant les heures réservées au travail, il est encore *indispensable de savoir se reposer.*

Il existe un *art de se reposer* et d'oublier ses

préoccupations ; il n'est pas moins difficile à pratiquer que l'*art de travailler*.

La nature nous oblige à consacrer chaque jour un certain temps au repos. Là encore il est difficile de déterminer une règle générale, car *la durée du travail devra dépendre exclusivement de sa nature et de la capacité de travail de l'individu*.

Le temps qui n'est pas consacré au travail doit être employé en partie au sommeil et en partie au repos sans sommeil.

Les hygiénistes s'accordent pour reconnaître qu'*en moyenne* huit heures de sommeil suffisent pour un adulte. Les tout jeunes gens ont besoin de huit à dix heures. A partir de trente-cinq ou quarante ans, au contraire on peut se contenter de dormir six ou sept heures, si d'ailleurs on n'en ressent aucun inconvénient.

Quant au moment où il faut prendre ce sommeil, il suffit de poser en principe que l'on doit dormir la nuit et non le jour, car le sommeil de la nuit est le seul réparateur et celui du jour ne saurait impunément lui être substitué. L'état de l'atmosphère, le calme de la nuit, l'obscurité en sont la cause. Chez les travailleurs intellectuels, le sommeil est léger ; chez ceux qui dépensent une grande force musculaire, il est profond et lourd.

Il faut également éviter de travailler le soir aux œuvres de l'esprit. Le cerveau surmené produit une médiocre somme de travail et se fatigue vite.

Remarquez la plupart des gens qui travaillent

la nuit : ils sont nerveux, irritables, et souvent de mauvaise humeur.

Quant au sommeil pris au milieu du jour, les hygiénistes recommandent de bien s'en garder.

« De même, dit M. le docteur Pagès, le sommeil n'aura pas lieu dans la première ou les deux premières heures qui suivent le repas, suivant l'importance de ce dernier, c'est-à-dire au moment de la plus grande gêne circulatoire et du plus grand effort digestif ; ni à un moment trop éloigné, alors que l'estomac presque vide demande des aliments. »

Les heures de repos non consacrées au sommeil doivent être également réparties avec soin. Il est surtout *essentiel de ne jamais se livrer à un travail absorbant après les repas.*

Donc, après le repas, évitez de mettre votre cerveau en action ; laissez à la digestion le temps de s'accomplir ; promenez-vous un peu, et si vous tenez absolument à quelque travail, recherchez-le matériel et facile : annotations au crayon, recherches de renseignements, lecture de journaux, de revues, classification de fiches, etc.

En effet, la digestion se fait généralement mal pendant un travail absorbant.

« L'activité organique, dit M. Guyot-Daubès (1), est sollicitée à la fois par le cerveau et par l'estomac, et ni l'une ni l'autre des fonctions de ces deux organes ne s'accomplit régulièrement.

1. *La Méthode dans l'étude et dans le travail intellectuel.*

« Il y a un retard dans la digestion d'où il résulte incontestablement un retard dans le moment où le cerveau peut être en complète possession de ses moyens et donner un travail fructueux. »

En dehors du repos pris après les repas, les autres moments de repos sans sommeil seront distribués au gré de chacun.

Sur l'emploi de ces heures de repos, il nous reste cependant à faire une observation capitale :

Beaucoup de gens croient que, pour se reposer d'un travail intellectuel, il est très utile de passer immédiatement à une activité physique intense. Quand ils auront travaillé dans leur cabinet pendant plusieurs heures, ils feront une réaction extrêmement violente : ils monteront à cheval, feront une course à bicyclette à grande allure ou une très longue promenade à pied, sous prétexte de se détendre les muscles et de se préparer à une nouvelle période de travail intellectuel.

Des expériences concluantes ont prouvé que ceux qui procèdent ainsi se soumettent à un régime *doublement épuisant*. A une période de *travail intellectuel* qui constitue une réelle dépense d'énergie, ils font succéder un *travail physique* encore plus épuisant. On observe, quand ils reviennent au travail intellectuel, qu'ils sont beaucoup *moins dispos* qu'avant de se livrer à cette dépense d'énergie physique.

Les heures de repos intellectuel devront donc

être en même temps des moments de repos physique presque complet dont la conversation ou un jeu paisible suffiront à remplir la durée.

Le temps réservé aux sports devra donc être séparé de celui réservé au travail intellectuel par quelques instants de calme absolu.

Le repos hebdomadaire. — En outre du repos quotidien, il est bon de consacrer plus spécialement un jour par semaine au repos.

Nous ne voulons pas dire par là que l'on doive passer tous ses dimanches, par exemple, dans l'inaction complète. Nous entendons seulement qu'il est nécessaire de « mettre le cran d'arrêt aux préoccupations », suivant l'expression de M. Carnegie (1), c'est-à-dire, chaque semaine, de consacrer au repos un plus grand nombre d'heures que les autres jours et de *ne point se livrer*, ce jour-là, *à un travail fatigant.*

Les parties de campagne, les longues promenades, les sports, les distractions de toute espèce, occuperont d'une manière opportune le jour du repos.

Les vacances. — En dehors du repos quotidien et du repos hebdomadaire, il est utile également qu'une fois ou deux par an on change de milieu, que l'on s'échappe de l'atmosphère habi-

---

1. On connaît le mot de Carnegie : « Les ennuis glissent sur mon dos comme l'eau sur le dos du canard. Quand je me repose, j'oublie toutes les préoccupations de la veille. »

tuelle et que, près de la mer, à la campagne ou dans les montagnes, on aille prendre une cure d'air et de repos, et « changer le cours de ses idées ».

Cette période de l'année est également utile au point de vue intellectuel et physique.

Au point de vue intellectuel, elle crée une diversion indispensable aux préoccupations de l'année, et cette diversion a sa répercussion sur l'*état physique* de l'individu.

M. Marcel Prévost a très justement montré, dans ses *Lettres à Françoise*, les avantages des vacances passées à la campagne :

« Venez, dit-il, prendre à la campagne, loin des villes, des leçons de patience, de méditation, de quiétude.

« Là seulement vous reposséderez ce que la vie citadine supprime : le temps !...

« N'être plus en retard de huit jours ou d'un mois sur sa propre vie, comme on l'est toujours à Paris ; s'affranchir de la tyrannie d'une énorme activité artificielle; pouvoir compter les heures et se dire : « Aujourd'hui, il m'en reste une pour réfléchir !... »

« Cette heure unique, où vous ne ferez pas de courses, où vous n'écrirez pas de petit bleu, où vous ne verrez pas à la hâte une pièce de théâtre ou une exposition de peinture, pour le vain avantage d'en pouvoir parler, — cette heure vide est précieuse entre toutes : elle est celle de votre vie intérieure, — et nous ne valons que par là.

« Or, l'heure quiète, propre à la vie intérieure — retenez ceci qui n'est point banal malgré les apparences — ni Paris, ni les bains de mer, ni les eaux, ni les voyages ne la donnent.

« On n'en jouit que face à face avec la terre. La vie rurale vous la donne, dans l'extraordinaire silence qui succède aux travaux du jour. Là, vous aurez enfin des minutes pour vous demander : « Où en suis-je avec moi-même ? Quels sont mes projets ? Où vais-je, et en quel point suis-je parvenu ? »

« N'est-il pas douloureux de penser que des jeunesses entières d'hommes et de femmes s'écoulent sans qu'ils aient, sans qu'elles aient une seule fois réservé cette heure de loisir, cette heure de vie intérieure, pour l'examiner et se connaître ?

« La campagne vous donne cette heure : et du même coup elle vous apprend à en user. »

Le point essentiel est de savoir *où et comment il faut passer ses vacances* pour en retirer le plus grand profit possible.

M. Lucien Descaves a examiné cette question d'une manière approfondie dans un article (1) dont nous extrayons le passage suivant :

« ... C'est une grave question qui n'a pas fait encore chez nous, à ma connaissance du moins, l'objet d'une enquête, mais qu'un magazine anglais, le *World's Work*, vient justement de traiter.

« Il la traite au point de vue hygiénique, ce qui n'est pas pour nous induire en méfiance, bien au contraire. Quand on parle d'hygiène, tout le monde devient attentif. Hors de là, point de salut. C'est la manie, le dada du moment. Il est convenu qu'une bonne hygiène préserve de tous les maux. Mais en quoi consiste une bonne hygiène ? Des professeurs nous le disent, et nous ne nous lassons pas de les entendre, lors même que leurs leçons, la plupart du temps, sont contradictoires.

« Ce qu'il faut boire, ce qu'il faut manger, le temps

---

1. Publié dans *Le Journal*.

que l'on doit consacrer au travail, aux exercices physiques, au repos, au sommeil, les excès dans lesquels il ne faut pas tomber, tout cela, nous le savons pour peu que nous pratiquions le sage précepte antique : Connais-toi toi-même. Mais nous aimons à ce qu'on nous le répète, ce qui, encore une fois, nous expose souvent à de légers embarras, car il n'est pas rare qu'un professeur d'hygiène condamne ce qu'un autre a permis.

« La consultation du journal anglais m'a donc ravi...

« Parfaitement. Aussi bien s'agit-il de prendre des vacances, non par plaisir, mais par hygiène. Et c'est très difficile.

« Quantité de personnes s'imaginent, en effet, que l'on peut passer impunément, sans transition, d'une vie active et d'un travail assidu au plus complet farniente.

« Quelle erreur et quelle imprudence ! Ainsi que la fatigue, le repos a des degrés. L'oisiveté ne peut présenter des avantages que si elle est méthodique. Il faut s'y entraîner comme on s'entraîne au travail. Première découverte.

« L'abus des exercices violents n'a pas moins d'inconvénients. Ce n'est pas parce qu'on a mené, pendant dix ou onze mois, une existence casanière, qu'on rattrapera le temps et les forces perdus en s'adonnant immédiatement à tel ou tel sport. L'hygiène réprouve ces pratiques dangereuses ; elle préconise les cures de repos, à l'américaine ; celles-là seulement sont des cures de tout repos. Deuxième découverte.

« On doit profiter des vacances pour mettre son estomac au régime et s'imposer une discipline alimentaire que les occupations et les devoirs mondains rendent, l'hiver, inapplicable. L'hygiéniste du magazine anglais rapporte à ce propos un fait qui lui est personnel :

« A Londres il mangeait trop vite, il ne mâchait pas une bouchée plus de douze fois ; aussi avait-il des digestions laborieuses.

« En vacances, il s'est astreint à mâcher ses bouchées trente et jusqu'à trente-deux fois, et la dyspepsie a disparu comme par enchantement ! D'où il résulte que le seul exercice dont l'abus ne soit pas redoutable est celui des mâchoires. Encore ne faudrait-il pas s'y fier aveuglément... De la méthode en tout, de la méthode et de l'hygiène : la santé est à ce prix.

« Pour l'agrément des vacances, l'auteur de l'article recommande l'*Histoire de la Civilisation*, de Enckle, et les *Essais*, de Emerson, alternativement. Il paraît que ces lectures sont souveraines et procurent à la fois la quiété et le sommeil. C'est à considérer, car l'esprit connaît tout autant les indigestions que l'estomac.

« Voilà d[illegible] prescriptions hygiéniques d'intérêt général. »

M. Lucien Descaves passe ensuite à l'examen d'un point de vue plus spécial, mais qui n'est pas moins intéressant pour les alpinistes.

« Un grand nombre de touristes se figurent qu'ils se porteront d'autant mieux qu'ils monteront plus haut.

« C'est encore la terreur des microbes qui leur suggère cette idée fâcheuse. Plus on s'élève, et moins il y a de microbes. On en a recueilli plus de cinquante mille dans un mètre cube d'air qu'on respire sous les colonnades de la Bourse ; à 1.800 ou 2.000 mètres d'altitude, la pureté de l'air n'est plus douteuse : montons ! *Quo non ascendam !*

« Hélas, on ne saurait trop dissuader de cette expérience les gens qui ont dépassé la quarantaine. Les altitudes supérieures à mille mètres ne conviennent qu'aux personnes jeunes et vigoureuses. Gare aux congestions pulmonaires et aux accidents cardiaques, aussi mortels que les microbes et les chutes dans les précipices.

« Il n'y a de sécurité nulle part, en réalité, pour un hygiéniste vraiment digne de ce nom.

« Quant à la marche en montagne, il semble incontestable que c'est une excellente gymnastique, dont les bienfaits contribuent encore à détruire un autre préjugé entretenu par les vieilles écoles d'hygiène.

« C'est tout cela qu'il faudrait considérer plutôt que le plaisir, au temps des vacances. On prend un guide : c'est par un hygiéniste qu'on devrait se faire accompagner. On ne s'amuserait peut-être pas beaucoup, mais on conserverait sa santé, le plus précieux de tous les biens. »

Les vacances ainsi comprises seront de *la plus grande utilité pour la santé physique* (1). On en reviendra tout à fait dispos et prêt à reprendre le cours de ses occupations.

Les résultats d'une période de repos à la campagne ont été mis en lumière, ces dernières années, par l'*Œuvre des colonies de vacances*. Les enfants qui sont envoyés pendant trois semaines au bord de la mer ou dans les montagnes reviennent à la ville dans un excellent état de santé ; ils ont notablement engraissé et l'on constate toujours une sensible augmentation de leur périmètre thoracique.

Si les résultats matériels du séjour au grand air sont généralement moins frappants pour les grandes personnes, ils n'en sont pas moins importants et exercent une influence également heureuse sur le physique et le moral de chacun.

1. M Payot a aussi consacré, dans son *Traité de l'Education de la volonté*, d'excellentes pages à l'emploi des vacances.

Section VII

L'Hydrothérapie

Effets généraux de l'hydrothérapie. — Comment on doit pratiquer l'hydrothérapie. — Les bains. — Les douches. — Les applications d'eau froide. — Les soins de propreté.

Effets généraux de l'hydrothérapie. — Nous entendons par le terme d' « hydrothérapie » toute *application d'eau sur la peau*, c'est-à-dire non seulement les bains et douches, mais encore tout ce qui concerne la propreté.

Les *effets de l'hydrothérapie* sont entièrement différents, selon qu'il s'agit d'applications d'eau froide ou chaude. Les premières sont de beaucoup les plus hygiéniques, et c'est surtout d'elles que nous parlerons.

L'effet essentiel de toute *application d'eau froide* sur la peau est de *soustraire à notre corps une notable quantité de chaleur*. Le froid qui en résulte détermine par contre-coup une constriction des artères et des veines. Par suite, il se produit un afflux de chaleur nouvelle et de sang. Il se produit donc successivement *deux réactions* violentes qui exercent une grande influence sur l'économie générale de notre corps.

Ces réactions ne constituent d'ailleurs pas l'unique effet des applications d'eau froide.

M. le docteur Pagès a signalé l'existence de phénomènes accessoires qui ne sont pas non plus sans importance :

« Le refroidissement, dit-il, n'est pas comme les autres, ni la réaction non plus. Il s'agit très probablement de phénomènes électriques tout autant que de soustraction de calorique ou d'impression froide. Ainsi, après une application quelque peu prolongée, la peau donne au toucher une sensation de fraîcheur particulière, et l'on n'éprouve cependant qu'un bien-être de température neutre. Cela semble indiquer que la peau acquiert à ce moment une grande indépendance nerveuse ; et il n'est pas impossible que d'autres organes la suivent dans la voie de l'autonomie. En tout cas, le système sensitif cutané change ; il se calme s'il était excité ; il s'exalte s'il était déprimé ; et les centres nerveux semblent profiter de cet état moyen pour régulariser la vie intime (le trophisme) de la peau et aussi, dans une certaine limite, de tous les autres organes : l'urine se colore et la sueur sebum rend la peau aussi lisse qu'un marbre poli. A défaut d'une explication physiologique, nous sommes obligés de dire, avec Kneipp, que la *sueur mûrit*, et avec Priessnitz, que les tissus se débarrassent de leurs *humeurs peccantes*.

Comment on doit pratiquer l'hydrothérapie. — L'usage de l'eau froide doit être rigoureusement soumis à un certain nombre de *conditions* dont l'omission pourrait devenir nuisible à la santé.

La plus essentielle est de *ne jamais enlever à*

l'individu une trop grande quantité de chaleur. Il ne faut pas non plus que l'eau froide demande *aux centres nerveux une réaction excessive.*

C'est pourquoi il faudra soigneusement *se garder de rester en contact trop prolongé avec l'eau froide.*

On évitera de même de pratiquer l'hydrothérapie quand le corps ne possédera pas une *quantité de chaleur suffisante.*

D'autre part, les gens âgés ou fatigués, c'est-à-dire *ceux dont l'organisme est impuissant à réagir* d'une manière suffisante, devront éviter les applications d'eau froide, ou tout au moins réduire leur durée à un strict minimum.

Les bains. — Le procédé le plus ordinaire de l'hydrothérapie est le *bain froid* qui a été connu et pratiqué de tout temps.

Le bain froid diffère totalement, selon qu'il est pris dans l'eau courante ou dans une piscine. Dans le premier cas, par suite du renouvellement continuel de l'eau, on constate une soustraction plus prompte de calorique.

Il semble aussi que ce soit avec raison que l'on attribue des effets toniques à la *percussion exercée sur le corps par l'eau courante.* Cette percussion est très forte dans le *bain de mer*, et ses effets sont accrus encore par la très forte densité de l'eau ; celle-ci, par les substances salines qu'elle contient en dissolution, stimule aussi plus fortement la peau que ne le fait l'eau des rivières, en faisant même abstraction des changements que l'absorption du liquide salin peut imprimer à la vitalité entière de l'organisme, ou de quelque organe en particulier.

Les *bains froids* tempèrent la chaleur, calment la soif et sont employés sous ce rapport avec avantage en été et dans les climats chauds. Ils *fortifient les constitutions faibles*, délicates et molles, *détruisent beaucoup de prédispositions fâcheuses* et peuvent même guérir quelques maladies chroniques.

Les effets du bain froid le font surtout recommander à l'homme jeune, sain et vigoureux (1). Il y trouvera une diversion à ses travaux habituels, un repos et un délassement très appréciables, enfin une *réaction physique* des plus utiles pour le préparer de nouveau à l'effort.

Les douches. — Nous recommandons aussi à l'homme d'action l'*usage le plus fréquent possible des douches.*

L'application d'eau froide à *forte pression* lui sera de la plus grande utilité. Elle présente en effet les *mêmes avantages que le bain dans l'eau courante;* et de plus, comme le dit si bien M. le docteur Pagès, elle « trempe les tissus à la façon du marteau sur le fer rouge ».

---

1. Les rhumatisants devront au contraire s'en abstenir.

Celui qui est assez vigoureux pour la supporter sans fatigue trouvera dans la douche une *réaction très violente* ayant des effets considérables sur son organisme tout entier.

Si vous ne pouvez pas, pour une raison quelconque, supporter la douche froide, tâchez au moins de la prendre *tiède*. La *douche en pluie*, moins violente que la douche en jet, est également tout indiquée comme atténuation de la douche ordinaire.

Les applications d'eau froide. — Celui qui, pour une raison ou pour une autre ne peut se mettre au régime des bains ou des douches devra recourir d'une façon constante aux *applications d'eau froide*. C'est même le procédé le plus recommandable, car il convient à tout le monde sans exception et point n'est besoin pour s'y livrer d'avoir la même vigueur physique que pour prendre une douche ou un bain froid. La facilité de ces applications, la possibilité d'y recourir en tout temps et en tout lieu, sont encore une raison pour nous les faire approuver sans réserve.

Voici quelles sont les conditions essentielles auxquelles doivent être soumises ces applications d'eau froide. Elles seront *aussi favorables en hiver qu'en été* ; nous dirons même plus favorables, car la réaction par un temps froid sera plus vive et plus sûre que dans tout autre cas. Nous recommanderons donc spécialement ces applications en hiver, et cela d'autant plus que les bains froids sont impraticables en cette saison.

Quant à l'heure de la journée où il faut faire ces applications froides, les hygiénistes recommandent surtout le *moment du lever*. Elle variera donc entre cinq et huit heures suivant la saison. C'est, après le repos de la nuit, le meilleur moyen de faire rentrer en activité l'intestin, les glandes annexes et les autres organes qui produisent la chaleur.

Le soir, *après l'exercice de la journée*, il convient également de recourir aux applications froides, et peut-être d'une façon encore plus régulière que le matin. Cet exercice aura le plus heureux résultat pour *raffermir les tissus*, pour *reposer des fatigues* de la journée et pour rendre au corps une vigueur toute nouvelle. L'homme qui a travaillé longuement trouvera là un procédé excellent pour *se refaire* après une dépense d'énergie considérable.

Il convient encore de faire remarquer que ces applications froides ne doivent pas être généralisées et étendues au corps tout entier. M. le docteur Pagès recommande surtout de se borner à soumettre à ce traitement : les bras, la face, le cou et la partie haute du dos, en appuyant sur la colonne vertébrale, la poitrine et la région du cœur, le ventre et la région de l'estomac, la partie basse du dos.

On peut même réduire encore l'étendue de ces applications et voici quel sera le procédé que nous recommanderons particulièrement, après avoir toutefois fait remarquer que chacun peut préférer un système différent et tout aussi recommandable :

En vous levant, jetez rapidement une serviette mouillée sur vos épaules ; recommencez l'opération deux ou trois fois ; mouillez-vous le thorax, les bras, les reins, les jambes, et remettez-vous au lit quelques instants (1). Un travail intime se fait en vous, une sensation de chaleur vous pénètre, votre cerveau se dégage, votre esprit s'aiguise ; vous vous relevez frais, jovial et dispos.

Les soins de propreté. — L'hydrothérapie, telle que nous venons de l'envisager, constitue surtout une méthode médicale et hygiénique destinée à fortifier notre organisme

A un autre point de vue, *l'usage fréquent de l'eau est indispensable :* il ne faut pas, en effet, se contenter de douches ou d'applications d'eau sur tout le corps, mais avoir soin de se nettoyer tous les jours et très complètement les oreilles, la bouche, etc.

C'est ainsi que *dans le but de simple propreté*, tout autant que par hygiène, on devra veiller à s'entretenir les dents parfaitement saines (2).

Les bains chauds rentrent moins dans la caté-

---

1 M. Pagès recommande les « claquements » avec une serviette mouillée. Ce procédé est aussi très fortifiant.

2. Rappelons à ce sujet qu'un excellent dentifrice est la craie en poudre.

gorie de l'hydrothérapie proprement dite que dans celle des soins de propreté. Ils exercent une action particulièrement bienfaisante sur la peau qu'ils débarrassent complètement de la poussière et des sécrétions dermiques.

Le bain froid est beaucoup moins efficace à cet égard ; aussi ceux-là mêmes qui sont accoutumés aux bains froids ou aux douches devront-ils prendre fréquemment des bains chauds dans un but de propreté.

Section VIII

Les Exercices physiques. — Les Sports

Utilité de la culture physique. — Temps a consacrer aux exercices physiques. — Différents procédés de culture physique. — Conseils généraux pour la pratique des sports. — Utilité du massage. — Classification des sports. — Marche. — Alpinisme. — Course. — Saut. — Chasse. — Equitation. — Danse. — Natation. — Canotage. — Patinage. — Disque et poids. — Haltères. — Lutte. — Boxe, canne. — Escrime. — Balle, paume, tennis. — Polo, foot-ball, etc. — Tir. — Bicyclette. — Automobilisme. — Les succédanés des sports. — Gymnastique aux agrès. — Gymnastique suédoise. — Exerciseur. — Exercices manuels.

Utilité de la culture physique. — Chaque organe a besoin d'une action modérée pour se maintenir dans son état normal : les muscles eux-mêmes sont soumis à cette règle. Si les Anciens, les Grecs notamment, se préoccupaient trop de leurs forces musculaires, nous péchons en France par l'abus contraire et nous négligeons presque complètement de développer notre corps.

C'est là une faute grave que ne commettent pas les Anglais, les Suédois et d'autres peuples chez qui les exercices physiques sont en honneur.

Il est temps que nous réagissions contre notre langueur. L'homme d'action ne doit pas seulement « se maintenir en santé » par une alimentation et une hygiène raisonnées : il doit chercher à « devenir robuste et fort », à développer graduellement ses muscles, en vue de fournir une plus grande dépense de forces et d'offrir une plus sérieuse résistance à la fatigue.

Aussi consacrerons-nous quelques développements aux exercices physiques et aux sports.

L'éducation physique pour être profitable doit être pratiquée rationnellement.

Il serait désirable de ne rien faire qu'un médecin avisé n'ait d'abord prescrit. Les meilleures choses deviennent mauvaises quand elles sont mal appliquées. Les tempéraments variant avec les individus, ce qui est bon pour l'un peut aisément devenir dangereux pour l'autre.

C'est ainsi, par exemple, que l'hydrothérapie et la gymnastique sont aujourd'hui reconnues comme de très précieux agents de santé. Encore faut-il que l'une et l'autre soient appropriées à la nature spéciale de chacun, et que, en fortifiant son état général, elles agissent plus particulièrement sur les parties faibles de son être.

Il est actuellement reconnu que nous avons en France de mauvaises méthodes de gymnastique, alors que dans les pays du Nord, au contraire, en Suède en particulier, la gymnastique et le massage ont atteint presque la perfection. C'est donc cette méthode qu'il faut suivre.

Qu'on nous permette de rappeler à cet égard un passage d'un article de Hugues Le Roux, sur la gymnastique :

« Qu'importe, s'il vous plaît, dit-il, que vous ayez conquis par la gymnastique empirique une poitrine d'aspect magnifique, si de misérables poumons sont enfermés dans cette cage glorieuse ? Qu'on me pardonne l'emploi d'une image qui n'a rien de scientifique, mais qui exprime bien ma pensée : ce n'est pas *du dehors en dedans*, mais *du dedans au dehors* qu'il faut, comme on dit, faire une poitrine. Ce sont les poumons qui doivent l'élargir comme en la bousculant pour se mettre à l'aise. Pour ces poitrines artificielles sur lesquelles bombent des pectoraux bien en relief, ceux qui, comme moi, ont vécu dans le monde des acrobates vous diront qu'elles dissimulent souvent cette maladie, si fréquente dans les milieux forains, la pthisie de l'athlète. L'usure de cet homme est d'autant plus rapide qu'il a à remuer un corps plus pesant. Imaginez un grand bateau pourvu d'une petite machine à vapeur, et obligé tout de même de se mouvoir avec vitesse ; la chaudière ne résistera pas longtemps. »

Nous ajouterons à ce propos que, si cette gymnastique française — on s'accorde à le reconnaître — fait d'admirables athlètes ou acrobates, elle n'a pas de meilleurs résultats sur l'âme que sur le corps; l'énergie, la confiance en soi, le courage moral, vertus familiales et civiques, n'ont rien à voir, comme le dit encore Hugues Le Roux, avec la brutalité athlétique ni avec les vanités de l'acrobatie.

Un autre savant professeur, M. Demény, qui a essayé de rénover les méthodes de gymnastique, dans son programme du cours d'éducation physique de la Ville de Paris, dit nettement :

« Le rôle bienfaisant de l'éducation physique s'exerce sur chaque fonction particulière et sur l'ensemble des fonctions. L'éducation règle les principales fonctions dans leur mode et leur quantité d'activité ; chaque fonction s'accomplissant normalement et ne déviant pas de sa destination vraie, les organes se perfectionnent, et chaque fonction n'empiétant pas sur l'activité d'une fonction voisine, l'équilibre a lieu. »

Plus loin, il ajoute :

« On apprend à vouloir, à penser, à sentir et à réagir. On éduque aussi sa forme et surtout ses mouvements. L'éducation physique comprend donc un ensemble de perfectionnements partiels qui constituent l'amélioration de l'homme, et que l'on peut réunir comme il suit :

« 1° Santé ou effet hygiénique.

« Education de chaque fonction en particulier ; conservation de l'harmonie des fonctions ; augmentation du capital d'énergie ;

« 2° Beauté ou effet esthétique.

« Développement normal du corps ; éducation de la forme et de l'attitude ;

« 3° Virilité ou effet moral et psychique.

« Education des qualités viriles chez l'homme libre ; direction sociale de l'énergie humaine ;

« 4° Adresse ou effet économique et éducation des sens ; éducation des sensations et des perceptions, perfectionnement de la vie de relations ; éducation des mouvements ; utilisation économique de l'énergie humaine. »

Comme vous en pouvez juger vous-même, un tel plan ne peut s'exécuter d'une façon parfaite sans l'aide d'un homme de l'art comme guide. Mais le but est tellement sérieux — la formation du « vélite alerte » et de l'homme d'action — qu'il vaut certes la peine qu'on y prête attention.

La science est aujourd'hui au service de l'éducation, comme à celui de toutes les améliorations apportées au confortable de nos habitations et de la vie en général. Sachons donc en profiter.

Malheureusement, beaucoup de personnes tout en reconnaissant l'utilité des exercices physiques, négligent de les pratiquer.

Combien de sédentaires *pourraient prendre de l'exercice* et ne le font pas ! et cependant leur indifférence n'a *aucune excuse* valable. Car ceux-là mêmes qui ne peuvent sortir de chez eux pour pratiquer un sport quelconque ont la ressource de la gymnastique de chambre et de l'*exerciseur* (Sandow, William ou autre), si répandu depuis quelques années et qui rend les plus grands services.

Espérons que les lecteurs de cet ouvrage suivront nos conseils et auront la ferme volonté de consacrer quelques heures par jour à un exercice physique, de façon à se maintenir en santé et à développer leurs forces pour mieux se consacrer à la vie d'action.

Temps à consacrer aux exercices physiques. — La durée quotidienne des exercices physiques ne peut être fixée d'une manière rigoureuse. Si nous voulons donner une indication générale, nous dirons cependant que *deux heures suffisent* à un homme de bureau pour s'y livrer : une heure et demie pour la locomotion, une demi-heure pour des exercices divers.

Cette durée doit d'ailleurs être très variable. Elle variera d'abord suivant les saisons ; en hiver, le temps consacré aux exercices en plein air sera naturellement très réduit ; au contraire, l'été se prête admirablement aux exercices physiques prolongés. De plus, ce temps variera selon les occupations et la situation pécuniaire de chacun, selon la température, etc.

A ceux qui craignent de mollir dans leurs résolutions et qui aiment qu'on leur trace un programme d'action, nous recommanderons le tableau d'emploi du temps de M. Pagès (1), que nous

---

1. Pagès, *Hygiène des sédentaires*, page 258. Nous rappelons que cet emploi du temps est destiné aux sédentaires (hommes de bureau, étudiants, etc.).

reproduisons à titre d'indication. Chacun pourra aisément le modifier suivant ses commodités personnelles.

1° Régime d'exercices dans le cas d'une petite santé

A. — *Quatre fois par semaine.*

Matin

6 heures. — Lever.

6 h. 1/2. — Déjeuner.

7 heures à 7 h. 40. — *Marche-promenade.*

8 heures à 9 h. 1/2. — Etude.

9 h. 1/2 à 10 heures. — *Exerciseur élastique* (vingt minutes) et sortie ou repos dans sa chambre (dix minutes).

10 heures à 11 h. 1/2. — Etude.

11 h. 1/2 à 11 h. 50. — Quelques exercices volontaires (un peu vivement s'il fait froid, pour s'échauffer), et courte promenade.

11 h. 50 à 12 heures. — Repos (assis ou étendu).

12 heures à 12 h. 40. — Dîner.

Soir

12 h. 40 à 1 heure. — Repos (ou causerie à table) (1).

1 heure à 2 h. 1/2. — Etude.

2 h. 1/2 à 3 heures. — *Exerciseur à coulisse* quelques minutes, promenade et quelques exercices de volonté avant et après (haltères, etc).

---

1. Nous ne partageons pas entièrement l'avis de M. Pagès. Nous conseillons après le repas de midi une marche d'une demi-heure au minimum, — par application de l'adage : On ne digère bien qu'avec ses jambes, — sauf à supprimer celle indiquée à six heures du soir.

3 heures à 4 h. 1/2. — Etude.

4 h. 1/2 à 5 heures. — Exerciseur élastique (vingt minutes et petite sortie ou promenade de chambre).

5 heures à 6 heures. — Etude.

6 heures à 6 h. 3/4. — Marche avec quelques poussées de vitesse (une centaine de mètres au plus chaque fois).

6 h. 3/4 à 7 heures. — Repos.

7 heures à 7 h. 40. — Souper.

7 h. 40 à 8 heures. — Repos (causerie à table).

8 heures à 9 h. 1/2. — Travail intellectuel insignifiant ou jeux.

10 heures. — Coucher.

B. — *Deux jours par semaine.* — Même promenade matinale et mêmes exercices jusqu'à midi ; le soir, pas d'exerciseur élastique ; entre 5 et 6 heures, alternance de marche, de course lente et de course rapide.

Première série. — 1° Course lente, 400 mètres ;

2° Marche, 100 mètres ;

3° Course de moyenne vitesse, 100 mètres ;

4° Marche, 200 ou 300 mètres.

Deuxième série. — 5° Reprise de la course lente en accélérant un peu ;

6° Marche, 200 mètres ;

7° Course de vitesse, 100 mètres ;

8° Marche, 200 ou 300 mètres.

Rentrée et claquement de serviette mouillée froide, local ou général, suivant le besoin, ou repos simplement, si l'on n'est pas en transpiration.

C. — *Un jour par semaine.* — *Dimanche* de préférence.

Lever, un peu plus tard.

Déjeuner très léger (un petit bol de bouillon bien chaud et quelques gorgées de vin blanc).

9 h. 1/2 à 10 h. 1/2 ou 11 heures. — *Visite au gymnase.* Faire : 1° aux anneaux quelques exercices de suspension, de traction, de relèvement de jambes ; aux parallèles, quelques balancements, et à la corde ou mât, une ascension modérée ; 2° quelques enlèvements de poids moyens ; 3° puis charger haut, à la moko, le sac de 50 à 70 kilos, suivant la force, et le porter à une cinquantaine de mètres. Se reposer quelques instants et recommencer la série.

Tous ces exercices doivent être faits avec plaisir, tout au moins sans regret. Les jours où l'on ne se sent pas absolument dispos, on se contente de *marches-promenades*, en réduisant si l'on veut celle du soir, et des *quatre premiers mouvements à l'exerciseur élastique :* ce sont là, peut-on dire, les EXERCICES FONDAMENTAUX.

2° RÉGIME D'EXERCICES DANS LE CAS D'UNE GRANDE SANTÉ

Ce régime diffère du précédent :

A. — *Quatre jours par semaine :*

1° Par la durée un peu plus grande de la *marche matinale* et de la *marche vespérale* avec petites *courses intercalaires ;*

2° Par l'intervention plus énergique de la volonté dans les *exercices d'opposition ;*

3° Par la substitution d'une leçon ou d'un assaut démonstratif de *boxe* à la marche vespérale, une fois par semaine et un mois sur deux.

B. — *Deux jours par semaine :*

1° Par une vitesse plus grande de la *course d'après-midi ;*

2° Par une *troisième reprise,* de temps à autre, quand on sent le besoin d'une *sudation* forte ou qu'on a un souffle exceptionnel.

C. — *Le dimanche :*

1° Par une enlevée de poids plus lourds, tout en restant en deçà du maximum ;

2° Par le port d'un sac de 70 à 100 kilos ;

3° Par une *séance de lutte*, pendant le mois où l'on ne fait pas de boxe ; et ce sera alors aux dépens des poids lourds.

On remarquera que différents sports tels que la bicyclette, la natation, l'équitation, l'escrime, etc. ne sont pas compris dans cette énumération. Ils ont cependant leur importance, et les principales modifications qu'il conviendra d'apporter à l'emploi du temps du docteur Pagès, consisteront surtout dans la substitution partielle de sports variés à ceux qu'il nous indique.

Différents procédés de culture physique. —Il convient de *diviser les exercices physiques en deux catégories* : les *sports proprement dits*, tels que la course, la lutte, etc., qui fortifient le corps, ces exercices demandant une certaine dépense de forces, et, en second lieu, les exercices que nous appellerons *les substituts ou les succédanés des sports*, destinés à développer physiquement ceux qui n'ont ni le temps ni les moyens de se livrer aux véritables sports.

Conseils généraux pour la pratique des sports. — M. Philippe Tissié a indiqué en excellents termes (1) quel était *le but de l'exercice physique*. Nous ne saurions mieux faire que de reproduire une partie de son étude dans laquelle il traite de la *question de l'entraînement :*

1. Journal *L'Éducation physique*, 2 septembre 1899.

« Voici comment peut se résumer l'*entraînement physique :* accomplir tous les jours et progressivement, sans grande fatigue, un effort plus grand que la veille, jusqu'à ce qu'on ait atteint la forme, qui est variable et individuelle.

« On appelle forme l'état de santé, de force, de résistance et de beauté esthétique dans lequel l'entraînement place le corps.

« La forme est variable suivant chaque sujet ; elle dépend de plusieurs causes : hérédité, race, milieu, évolution, sexe, etc.

« On acquiert la forme par l'entraînement ; la forme se lègue à la descendance par l'hérédité ; mais, pour atteindre la forme très pratique il convient de ne jamais procéder par à-coups.

« Il faut apprendre à pouvoir et à savoir bien respirer.

« Il *faut ne jamais forcer son cœur*, mais le faire fonctionner en raison de la facilité respiratoire ; éviter tous les exercices qui congestionnent longuement, arrêter l'exercice quand le pouls accuse de 140 à 160 pulsations ; se garder de tous les excès de table, de veille, de travail intellectuel, etc., observer une juste continence ; ne pas boire d'alcool, *marcher avec la nourriture de la veille* et ne provoquer l'effort immédiat qu'avec des excito-moteurs momentanés ; n'utiliser les excito-moteurs qu'avec une grande réserve ; *ne jamais s'entraîner à jeun ni aussitôt après avoir mangé* ; attendre deux heures après les principaux repas ; ne jamais s'entraîner pendant la nuit. »

Il nous reste à indiquer les *procédés dont il faut user* pour opérer cet entraînement.

L'idéal serait, comme nous l'avons dit, que chacun puisse recevoir les leçons d'un *professeur de culture physique* prudent et expérimenté, dont le rôle consisterait à diriger *rationnellement* ses exercices.

Si vos moyens pécuniaires ne vous permettent pas d'avoir recours à cet homme de l'art, vous vous bornerez à adopter un programme d'entraînement approuvé par un hygiéniste compétent, et à vous y conformer strictement.

Voici les règles hygiéniques fondamentales à observer dans tout exercice sportif :

La première condition est d'avoir le *corps libre*. Il sera bon quelquefois, dans des circonstances exceptionnelles bien entendu, de prendre une légère purgation pour se nettoyer l'estomac et les intestins, si l'on doit, le lendemain, fournir un effort inaccoutumé.

Avant tout exercice, il est recommandé de prendre un bain ou une douche, puis de commencer par des mouvements modérés : on se promènera lentement pendant une heure, par exemple, si le temps est beau ; sinon, pendant la même durée, on pourra sauter à la corde, faire des haltères, de l'exercice, etc.

Il conviendra alors de prendre un léger repas composé surtout de viande avec de l'eau ou du thé comme seule boisson. Cette nourriture doit être, en effet, très digestive et très nutritive. Il faut préparer le corps à supporter une grande fatigue, tout en demandant à l'estomac un minimum d'efforts.

Après s'être reposé, pour donner à la digestion le temps de s'effectuer, il sera temps de commencer le travail proprement dit.

Au relai de l'exercice on prendra bien garde à ne point se refroidir, et une *friction vigoureuse* sera tout indiquée; elle raffermira les chairs et contribuera à l'élimination de l'acide lactique qui se forme dans les muscles par suite du mouvement.

Au terme de l'exercice, il est absolument nécessaire de changer les vêtements et linges mouillés par la sueur afin d'éviter tout refroidissement. Il est excellent enfin de prendre un *nouveau bain* et de *se faire masser*.

Utilité du massage. — Quand on frictionne, comprime ou pétrit un muscle de la périphérie au centre, on double ou on triple la quantité de sang qui le traverse. On arrive ainsi à *endurcir le muscle* et à le faire contracter plus fortement.

Le massage peut être pratiqué soit seul, soit avec l'assistance d'une autre personne.

M. le docteur Pagès donne des indications très intéressantes sur la façon de procéder seul :

« La barre d'appui d'une fenêtre, dit-il, convient très bien pour cela. On s'abaisse et on se relève le corps renversé de tout son poids sur cette barre. On peut encore avoir recours à un fort bâton qu'on tient solidement dans un pli du coude. »

Quelles que soient donc les conditions dans lesquelles se trouve l'individu qui veut se soumettre à l'entraînement physique, il pourra et devra se livrer à la pratique si bienfaisante du massage.

Classification des sports. — On peut diviser les sports à différents points de vue. C'est ainsi qu'on distingue ceux qui se font avec ou sans appareils ; les sports sur place et les sports de locomotion ; ceux qui offrent une utilité pratique en dehors du développement physique (natation, lutte, etc.), et ceux qui ont pour seul intérêt de nous rendre plus alertes ou plus vigoureux (tennis, foot-ball, etc.).

Nous énumérerons les différents sports dans l'ordre qui nous semble le plus naturel, c'est-à-dire que nous commencerons par ceux qui ont été pratiqués de tout temps pour terminer par ceux qui sont plus compliqués et d'invention récente.

Marche. — *La marche est le sport le plus naturel à l'homme.* C'est un exercice absolument fondamental.

Elle provoque une circulation modérée et soutenue ; elle active convenablement les fonctions de tous les organes ; elle développe les poumons et fortifie l'appareil respiratoire ; enfin elle entretient dans un état de santé parfaite celui qui s'y livre rationnellement.

Un de ses inconvénients, non des moindres, est la monotonie. D'autre part, beaucoup de personnes contractent cette funeste habitude de « penser à leurs affaires » en marchant, ce qui les empêche de profiter de cet exercice. Aussi leur conseillerons-nous, pour remédier à cette tendance, d'adopter un but (étude scientifique du sol, des animaux, des insectes, des plantes) qui sera un dérivatif à ces préoccupations. De plus, on lui reproche de n'exercer qu'imparfaitement l'ensemble de notre musculature. En effet, la marche agit surtout sur les muscles des jambes et sur ceux du bas abdomen. Elle laisse au contraire à peu près immobiles les muscles des bras et des reins. Enfin, elle n'exige pas une activité suffisante pour empêcher l'accumulation excessive des réserves et lutter contre l'intoxication.

Un point essentiel est de régler convenablement la longueur et la durée des marches. C'est une chose à laquelle peu de gens s'appliquent, chacun marchant généralement au hasard de ses besoins ou de sa fantaisie.

La plupart des sédentaires ne marchent pas assez. Par contre, certains individus exercent des professions qui les contraignent au surmenage, tels certains facteurs ruraux.

Pour celui qui exerce un métier sédentaire et ne peut ou ne veut se livrer à aucun exercice plus violent, il faut au moins une *marche quotidienne d'environ deux heures*. Il est préférable de répartir ces deux heures entre deux promenades que l'on fera l'une le matin et l'autre l'après-midi, de préférence après les repas (1).

1. Voir la note 1, page 216.

M. le docteur Pagès donne d'utiles indications sur la vitesse à laquelle doit s'exécuter la marche :

« La vitesse en sera modérée : il vaut mieux courir que de marcher trop vite. Elle variera du reste avec les moments du jour : le matin, on marchera à bonne allure ; avant midi, on se promènera seulement ; et le soir, on adoptera une vitesse intermédiaire. Il faudra aussi tenir compte des conditions de l'individu et du milieu : par les temps chauds, on ralentira l'allure, car l'organisme se débarrasserait difficilement du calorique en excès : c'est l'été que les anciens facteurs ruraux devenaient noirs, secs et maigres, se brûlaient en quelque sorte. »

Nous ajouterons qu'il convient surtout de varier l'allure selon l'état hygrométrique de l'air. Quand l'humidité est très grande, la marche lente s'impose parce que l'évaporation est plus difficile que par un temps sec.

En somme, *une allure de cinq kilomètres à l'heure peut convenir* à tout le monde et être soutenue pendant un temps très long.

L'attitude que doit avoir le corps pendant la marche est un sujet qui donne encore lieu à de nombreuses discussions. Certains affirment qu'il faut éviter de se tenir droit et raide. Nous estimons au contraire qu'on ne doit point se pencher en avant ; ce qui fait ressortir les épaules et ne réagit point contre les habitudes vicieuses contractées durant le travail de bureau. On fera bien de s'inspirer des indications données par la « théorie » aux jeunes soldats pour « apprendre les principes de la marche » (1).

Quant au point de savoir si l'on doit porter un fardeau en marchant, un havresac par exemple, c'est une question très controversée au point de vue sportif. Nous pensons que l'homme d'action doit se préparer à porter des fardeaux. Il devra donc s'entraîner progressivement à porter des poids de plus en plus lourds, sans toutefois atteindre une charge excessive nuisible aux voies respiratoires ; en même temps, il aura soin de réduire son allure quand il marchera chargé afin d'éviter tout excès de fatigue.

En effet, il faudra éviter tous *excès* car ils peuvent parfois devenir des exercices funestes lorsqu'on en abuse ; ils donnent alors naissance aux battements de cœur fréquents et douloureux, ils engendrent l'hémoptysie, la hernie, l'anévrisme.

Aussi, avant de s'adonner aux marches longues d'une façon répétée, *il est bon de se faire ausculter et examiner* par son médecin de famille, de faire examiner le fonctionnement du *cœur*, des *poumons* et des *reins* et faire analyser les urines pour y rechercher le sucre et surtout l'albumine.

On a signalé fréquemment des morts subites chez des personnes qui étaient atteintes à leur

---

1. Les conseils d'hygiène pour la marche donnés par le Nouveau Règlement militaire sont excellents. On les trouvera reproduits dans le *Manuel du Gradé*, de la librairie Lavauzelle.

insu d'affections cardiaques, pulmonaires ou rénales et s'étaient livrées à des marches forcées par les chaleurs (pendant les premiers jours de la chasse en plaine, par exemple).

Alpinisme. — Ce que l'on entend par alpinisme est simplement le sport de la marche pratiqué dans une région très accidentée et comportant quelques exercices de force et d'adresse pour gravir un rocher à pic, franchir une crevasse, longer une étroite corniche au-dessus d'un précipice, etc. Ce sport se compose donc successivement de *marches ascensionnelles et descendantes rapides* et *d'exercices de gymnastiques* variés, demandant de l'agilité, du coup d'œil et du sang-froid. *Il présente tous les avantages de la marche et de la gymnastique* au point de vue physique ; mais ces avantages sont en quelque sorte décuplés par l'altitude à laquelle on pratique généralement l'alpinisme. La pureté de l'air et la variété des efforts en font un sport de tout premier ordre.

Enfin, il exerce les facultés morales et il est regrettable qu'il ne puisse pas être pratiqué par la plupart des jeunes gens, car les régions où il se pratique sont très intéressantes à visiter et ces « courses alpestres », comme on dit en style sportif, instruisent l'esprit en même temps qu'elles exercent le corps. Ceux qui pourront, de temps à autre, faire une ascension ne devront donc pas manquer de se livrer à cet exercice aussi salutaire qu'agréable (1).

Course. — La course n'est qu'un exercice dérivé de la marche, mais elle présente des caractères spéciaux, ce qui nous oblige à donner sur ce point des indications particulières.

On considère généralement la course comme *la meilleure des gymnastiques :* elle réalise une circulation extrêmement intense; d'autre part, elle active les oxydations dans les muscles des jambes et de la partie inférieure du tronc. Aussi a-t-elle pour résultat un asservissement considérable du volume de ces membres qui se développent au point de paraître disgracieux.

Le seul danger que pourrait offrir cet exercice serait de forcer le cœur. Il faudra donc prendre avant de s'y livrer des précautions encore plus strictes que pour la marche.

Pour s'y livrer *il est nécessaire de bien régler les différents éléments de la course.* La longueur de la course ne doit pas être excessive, on doit condamner d'une façon absolue celle qui dépassera 1.500 ou 2.000 mètres. A plus forte raison, celui qui court non point pour lutter avec des professionnels, mais pour accroître son énergie physique, devra-t-il se contenter d'un parcours très réduit, 500 à 600 mètres au plus. Quant à la

1. Ceux qui voudront s'initier à ce sport liront avec intérêt le *Manuel de l'Alpiniste* édité chez A. Julien, Genève.

vitesse de la course, elle variera d'un bout à l'autre, sans toutefois jamais dépasser certaines limites. On commencera à petite allure, puis la course augmentera progressivement de rapidité pour décroître à l'approche du but. On pourra passer ainsi de 8 ou 9 à 14 et même 15 kilomètres à l'heure. Nous recommanderons enfin de courir autant que possible loin du repas, ce qui permet d'éviter les troubles digestifs qui surviennent lorsqu'on fait un exercice trop violent immédiatement après un repas abondant. Il faut aussi éviter de trop se couvrir, ce qui provoquerait une transpiration immédiate et par suite un amaigrissement que l'on doit tâcher d'éviter.

Ces précautions une fois prises, nous sommes sûrs que la course sera de la plus grande utilité pour l'homme qui veut s'entretenir dans un état de parfaite santé, et se rendre capable de fournir un effort physique exceptionnel. Nous constatons à regret que ce sport est un peu négligé aujourd'hui et nous voudrions, avec M. le docteur Pagès, le voir plus répandu chez les jeunes gens.

Saut. — Le saut est un exercice qui, jusqu'à présent, n'a point été pratiqué d'une façon suivie par ceux qui veulent simplement se développer d'une façon hygiénique et rationnelle. C'est tout à fait à tort qu'il a été ainsi négligé, car *c'est un exercice circulatoire d'une grande puissance ;* et il peut être utile à pratiquer à la chasse, dans les montagnes, dans maintes circonstances ; sans doute il est un peu vif, n'est pas à se recommander aux personnes débiles et trop âgées ; mais les jeunes gens vigoureux, auxquels il convient tout particulièrement, en retireront de nombreux avantages. En Angleterre et aux Etats-Unis, on sait que ce sport est en grand honneur

Il est difficile de donner des indications sur la façon dont on doit le pratiquer ; la recommandation la plus importante sera *de ne point sauter avec violence, mais avec beaucoup de souplesse et de légèreté* et de ne point s'essouffler. Il faudrait entrer dans des détails très précis et trop abondants pour exposer comme il convient l'attitude à garder dans les différents exercices de saut, saut à la corde, à la perche, etc. Sur ce point nous renvoyons le lecteur aux manuels de gymnastique.

Chasse. — La chasse est un sport des plus attrayants et un des plus réels agréments de la vie rurale.

La chasse à tir en plaine notamment constitue une distraction salutaire qui repose l'esprit et développe les forces physiques.

La chasse présente beaucoup plus d'attraits que la marche ; elle offre plus d'imprévu, car le plaisir de la recherche du gibier entraîne le chasseur et lui fait oublier la fatigue. On peut donc en chassant prendre beaucoup plus d'exercice que dans la marche ordinaire.

Il faut toutefois se garder de tout excès. On ne peut le plus souvent réussir à la chasse sans faire beaucoup de chemin. Il faut éviter de se laisser entraîner au delà de ses forces, et il convient de se modérer, si l'on veut éviter les courbatures, les refroidissements et autres indispositions dont sont victimes tant de chasseurs.

Celui qui voudra trouver dans ce sport, non seulement un plaisir, mais un moyen de se fortifier devra le pratiquer avec méthode.

Outre les conseils généraux que nous avons donnés plus haut, il fera bien de suivre ceux que voici :

Il s'exercera à la marche avant l'« ouverture » pour ne pas passer brusquement d'une position sédentaire à une vie fatigante ; s'il n'a pas eu le temps de se livrer à ces exercices d'entraînement, il chassera peu de temps les premiers jours, et s'entraînera progressivement.

Il aura soin, quand le temps sera chaud, de se vêtir d'un costume léger, large et commode, en tissu de drap assez chaud cependant pour éviter les refroidissements subits ; il portera sur la peau une chemise de flanelle, destinée à absorber la sueur ou s'arrangera pour changer de linge, dès qu'il sera en transpiration ; il n'oubliera pas de glisser une pèlerine légère au fond de son carnier pour le cas où une pluie surviendrait ; il portera des chaussures larges et des semelles épaisses, suffisamment souples pour ne pas gêner le pied gonflé par la marche. Il se coiffera d'un feutre léger, tenant bien à la tête (1).

Il évitera de marcher aussitôt après le repas ; il sera sobre dans son alimentation, fuyant comme la peste ces « repas d'ouverture » trop copieux auxquels tant de chasseurs ont la mauvaise habitude de se livrer...

Il ne boira pas de vins alcoolisés, ni de champagne, afin de conserver tout le sang-froid nécessaire pour bien tirer et éviter les accidents.

En chasse, il fera bien de s'habituer à ne pas boire, car cela « coupe les jambes ». Tout au plus il se désaltérera avec une gorgée de café froid étendu d'eau, ou du thé chaud.

La « chasse au bois » est un sport un peu différent de la chasse en plaine. En général elle exige des marches moins longues que celle-ci ; certains genres de chasses au bois, la chasse au furet ou celle en battue, constituent un délassement plutôt qu'un exercice sportif.

Pêche. —Nous ne saurions oublier ici la pêche qui a ses fanatiques. Nous distinguerons la pêche classique (au ver, à l'asticot), qui n'est qu'un divertissement et un repos, de la pêche au lancer (mouche artificielle ou véron artificiel) telle que la pratiquent les Anglais et qui est un véritable sport demandant un long apprentissage, de l'adresse et une certaine endurance à la fatigue.

---

1. Lire à ce sujet les conseils d'hygiène de la *Chasse Moderne*, ouvrage édité par la librairie Larousse.

Nous renvoyons ceux qui voudraient s'initier à ce sport au livre de M. Albert Petit, conseiller à la Cour des Comptes : *La pêche de la truite à la mouche artificielle.* Il est impossible d'écrire dans un style plus poétique et plus attrayant sur un sujet aussi aride.

Equitation. — La pratique du cheval s'est un peu ralentie au cours des dernières années, par suite de l'extension extraordinaire du cyclisme et de l'automobilisme. D'un autre côté, c'est un sport coûteux et la cherté croissante de la vie a réduit sensiblement le nombre de ceux qui ont les moyens pécuniaires de posséder un cheval de selle.

C'est grand dommage, car *l'équitation est un sport éminemment sain, agréable et aussi avantageux pour le développement de la vigueur et de la souplesse musculaires que pour l'acquisition des qualités de sang-froid, d'adresse et de promptitude de décision* qui font l'homme d'action.

L'équitation fait accroître très rapidement le volume des muscles des jambes et des cuisses ; elle fait travailler les biceps si l'on monte un cheval un peu vif ; enfin, — et ce n'est pas la moindre supériorité qu'elle ait sur la bicyclette, — elle exige que le cavalier conserve le buste cambré et la poitrine bombée.

En dehors de l'exercice physique, l'équitation implique un réel travail mental. Le cavalier doit perpétuellement faire acte de volonté pour obliger sa monture à lui obéir passivement : à franchir un obstacle par exemple. Cet exercice est si favorable au développement de la volonté et de l'esprit d'initiative que les hommes qui ont l'habitude du cheval ne sont jamais des timides ou des hésitants.

Si nous recommandons très vivement l'équitation à ceux qui peuvent la pratiquer, *nous considérons la voltige comme superflue.* Elle est bien moins du domaine du sport que celui de l'acrobatie, et, à ce titre, *complètement inutile* à celui qui n'est point cavalier de profession.

Danse. — La danse peut être considérée comme un sport en tant qu'elle consiste dans une série de pas tenant à la fois de la marche, de la course et du saut. Elle pourrait offrir à peu près les mêmes avantages que ces exercices, si elle était pratiquée d'une manière hygiénique, ce qui n'est pour ainsi dire jamais le cas.

La danse rationnelle devrait avoir lieu *en plein air* et *durer peu de temps.*

Telle qu'on la pratique ordinairement, c'est-à-dire la nuit et dans l'intérieur d'appartements surchauffés, elle est au contraire un divertissement qui peut devenir *dangereux* à cause de la gêne de vêtements trop ajustés, de la chaleur excessive, de la poussière, et aussi des refroidissements que l'on risque d'attraper en rentrant chez soi au milieu de la nuit.

Le vers de Victor Hugo sera longtemps vrai :

« Elle aimait trop le bal et c'est ce qui l'a tuée. »

Nous ne voudrions point cependant prohiber complètement la danse, car c'est un exercice qui donne de la souplesse et de l'agilité, mais nous recommanderons à ceux qui aiment cette distraction de ne s'y livrer que modérément et d'éviter avec soin qu'elle ne devienne une fatigue.

Natation. — La natation n'est pas un sport à la portée de tous. Outre qu'elle exige la présence d'un cours d'eau ou d'un bassin aménagé, on ne peut s'y livrer qu'à certaines heures qui ne concordent pas toujours avec l'emploi du temps très réglé de l'homme d'action. Enfin la saison favorable est très courte et ne s'étend que du 15 juin au 15 août au maximum (1).

L'immersion dans l'eau froide, si elle est de courte durée (cinq à dix minutes), produit sur la peau une action stimulante et détermine dans tout l'organisme une activité fonctionnelle plus grande. Si le bain dépasse cette limite, le refroidissement arrive, avec plus ou moins de rapidité suivant les sujets, et *son action bienfaisante est très diminuée*. Les arthritiques et tous les ralentis de la nutrition se trouveront très bien de l'immersion dans l'eau froide, mais devront prendre le bain très court.

---

1. Il existe dans quelques grandes villes, notamment à l'étranger (Anvers par exemple) des établissements de natation, où l'eau est maintenue à une température constante et qui permettent de prendre des bains en toute saison et à toute heure du jour. Nous aimerions à voir des établissements de ce genre plus répandus en France.

Les mouvements exécutés dans les exercices de natation viennent s'ajouter à l'action stimulante de l'eau pour favoriser la circulation et le développement musculaire.

Ils exigent une très grande dépense de force, occasionnée surtout par la résistance du milieu où se meut le nageur et par la perte très rapide de la chaleur.

Pratiqué dans l'eau de mer, ce sport s'exerce dans des conditions un peu différentes.

L'eau salée étant beaucoup plus dense que l'eau douce, le nageur éprouve moins de peine à se maintenir à la surface. Par contre il doit lutter contre l'action si contrariante des vagues.

Les sels contenus dans l'eau de mer (iodures, bromures, chlorure de sodium) exercent sur la peau *une action tonifiante très salutaire.*

Enfin la saison favorable aux bains de mer est beaucoup plus longue — près du double — que celle où les bains de rivière peuvent être pris.

La natation constitue *un exercice excellent*, *qui, au point de vue de l'hygiène, offre des avantages indiscutables.* De plus, elle donne à l'homme d'action un moyen de lutter contre le danger et de se tirer indemne de circonstances où périssent ceux qui ne savent pas nager et elle lui permet de porter secours à ses semblables et de pratiquer ainsi le dévouement, la plus belle des vertus civiques.

Canotage. — Le canotage exerce *une action saine et fortifiante au moins égale à celle de tous* *les autres sports.* Aux avantages du plein air, il joint celui de développer considérablement les muscles adducteurs des bras, les pectoraux, de fortifier les reins et aussi certains muscles des cuisses.

Les embarcations avec bancs à roulettes devront être préférées à celles pourvues seulement de bancs fixes, car le tronc ne doit pas demeurer sur la même verticale pendant le retour des avirons et pendant le coup de rame.

Il est à remarquer que les embarcations — canots, skifs, périssoires — qui sont les plus rationnellement disposées pour le développement physiologique du sportsman sont en même temps les plus dangereuses. Leur instabilité est très grande.

Il est donc prudent de ne se livrer à ce sport que muni de vêtements très légers : maillot ou caleçon ; et encore doit-on le déconseiller à tous ceux qui ne savent pas nager.

Patinage. — Ce sport si sain, si élégant et si divertissant est seulement pratiqué dans quelques régions de notre pays et pendant une courte période de l'année. Il est pour l'hiver ce que le canotage est pour l'été.

Il présente les mêmes avantages que la course et la marche ; il exige en outre beaucoup d'adresse et est particulièrement recommandable en raison même de la saison à laquelle on le pratique par les réactions que le froid produit sur la peau.

Les amateurs de patinage se livrent en effet à

un sport violent en plein air à un moment de l'année où trop de gens restent confinés dans des appartements surchauffés et sans air.

Le patinage sur glace artificielle dans certains établissements spéciaux n'est pas intéressant, car il lui manque cette condition essentielle : l'exercice pris dehors par le froid vif et l'air pur.

Disque et poids. — Ce sont là des sports de plein air qui ont l'avantage *de faire travailler le corps tout entier* et *de demander la collaboration de tous les muscles.* Le danger est qu'on se livre souvent à ces exercices avec l'idée de battre des records ; on s'y livre alors d'une façon exclusive et on y emploie une énergie quelquefois exagérée.

Un travailleur intellectuel pourra y trouver *un complément utile* à ses autres exercices physiques, s'il s'y livre quelques instants dans l'après-midi, le jour de son repos hebdomadaire, il lui suffira de jeter le disque à 28 mètres et le poids à 8. Nous lui recommanderons surtout de ne jamais donner son plus grand effort.

M. le docteur Pagès recommande aussi d'ajouter au lancement du boulet de 7 kgr. 500 celui du poids de 20 kilos qu'on balance entre les jambes avant de le lancer. « Ce mouvement développerait d'une façon particulière les muscles du dos et du rein, qu'on oublie un peu dans les exercices ordinaires. » (1).

1. Nous recommandons aussi le jeu de boule qui convient de préfé-

Haltères. — Les haltères sont *trop semblables aux poids* pour que nous ne leur reconnaissions pas *les mêmes qualités* et *les mêmes défauts.*

Nous recommanderons de s'y exercer tous les jours, à plusieurs reprises et pendant quelques minutes chaque fois. Il faut surtout éviter d'enlever des haltères trop lourds. Les poids les plus considérables sont loin d'être les meilleurs. Au contraire, par un entraînement régulier et progressif, on sera bientôt à même de soulever sans fatigue des poids considérables.

Lutte.— La lutte est un des exercices dont la pratique régulière peut être *la plus avantageuse pour le développement physique.* La présence d'un adversaire est un stimulant qui excite l'amour-propre. D'autre part elle développe d'une façon merveilleuse la force, l'adresse et le courage, et elle permet d'obtenir, en quelques instants, une sueur abondante et riche, particulièrement précieuse, sous notre climat, pendant l'empoisonnement hivernal.

Malgré ces avantages, c'est *un exercice violent qui ne convient pas à tout le monde :* il faut être jeune et fortement constitué pour pouvoir s'y livrer avec profit.

Il convient d'user de la lutte avec ménagement : une séance ou deux par semaine sont amplement suffisantes, et encore ne devront-elles pas durer

---

rence aux personnes d'un certain âge. On sait que les rentiers des environs de Vincennes pratiquent ce jeu toute l'année avec passion.

trop longtemps. Le moment le plus favorable pour s'y livrer sera entre 4 et 5 heures de l'après-midi, lorsque la digestion est complètement achevée. Ceux qui n'auront pas de temps libre à ce moment de la journée devront s'exercer le soir, assez tard ou le jour du repos hebdomadaire, mais ils devront en tout cas s'arranger de façon à concilier cet exercice avec les exigences de la digestion.

Boxe, canne. — Voilà deux exercices qui *concourent très utilement au développement du corps* tout en ayant *une utilité pratique de premier ordre.* La boxe et la canne fortifient beaucoup les muscles des bras, des hanches et de la partie supérieure du corps ; elles font même travailler plus qu'on ne le suppose les muscles inférieurs. D'autre part, elles exigent beaucoup d'adresse et d'agilité, qualités souvent peu cultivées dans les autres sports. Enfin elles forcent celui qui les pratique à prendre beaucoup de mouvement, et activent par conséquent la vie de chaque organe en particulier. *Nul exercice ne leur est comparable à ce point de vue ;* si on considère l'utilité de ces exercices, on les recommandera tout spécialement à l'homme d'action qui doit être prêt à ne compter que sur lui-même pour pourvoir à sa sécurité. Un homme expert en boxe et en canne n'aura rien à redouter sous ce rapport.

Nous indiquerons seulement la *nécessité de pratiquer ces sports avec infiniment de modération.* Qu'ils ne deviennent pas un exercice de brutalité où le plus violent sera le vainqueur. Qu'ils ne soient pas non plus, par leur excès de vivacité, épuisants pour le cœur et le système nerveux. Une ou deux leçons par semaine, convenablement dirigées, suffiront amplement pour procurer à un individu tous les avantages dont ces exercices sont susceptibles.

Escrime. — L'escrime est considérée par beaucoup de gens comme le plus agréable et le plus passionnant des exercices de gymnastique.

Elle procure en effet de la vigueur et de la souplesse et met en mouvement presque tous les muscles du corps, des bras et des jambes, en même temps qu'elle donne aux reins une flexibilité merveilleuse.

Elle est particulièrement utile pour les hommes de bureau qui ont toujours une tendance à se voûter devant leur table de travail, car elle redresse les épaules, bombe la poitrine, maintient la tête plus haute et plus droite.

Quant aux facultés morales, elle les développe également. On se trouve obligé en présence de l'adversaire de faire attention, d'être prudent, subtil, perspicace ; il faut s'habituer à voir vite, à calculer promptement, à riposter sans tarder, et avec sang-froid.

On a reproché à l'escrime de développer certains muscles au détriment des autres, d'exercer, entre autres, les muscles du côté droit au détriment de ceux du côté gauche. Ce défaut de symétrie est très apparent chez certains maîtres d'armes. On peut l'éviter en prenant l'habitude d'exercer l'une après l'autre chacune des deux mains.

On a aussi reproché à l'escrime les règles compliquées de l'assaut, les combinaisons multiples des attaques et des parades, qui exigent un travail cérébral très intense. A ce titre, quelques hygiénistes l'ont déconseillée aux gens nerveux dont l'attention est prompte à la fatigue et chez qui les sports doivent avoir pour objectif de reposer le cerveau et de faire agir les muscles.

Quoi qu'il en soit, pratiquée avec modération, sans aller jusqu'à la fatigue, plutôt comme un exercice de gymnastique que comme un art, l'escrime offre de sérieux avantages aux jeunes gens qui ne peuvent se livrer à des sports en plein air.

Balle, Paume, Tennis. — Ce sont là des jeux plutôt que de véritables exercices de santé ; néanmoins, *on peut recommander leur pratique* car ils ont une influence *tout à fait favorable* sur le développement physique du corps.

En un sens ils sont même supérieurs à la marche, car ils joignent à l'avantage de faire prendre beaucoup d'exercice celui d'être récréatifs. C'est même là l'origine du plus grand inconvénient que ces jeux peuvent offrir : ceux qui s'y livrent le font souvent avec excès et sans penser aux inconvénients qui peuvent en résulter ; ils se laissent entraîner par leur amour du jeu, se fatiguent, se surmènent le cœur, et il peut en résulter en eux des troubles de toutes sortes. Nous ne proscrirons donc pas ces exercices, comme ont fait certains hygiénistes trop scrupuleux ; nous les recommanderons au contraire, mais en insistant suffisamment sur les inconvénients possibles pour que chacun évite de manquer de prudence et de commettre des excès.

Polo, Football, Golf, Crickett, Hockey. — Nous dirons à peu près la même chose de ces jeux. Nous les considérons cependant comme *moins recommandables que les précédents*, car ils demandent plus de force que d'adresse et ils sont souvent cause de violences regrettables. Les individus les mieux constitués devront donc seuls se livrer à ces exercices sous une direction éclairée, et encore devront-ils le faire avec la plus grande modération, en prenant toutes les précautions que doit imposer la prudence. On évitera surtout de pratiquer ces sports trop longtemps de suite, à cause des courbatures qui en sont la conséquence, et de se laisser entraîner au delà de ses forces par l'ardeur de la lutte.

Tir. — Le tir ne rentre pas dans les sports entraînant un développement physique réel ; il est même impraticable pour ceux qui ont la vue mauvaise et auxquels un peu d'exercice musculaire ferait beaucoup plus de bien.

Mais il présente l'avantage énorme *de développer la précision, le sang-froid, la rapidité de la décision et du coup d'œil*, toutes choses qu'il est infiniment utile à l'homme d'action de développer.

La vue subit *une éducation réelle.* Il faut d'abord s'étudier à fermer l'œil gauche, ce qui parfois chez certains sujets ne va pas sans difficultés. Ensuite il faut réaliser une anomalie de la vision en apercevant distinctement trois points placés à des distances différentes, le cran de hausse, le guidon et le point à viser, ce qui occasionne une grande fatigue de l'œil. C'est pourquoi le tir ne convient qu'aux personnes ayant la vue saine.

Avec les armes de guerre à longue portée et à forte détonation, le système nerveux demande *une éducation préalable* pour supprimer le coup d'épaule causé par l'appréhension du recul, le coup de doigt et le clignement de l'œil occasionnés par la peur de la détonation et la rafale des gaz.

Tous les exercices tendant à supprimer ces défectuosités sont excellents et ont une portée plus élevée que la seule pratique du tir. La nécessité de s'abstenir d'alcools et d'excitants pour éviter de trembler en visant en est la conclusion toute naturelle (1).

Bicyclette. — Le cyclisme est aujourd'hui le sport de beaucoup le plus répandu ; mais un *très petit nombre* de gens le pratiquent d'une manière saine et raisonnable. Or la bicyclette, très bonne pour ceux qui en font d'une manière

---

1. Le tir à l'arc pratiqué en Picardie est aussi un excellent exercice.

intelligente, devient fort malfaisante dans le cas contraire.

La plupart des cyclistes occupent sur leur machine une position aussi ridicule qu'anti-hygiénique, en plaçant la selle plus haut que le guidon, ce qui les oblige à se soutenir voûtés. D'autre part, les excès de vitesse ou la trop longue durée des courses à bicyclette présentent des inconvénients ou même des dangers incontestables : le cœur se fatigue, tandis que les muscles des mollets se développent d'une manière exagérée sans aucun profit pour le reste du corps.

Au contraire, la bicyclette, faite à une allure modérée (12 kilomètres à l'heure, en moyenne) et avec un guidon assez relevé pour que le buste soit absolument vertical, *est un bon exercice*, mais, malgré tout, inférieur encore à la marche à pied. Seuls les goutteux et ceux qui veulent combattre une obésité naissante tireront un sérieux profit de ce sport.

On a dit souvent, en faveur de la bicyclette, qu'elle développait les qualités d'adresse, de sang-froid et l'esprit de décision, cela est en partie exact ; mais d'autres exercices physiques présentent également les mêmes avantages qui sont d'ailleurs par eux-mêmes plus recommandables que le cyclisme au point de vue physique.

Automobilisme. — L'automobilisme est certainement *un des sports les plus favorables au développement du coup d'œil, du sang-froid et de* *l'habilité*. Ces trois qualités sont essentielles, et nul ne peut se risquer à pratiquer l'automobilisme s'il ne les possède en germe.

Autant il serait imprudent de conduire une automobile si l'on a la vue mauvaise, les décisions chancelantes et la maladresse certaine, autant cet exercice est favorable pour le développement de qualités qui doivent être maîtresses chez l'homme d'action.

Mais si *nous considérons comme très favorable la pratique de l'automobilisme*, nous ne saurions assez nous élever contre les excès coupables de nombreux chauffeurs atteints par la *folie de la vitesse* et qui sont aussi dangereux pour les autres que pour eux-mêmes.

La conduite d'une automobile pratiquée avec excès quant à sa durée amène une fatigue d'attention très nuisible et peut conduire à un état de nervosisme déplorable. Le chauffeur devra donc avoir grand soin de couper son voyage par des repos assez longs et convenablement espacés.

Quant aux excès de vitesse, il est inutile d'en signaler une fois de plus les dangers. De fréquents accidents viennent assez souvent nous montrer quelles catastrophes résultent de la moindre imprudence.

Notons enfin que l'automobilisme n'est réellement un sport que pour celui qui pilote la voiture. Pour les autres, il offre l'unique avantage d'activer la respiration, si l'automobile est découverte bien entendu.

Les succédanés des sports. — Nous avons dit plus haut que nous rangerions, sous le nom de *succédanés* ou de *substituts des sports*, *les exercices physiques* que *peuvent* et *doivent* pratiquer ceux auxquels leurs occupations professionnelles ou leur situation de fortune ne permettait pas de s'adonner à des sports absorbants ou coûteux.

Pratiqués d'une façon suivie et raisonnée, ces exercices peuvent avoir d'excellents résultats pour « maintenir en santé » celui qui s'y livre et remplacer dans une certaine mesure les différents sports ou exercices d'entraînement dont nous venons de parler, afin de conserver aux muscles leur souplesse et leur agilité.

Gymnastique aux agrès. — *Tout le monde peut*, en y mettant un peu de bonne volonté, *pratiquer la gymnastique aux agrès.*

Si vous avez un gymnase bien organisé à proximité de chez vous, vous pourrez certainement le fréquenter à peu de frais et sans vous imposer de grands dérangements.

En l'absence de gymnase, rien n'est plus facile que d'installer dans votre jardin deux ou trois appareils essentiels : une barre fixe et des anneaux par exemple. A défaut de jardin, vous pouvez les placer dans un grenier, à la cave, ou même dans une pièce quelconque. Quelques personnes se contentent de faire fixer deux forts crochets au plafond de leur chambre à coucher, et elles y suspendent des anneaux ou un trapèze au moment de se livrer à la gymnastique.

Cette installation est à la portée de tout le monde, et vous serez sans excuse si vous négligez complètement la gymnastique sous prétexte que votre installation ne vous permet pas de disposer des appareils nécessaires.

Les exercices aux agrès exigent une grande somme d'énergie et produisent une augmentation rapide du volume des muscles ; ils se prêtent aux combinaisons de mouvements *les plus variées* et par suite présentent beaucoup plus d'attrait que les sports uniformes comme la marche ou l'aviron ; leur action n'est pas localisée et tous les membres bénéficient de leur pratique.

Le seul inconvénient qu'ils présentent, c'est de provoquer une contraction subite des muscles, une grande répercussion sur le cœur. Ils sont donc moins favorables aux personnes chez lesquelles cet organe présente des défectuosités.

Les principaux exercices à recommander aux personnes faibles ou peu entraînées sont les suivants : Appui tendu à la barre fixe ou aux anneaux, tractions, renversement aux anneaux, rétablissement sur la jambe gauche à la barre, chute en avant, tractions et progressions aux parallèles. Les simultanés et alternatifs, allemands, etc., viendront ensuite.

L'heure la plus favorable pour la pratique de

ces exercices est la demi-heure qui précède les repas. L'appétit s'en trouve augmenté ; la circulation est plus égale, se trouble moins aux changements de station lorsque l'estomac est à jeun.

Gymnastique suédoise. — La gymnastique suédoise est de beaucoup *le sport le plus complet et le plus rationnel ;* mais elle exige de l'application, des connaissances anatomiques et myologiques et une volonté énergique.

Les exercices présentent peu de variété ; ils consistent seulement en des séries de positions peu différenciées les unes des autres, ce qui en diminue forcément l'attrait chez ceux qui les pratiquent. Etant donnée une position : mains à la poitrine, il ne suffit pas de la prendre mollement et de la conserver de même quelques instants. Il faut exécuter le maniement avec énergie et contracter volontairement tous les muscles dont il exige la modification. Sans quoi le mouvement serait dépourvu de tout effet physiologique bienfaisant.

Les connaissances anatomiques ne sont pas superflues, car elles permettent au sujet de se rendre compte quels sont les muscles utilisés à chaque position et ceux qui doivent en bénéficier.

La gymnastique suédoise pour les raisons susdites n'est bonne que *pour les adultes convaincus* qui sentent la nécessité de la réaction physique et qui font un effort de volonté pour s'y livrer. Elle ne saurait plaire aux enfants car elle les rebuterait, ni à ceux qui sont à même de pratiquer des sports plus attrayants.

Elle peut être pratiquée *à tous les instants libres* dont on dispose, car elle n'exige *aucun appareil* ni *aucun local approprié.* On peut s'y livrer le matin en s'habillant, avant ou après les ablutions, au bureau dans le cabinet de travail comme détente momentanée au labeur intellectuel, dans les quelques minutes d'attente qui précèdent les repas, etc.

Cette gymnastique qu'on pourrait appeler « celle des gens pressés » *convient merveilleusement à l'homme d'action*, et particulièrement à « l'homme d'affaires » dont les instants sont toujours si précieux.

Exerciseur. — Près de la gymnastique avec et sans agrès, il convient de placer l'usage de l'exerciseur inventé par le professeur Sandow.

Le principe des exercices de chambre aux élastiques, dit M. le docteur Pagès dans son *Hygiène des sédentaires*,

« repose sur l'emploi de cordons en caoutchouc extrêmement élastiques pour soutenir la volonté et faire opposition aux muscles. Ce soutien est continu, et cette opposition, toujours progressive, varie infiniment suivant l'extenseur employé et la volonté de celui qui s'en sert. On comprend dès lors que les exercices Sandow puissent être, suivant les cas, des exercices de santé ou des exercices de force, tout en restant constamment des exercices de beauté ; je les considère principalement comme des exercices de santé ».

Ce qui fait la grande supériorité de l'exerciseur sur beaucoup de sports, c'est qu'il permet de varier les mouvements à l'infini et par conséquent de faire travailler successivement tous les muscles du corps, chacun devant insister sur ceux qui conviennent le mieux à sa constitution.

Nous ne reproduirons pas ici l'énumération des principaux mouvements qui s'exécutent avec l'exerciseur. On trouvera cette énumération dans de nombreux ouvrages, spécialement dans celui de M. le docteur Pagès et dans les brochures que l'on vend en même temps que les appareils.

Mais il est un point sur lequel il est indispensable d'insister : *ne prenez pas de caoutchoucs trop résistants. Vous devez pouvoir répéter cinquante fois le même mouvement sans fatigue ;* il est donc indispensable que vous ne rencontriez pas une résistance trop vive.

Le caoutchouc a pour but de rendre l'exercice attrayant et de vous empêcher de faire les mouvements avec mollesse, bien plutôt que de vous faire faire un exercice de force. *Ce sont les mouvements* et non la résistance vaincue *qui importent.*

Enfin nous prohiberons formellement l'usage du *dentier*, ou appareil avec lequel on emploie la mâchoire pour exercer des tractions sur le caoutchouc. Cette pratique offre en effet le grand inconvénient d'ébranler les dents et peut devenir dangereuse sans présenter, par contre, d'avantages bien sérieux.

Exercices manuels. — Chacun peut encore trouver *des occasions multiples de développer son énergie physique*, même s'il ne peut pour une raison ou pour une autre se livrer à un sport. Il pourra se livrer régulièrement à un de ces nombreux exercices manuels, qui ne sont pas considérés comme des sports, mais qui peuvent cependant les remplacer utilement.

Le travail manuel est un excellent moyen de prendre contact avec le monde extérieur et de l'étudier. En Angleterre, il y a dans toutes les écoles des ateliers où les élèves apprennent à travailler le fer et le bois.

Vous ferez donc bien de vous exercer aux travaux de menuiserie, de découpage, de mécanique...

Pendant la bonne saison, vous pouvez apprendre à vous livrer au *jardinage*, exercice excellent qui exige une activité continue et modérée, très favorable au développement du corps tout entier. Il n'est point jusqu'au *jeu de billard* qui, lorsque tout exercice de plein air est impraticable, ne puisse donner l'occasion de rompre d'une façon utile le travail intellectuel. Les mouvements de marche autour du billard sont un exercice excellent ; et ce jeu exige en même temps de l'adresse, et une certaine vivacité d'esprit pour combiner les coups à faire.

En tenant compte des indications qui précèdent, chacun aura le moyen de se constituer un régime d'exercices physiques tout à fait en rapport avec ses goûts, ses aptitudes et les conditions dans lesquelles il vit. Il pourra ainsi se fortifier au point de vue physique et trouver dans ces pratiques non seulement une *diversion agréable*, un repos d'esprit, mais encore un moyen d'entraînement physique et un *auxiliaire puissant*, *indispensable à la vie d'action* qu'il veut mener.

CHAPITRE IV

L'Éducation Intellectuelle

Section I

Méthode d'éducation intellectuelle

Nécessité de l'éducation intellectuelle. — Objet de l'éducation intellectuelle. — Critique de la méthode d'instruction de l'université. — L'instruction post-universitaire. — L'abus des livres. — Education des sens. — Education de l'attention. — Education de la mémoire.

Nécessité de l'éducation intellectuelle. — Nous avons vu que, pour devenir un homme d'initiative et d'action, une volonté bien disciplinée et une santé robuste ne suffisent pas ; il faut aussi avoir une intelligence lucide, un jugement droit, et des idées exactes sur les hommes et sur les choses.

L'éducation de l'intelligence est une chose difficile : trop souvent on manque de mesure.

Il est regrettable qu'il y ait encore beaucoup d'ignorants, ne sachant ni lire ni écrire.

Mais il est regrettable aussi qu'il y ait par contre trop d'érudits, chez qui l'amour exagéré du savoir livresque, l'abus des recherches scientifiques ou philosophiques, la manie de disserter et d'analyser paralysent l'esprit d'initiative et empêchent l'action.

C'est une tendance trop fréquente chez les jeunes gens ayant fait leurs études secondaires, que de consacrer tout leur temps à l'étude et à la lecture ; ils arrivent ainsi à surcharger leur mémoire dans une sorte de travail purement passif ; en revanche, l'attention, la réflexion, le jugement, l'imagination créatrice, le contrôle personnel — ce qui fait vraiment l'homme et ce qui mérite seulement le nom de labeur — est le plus souvent négligé d'une façon complète.

Cela est la conséquence des mauvaises méthodes de travail qui leur ont été enseignées.

Critique des méthodes universitaires.— Il faut en effet reconnaître avec tristesse que *la plupart des établissements d'instruction manquent leur but.* Les programmes des examens imposent aux jeunes gens une surcharge intellectuelle des plus fâcheuses. Au lieu de sortir du lycée « la tête plutôt bien faite que bien pleine », comme le souhaitait Montaigne, ils en sortent bourrés d'un savoir indigeste, la mémoire fatiguée outre mesure de choses inutiles, et en revanche les facultés de raisonnement insuffisamment exercées.

Il semble que toutes les méthodes actuellement

en usage dans l'Université n'aient d'autre but que de *faire des érudits* plutôt que des hommes simplement intelligents.

A l'étude de la littérature dans ce qu'elle a de simple et de vraiment digne d'admiration, on a substitué, sous l'influence des savants allemands, l'étude d'une philologie pédantesque et des critiques de textes aussi nuisibles qu'encombrantes pour l'intelligence (1).

Au lieu de donner à cet enseignement *prétendu littéraire* une importance de moins en moins grande, pour y substituer un enseignement plus complet des sciences, on a seulement étendu la partie scientifique au risque d'accroître la surcharge de l'esprit et d'écraser l'intelligence sous un amas de connaissances hétéroclites.

Le jeune homme qui sort du lycée est pourvu d'un *bagage encyclopédique* ; il a appris trop de choses ; il sait mal ce qu'il sait et, pour tout dire, il ne *sait* rien. Il sera peut-être capable de devenir lui-même un parfait pédagogue universitaire et même d'entrer un jour à l'Académie des Inscriptions et Belles-Lettres ; mais à coup sûr, il ne fera jamais *œuvre utile* et pratique dans la vie.

Il serait donc de toute nécessité, non pas de retoucher timidement les programmes universi-

---

1. Beaucoup de bons esprits ont signalé ce défaut des études secondaires et supérieures. V. en ce sens Payot, *Education de la volonté*, p. 273 ; Gustave Le Bon, *Psychologie de l'Education*, p. 242 ; Ferdinand Gâche, *Collégiens et famille*, passim, et surtout p. 373.

taires comme on le fait de temps en temps, — ce qui aboutit seulement à les rendre plus compliqués et plus indigestes qu'ils n'étaient, mais de changer l'esprit et les mœurs universitaires et de refondre l'enseignement *de fond en comble*, d'après les principes adoptés dans les écoles nouvelles dont nous avons déjà parlé.

Il faut partout simplifier et élaguer : bannir l'érudition, la direction trop historique donnée à l'étude des littératures, l'encyclopédisme des programmes scientifiques, l'enseignement de la philologie, l'abus des dates et « des petits faits » en histoire, les analyses « grammaticales ou logiques », tout ce qui est détail, tout ce qui est fatras et minutie.

Partout de l'air, de la simplification, de l'unité ! Finissons-en avec l'érudition, et l'encyclopédisme !

Economisons le temps avant tout, car on consacre trop d'heures aux études et pas assez aux exercices physiques. Nous aimerions mieux quelques solécismes dans un thème, quelques fautes d'orthographe dans une dictée que de voir nos jeunes gens voûtés, rachitiques ou myopes !

Il faut changer l'esprit qui anime l'Université. C'est là la principale des réformes et la plus urgente. Les autres, — suppression du baccalauréat, du mandarinat universitaire, allégement des programmes, — viendront ensuite tout naturellement. Il faut qu'on vise à nous donner, non plus des « forts en thèmes » ni des « savants », mais des esprits clairs et méthodiques, des gars solides, au coup d'œil assuré, sachant peu mais sachant bien ce qu'ils ont appris, — n'ayant qu'un bagage intellectuel léger peut-être, mais pratique, — incapables sans doute d'analyser, de disserter, de « couper un cheveu en quatre », mais aptes à se décider vivement et délibérément, à prendre un parti, à « agir » en un mot.

L'instruction post-universitaire. — De nombreuses expériences faites autour de nous ces dernières années nous ont trop prouvé qu'il est *inutile de demander à l'Université des réformes qu'elle est impuissante à accomplir*... Puisque nous nous occupons ici, non des collégiens, mais des jeunes gens sortis du lycée, essayons tout au moins de leur donner une méthode de travail qui les conduise à de meilleurs résultats.

Le principal souci du bachelier à sa sortie du lycée doit être de refaire l'instruction que l'Université lui a si mal donnée. Il devra s'empresser d'oublier tout ce qui n'est que pure érudition et se *préparer à la vie en se faisant à lui-même une éducation pratique*, c'est-à-dire basée sur la raison et sur l'expérience.

Il s'attachera avant tout à éviter la *surcharge intellectuelle*, se rappelant qu'il y a trop d'érudits et d'esprits distingués dépourvus d'idées pratiques.

Il faut éviter de grossir les rangs trop nombreux de ceux que l'on appelle, dans le mauvais sens du mot, les « intellectuels », c'est-à-dire ces hommes *bourrés de littérature et de science*, trop instruits, qui sont incapables de faire quoi que ce soit d'utile.

L'abus des livres. — Vous éviterez donc, en faisant vous-même votre instruction personnelle, le danger auquel échappent rarement les autodidactes qui abusent de l'éducation livresque croyant suppléer par là à l'absence de professeur. Ils s'encombrent alors d'une *érudition indigeste*, aussi nuisible que celle de l'Université, car elle est *faite sans discernement*, au hasard des lectures et de la fantaisie de chacun. Vous éviterez de recourir aux livres pour tout. Certes, les livres sont agréables et très utiles ; mais si vous abusez de la lecture et si vous voyez votre santé s'affaiblir, modérez-vous, et souvenez-vous que la santé est le premier des biens et qu'aucun des fruits qu'on retire de la lecture ne peut compenser la perte de la santé et de la bonne humeur. Comme l'a dit un auteur : « Lisez sans excès, non pour contredire ou pour réfuter, non pour croire ni pour admettre, non pour trouver matière à conversation et à discours, mais *pour penser et réfléchir*. »

Lisez donc des livres, mais dans une juste mesure, seulement dans la limite où cela est nécessaire.

Pour l'étude des sciences, par exemple vous

ferez une distinction entre les sciences exactes et les autres.

Pour les sciences exactes, les livres seront pour vous d'*utiles* et même d'*indispensables auxiliaires*. Souvent ils seront même l'unique source où vous pourrez puiser.

La majorité des hommes est en effet incapable de conquérir ou de deviner par la réflexion les éléments de la science. Ne faut-il pas avoir un esprit merveilleusement doué et même du génie pour parvenir, comme Pascal, à se démontrer à soi-même jusqu'à la trente-deuxième proposition d'Euclide et cela d'après une simple définition de la géométrie ?

Les lois mathématiques sont à l'abri de tout changement, et les livres peuvent nous en donner la notion la plus nette, la plus précise, l'expression la plus exacte.

Mais dans l'étude des sciences physiques, naturelles ou sociales, il en est autrement. L'importance, le rôle prépondérant, la nécessité des livres semble ici décroître.

Il y a des faits, des connaissances qui n'existent pas dans les livres, et que nous devons apprendre par nous-mêmes au cours de l'existence.

C'est non plus dans les livres, mais *dans la vie elle-même*, par l'expérience, la pensée, le sentiment et l'observation attentive de tout ce qui nous entoure que nous devons nous instruire.

Prenons un exemple.

Le monde avec la multiplicité de ses lois, la variété de ses jugements, de ses opinions, de ses coutumes, n'est pas toujours étudié ni apprécié. Et pourquoi? D'abord parce qu'on ne le voit qu'à travers les livres (romans, etc.), et que le tempérament de l'auteur déforme toujours plus ou moins la réalité; ensuite parce que le monde est complexe et difficile à saisir.

Comme on l'a dit :

« Soumis à l'action et à la réaction de forces contraires, les phénomènes de la vie sociale de l'humanité sont variables et soumis à mille influences perturbatrices. Ni le sentiment, ni la pensée, ni la volonté ne sont des faits géométriques et mécaniques. Il faut compter avec ce grand diviseur dont l'existence modifie les plus sages calculs : *la liberté*. Par elle l'homme se modifie, se perfectionne ; il n'est plus ce que l'a fait la nature, il est *ce qu'il s'est fait lui-même.* »

Aussi les livres ne pourront-ils jamais exprimer que certaines tendances sujettes à être contrebalancées par des causes adverses.

L'observation directe est donc toujours plus exacte et mieux saisie par l'intelligence, car elle n'est point *déformée* par la personnalité d'un observateur étranger ni surtout par une description généralement incomplète et inexacte.

Le second avantage de l'observation directe est de nous faire seulement *étudier des faits contemporains* et ceux qu'il nous importe le plus de connaître. En effet, les livres nous renseignent le plus souvent sur des phénomènes qui se sont passés *autrefois* et qui ont cessé de se reproduire ou qui, du moins, se sont modifiés au point de ne plus pouvoir donner lieu, *dans le présent*, à *aucune direction pratique*.

Le principal inconvénient des livres est de nous renseigner sur des choses dont nous n'avons que faire. Au contraire l'éducation personnelle donne à celui qui la pratique des notions plus directement appropriées à ses besoins.

L'autodidacte tire enfin un profit bien plus considérable de ce qu'il apprend que s'il l'avait trouvé dans un livre, car *l'effort d'intelligence accompli le prépare à un nouveau progrès* et constitue pour lui un véritable *capital*.

Ne négligez donc jamais l'observation directe des faits.

Apprenez-vous à *regarder* autour de vous, à étudier le monde extérieur, les objets qui vous entourent dans la nature ou que le hasard des circonstances met sous vos yeux.

Il y a des gens qui regardent toujours sans voir, ne soyez pas de ceux-là.

Observez donc, observez attentivement, non seulement autour de vous mais aussi en vous-même ; dans votre esprit comme dans un miroir faites réfléchir votre pensée, votre sentiment, votre volonté. Analysez avec soin les diverses manifestations de votre conscience.

Pour atteindre ce double but : soyez attentifs, cultivez et développez vos sens.

Education des sens. — J.-J. Rousseau nous dit dans son *Emile :*

« Les sens sont les premières facultés qu'il faudrait cultiver ; ce sont celles qu'on oublie et qu'on néglige le plus. »

« Exercer les sens n'est pas seulement en faire usage, c'est apprendre à bien juger par eux, c'est apprendre pour ainsi dire, à sentir ; car nous ne savons ni toucher, ni voir, ni entendre que comme nous avons appris. »

Le grand écrivain avait raison, car ce sont eux qui nous mettent en rapport avec les choses et nous les font connaître. Pas de sens, pas de sensations, ou absence de sens, absence de notions exactes sur le monde extérieur ou sur nous-mêmes.

Les sens s'exercent par les organes de notre corps. Aussi devons-nous conserver ces derniers dans une grande propreté, éviter de les surmener, de les froisser par des sensations trop violentes.

Nous pouvons alors donner à chacun de nos sens *une certaine culture*, un certain *affinage* pour les rendre plus vifs, plus perçants, les coordonner, établir entre eux des rapports, voire même les suppléer les uns aux autres.

Entrons dans quelques détails.

Le perfectionnement de l'*odorat* et du *goût* n'est pas des plus nécessaires.

Ils ne sont réellement utiles que dans certaines professions : pharmacie, commerce de vins, de denrées alimentaires. Dans la vie ordinaire ils ne servent à rien d'utile, et le plus souvent ils portent à la sensualité et à la gourmandise. Nous n'avons donc point à y insister.

L'éducation du *toucher* mérite plus de soins. C'est un des sens les plus utiles ; il nous sert à reconnaître les corps étrangers ; c'est le sens pratique par excellence.

Vous devrez donc vous exercer à vous servir adroitement de vos mains. Pour cela, vous pratiquerez quelques exercices qui constituent d'ailleurs une agréable occupation : dessin, piano, etc.

Les Anglais tiennent beaucoup à cette éducation du tact. C'est pourquoi, dans leurs collèges, ils attachent une grande importance aux *travaux manuels* et les mettent presque au même rang que le travail intellectuel.

L'*ouïe* et la *vue* sont les plus utiles de nos sens. Malheureusement il n'est pas en notre pouvoir de les modifier, puisque leur capacité dépend uniquement de notre constitution physique. On pourra seulement faire l'éducation de l'appareil auditif par quelques études musicales et modifier une vue défectueuse par des soins appropriés. On devra surtout éviter d'abîmer sa vue par l'abus des lectures faites à la clarté d'une lampe insuffisamment éclairée.

Education de l'attention. — De même que

pour les sens, il y a une *gymnastique de l'attention* que procure un entraînement constant et bien ménagé.

L'extrême importance de l'attention est communément admise ; elle est la *condition première de nos connaissances*. Elle rend clairs et précis les phénomènes du monde sensible comme ceux du monde de la conscience.

Elle permet de saisir les objets, donne à la vue cette précision, cette netteté, sans lesquelles la connaissance est illusoire. L'homme distrait ne sait pas démêler les formes, les qualités, les rapports des choses ; il voit trouble ; il ne ressent qu'une impression multiple et confuse.

Si l'influence de l'attention est si grande pour le bon fonctionnement du travail cérébral, on ne saurait trop insister sur les *moyens propres à s'en rendre maître* et à la développer.

Mettez-vous en garde contre la légèreté d'esprit, la distraction. N'ayez pas, comme disent les Anglais, une « *feather-brain* », cervelle de plume.

Nous connaissons tous des hommes incapables de fixer leur attention sur le moindre sujet d'études. La plus petite circonstance extérieure suffit pour produire chez eux une série d'images, de pensées étrangères et les entraîner mentalement au loin. Il en résulte une perte de temps considérable et des lacunes souvent dangereuses.

Il faut que la volonté triomphe lorsqu'elle engage la lutte avec l'esprit pour l'empêcher d'errer à l'aventure et le contraindre à s'attacher à un objet unique.

Par une gymnastique intelligemment combinée, par des efforts soutenus et progressifs, par un entraînement continu et gradué, l'attention s'affermit et se fixe.

On a préconisé divers procédés comme susceptibles de nous rendre et de nous faire rester attentifs.

On a cité comme *moyens indirects* les jeux de calcul et de combinaison, les dames, le solitaire, les échecs. L'étude des mathématiques peut également rendre de signalés services, à cause du travail raisonné soutenu et prolongé qu'elles exigent.

Ce ne sont là que des méthodes spéciales, utilisables pour quelques-uns seulement.

Il en est une plus générale convenant à tous les esprits, basée sur l'habitude. La voici :

Vous choisissez un objet qui vous plaît et l'examinez dans tous les détails. Vous cherchez à discerner en lui les éléments qui le composent, les propriétés qui le distinguent, les contours qui le dessinent.

Surveillez également avec soin le moment où votre attention se relâche, où votre pensée va se reporter sur un autre objet. Ramenez-la au point, essayez d'analyser quelques instants encore.

Si la fatigue se fait sentir, ne forcez pas, reposez-vous un instant. Vous recommencerez demain le même exercice. Après quelque temps, votre attention deviendra plus ferme, plus stable ; elle se concentrera plus facilement, et ainsi la direction et la concentration de vos forces intellectuelles seront rendues plus faciles (1).

Education de la mémoire. — La mémoire est pour ainsi dire *la plus utile* de nos facultés ; sans elle, nulle éducation intellectuelle ne serait possible. Seule, elle permet d'*emmagasiner la somme de connaissances* qui nous est nécessaire. Aussi est-il *indispensable* de la cultiver de façon à lui donner *toujours plus d'étendue*.

Cette culture de la mémoire est possible dans certaines conditions. On peut arriver, par un exercice méthodique et continu, entrepris dès la jeunesse, à la développer et à éviter toute défaillance.

Il faut donner d'autant plus de soin à cette éducation que, si on la néglige, *cette faculté finit par s'atrophier* et par entraver de la façon la plus fâcheuse notre vie intellectuelle tout entière.

On doit donc se livrer à une série d'exercices destinés à développer la mémoire.

Vous commencerez par *assimiler le mieux possible* la partie d'un ouvrage que vous désirez retenir. Vous tâcherez de saisir très nettement l'enchaînement des idées afin de passer de l'une à l'autre sans interruption et sans effort.

1. On trouvera des renseignements très précis sur l'éducation de l'attention dans les chapitres IV et V de l'ouvrage de M. Guyot-Daubès sur *La méthode dans l'étude et dans le travail intellectuel.*

Condorcet avait bien saisi toute la valeur de ce procédé, quand il disait :

« La liaison des idées est le principe de la mémoire. Elle dépendra donc principalement de l'ordre et de l'analyse que l'on met dans ses idées. Le meilleur genre de mémoire et le plus sûr est celui qui consiste à « faire de la mémoire avec du « jugement ».—Je veux, par exemple, apprendre un discours : j'en médite l'idée principale, les idées accessoires, leur nombre, leur ordre, leur liaison, le plan de chaque partie, les divisions, les sous-divisions de chaque objet. J'ose affirmer qu'il est impossible alors de se tromper. Si l'on oubliait le discours, on serait en état de le refaire sur-le-champ, et combien d'ailleurs les phrases cadencées, un peu ornées, un peu brillantes, en un mot, tout ce qui flatte l'amour-propre de celui qui doit parler ne se gravent-elles pas facilement dans la mémoire ! »

Un autre procédé nous est indiqué dans une lettre de Meister où nous trouvons un exemple qui mérite d'être retenu :

« Il existe, dit-il, deux grands moyens de fixer nos souvenirs : c'est d'abord de chercher à concevoir l'objet dont nous voulons conserver la mémoire le plus clairement et le plus distinctement qu'il nous sera possible ; ensuite d'en associer l'idée ou l'image exactement déterminée à la série d'idées ou d'images avec laquelle nous lui trouvons le plus d'analogie et qui nous est en même temps la plus familière, ou dont nous avons été le plus longtemps frappés, que par conséquent nous sommes le plus sûr de retenir et de nous rappeler facilement.

« Je me désolais l'autre jour de ne pas retrouver le nom d'une campagne en Angleterre, où j'avais passé quelques-unes des plus délicieuses journées de ma vie. Au lieu de chercher ce nom directement, las de me dépiter contre l'ineptie ou l'infirmité de ma mémoire, je finis par me représenter les différents objets qui m'avaient intéressé dans ce beau lieu, les personnes qui s'y trouvaient avec moi, jusqu'aux moindres circonstances de mon séjour que je n'avais pas oubliées : au bout de tous ces souvenirs vint se placer enfin de lui-même le nom que j'avais désespéré de pouvoir retrouver. »

Il existe enfin un *procédé mnémotechnique* auquel on peut avoir recours lorsque les autres font défaut : c'est le procédé mécanique qui consiste à présenter à l'esprit le texte qu'il s'agit de retenir un nombre de fois suffisant pour qu'il se grave dans la mémoire. Cette répétition finit par donner au souvenir une force et une netteté toutes particulières. Il est seulement regrettable que ce procédé nous donne des souvenirs purement verbaux dans lesquels l'intelligence n'a aucune part. C'est en un mot quelque chose de *mécanique* auquel nous ne devons recourir qu'en désespoir de cause. Il est déplorable que ces exercices inintelligents et monotones soient ceux qu'on emploie le plus généralement dans les établissements d'instruction quand on se propose de développer la mémoire des enfants.

Ces quelques conseils vous permettront d'avoir à votre service des *instruments souples* et prêts à vous rendre le maximum de services. En développant ainsi toutes les facultés d'acquisition, on peut arriver à acquérir très rapidement toutes les connaissances nécessaires, on peut surtout les conserver très longtemps et en tirer toute l'utilité désirable.

L'individu qui acquiert cette éducation se trouve aussi avoir accompli un progrès considérable. C'est un perfectionnement très appréciable que de savoir ainsi se servir de ses sens et de ses facultés réceptives. Celui qui sait voir, qui sait fixer son attention et qui retient fidèlement tout ce qu'il confie à sa mémoire a une valeur supérieure à celui qui passe dans la vie sans voir et sans observer. Il est *admirablement préparé pour la vie et pour l'action*. C'est pour ce motif que nous avons recommandé cette éducation.

Section II

La Lecture

Utilité de la lecture. — Ceux qui doivent lire. — Comment il faut lire. — Ce qu'il faut lire. — Les journaux. — Les revues. — Les livres d'étude. — Les livres divers. — Les romans. — Les mauvais livres. — Liste des livres. — Organisation matérielle d'une bibliothèque.

Utilité de la lecture. — La lecture tient dans la vie et dans l'éducation une place *prépondérante*. Son utilité est *aussi incontestable* pour l'agrément qu'elle procure, que pour les services qu'elle rend.

Quelles ressources inépuisables offre en effet la lecture ! Grâce à elle on ne connaît pas les heures mélancoliques de la solitude, l'ennui qui naît forcément de l'uniformité des occupations. L'imagination trouve, dans les livres, mille sujets qui l'excitent et la passionnent. Nous parlons ici, bien entendu, des livres sérieux, classiques même, dont la lecture nous charme instinctivement, tant l'auteur a su déployer de génie pour trouver et placer le mot juste approprié à la situation ; de ces livres, écrits dans une langue élégante et savante à la fois, qui ont mérité, par le talent qui s'y révèle, de passer à la postérité !

Le plus grand bienfait de cette distraction est peut-être de *détourner celui qui aime lire des plaisirs malsains*.

« Tout au moins, disait un amateur de lecture, mes livres m'ont détourné du champ de course, des paris, de la taverne, des lieux de débauche et de leurs dégradantes orgies. »

La lecture est encore le procédé le meilleur pour *enrichir l'esprit* et *développer l'intelligence*. Dans son éloge du chimiste J.-B. Dumas, M. Joseph Bertrand, de l'Académie française, faisait ressortir son importance :

« La science, disait-il, est dans les livres. Le désir et l'art de lire comme il faut lire seront, si l'on était sage, le meilleur fruit des meilleures études. Bien lire, c'est entrer lentement, chacun pour soi, bien entendu, *avec les plus honnêtes gens des siècles passés*, comme dit Descartes, dans une conversation étudiée et intime dont ils font les frais.

« C'est nourrir son esprit du fruit de leur travail. Le livre est le plus complaisant des guides, c'est le maître des maîtres.

« Si chacun savait lire et s'y plaire, chaque maison deviendrait une école, chaque bibliothèque une faculté. »

On peut donc demander aux livres un stimulant pour la pensée, un encouragement pour la réflexion, un progrès pour l'intelligence ou l'instruction.

On ne sait rien de l'histoire, si l'on n'en a retenu que quelques faits principaux et quelques dates, légués à la mémoire par les études de l'enfance. De même, pour se former une opinion en morale, en littérature, etc., il faut lire et comparer les différents moralistes et littérateurs, et non pas se contenter d'une opinion toute faite.

Nous ajouterons que pour arriver à écrire et à parler correctement, ce qui est une chose essentielle dans la vie, il faut lire, lire beaucoup, non pas seulement des livres s'adaptant exactement à l'état de notre esprit, mais des ouvrages sérieux, instructifs. C'est en appliquant à connaître le sens des mots avec lesquels on n'est pas familiarisé que l'on apprendra à éviter les locutions vulgaires, les tournures de phrases trop « terre à terre » et tout ce qui, dans le langage, dénote une insuffisante culture de l'esprit.

Aussi, comme le dit très justement M. Guyot-Daubès, dans l'ouvrage que nous avons déjà cité :

« Dans la somme des connaissances possédées par un érudit, un savant, un spécialiste, il est évident que la partie acquise par la lecture est infiniment plus considérable et plus essentielle que celle provenant de l'enseignement oral de maîtres et de professeurs. »

Ceux qui doivent lire. — Les travailleurs intellectuels (étudiants, avocats, médecins, etc.) ont pour principal instrument de travail leur cerveau qui est trop fatigué pour leur permettre de lire beaucoup avec fruit ; et les loisirs qu'ils ont doivent être consacrés à prendre le grand air et à faire de l'exercice. Les travailleurs manuels (ouvriers, etc.) au contraire, prennent assez d'exercice corporel pendant leur travail ; ils peuvent par conséquent donner à la lecture et à l'étude le temps libre qui leur reste, et ils doivent même ne pas laisser leur cerveau s'ankyloser (1).

Comment il faut lire. — C'est un principe essentiel que de *lire peu, mais bien.*

Il en est qui feuillettent à la légère, pour se prononcer ensuite gravement. Ceux-là ne comptent point.

D'autres parcourent un livre pour avoir une

1. Voir nos observations, p. 262.

idée de l'ensemble, puis y reviennent, le relisent, l'étudient. La méthode est bonne.

Néanmoins, pour n'être pas rebuté par l'obligation de cette double lecture, nous conseillerons la *lecture lente, réfléchie et totale.*

Il faut lire non passivement, mais *activement.* La nonchalance du lecteur désœuvré se tourne en léthargie de la volonté. Ne vous bornez pas à lire des livres agréables dans le seul but de vous distraire. N'hésitez pas au contraire à lire de temps à autre des pages un peu difficiles de celles qu'il est besoin de relire, dont le sens précieux est la récompense de l'effort.

Afin que vous tiriez profit de vos lectures, nous vous recommanderons de *ne point faire de lecture sans avoir soin de prendre des notes.*

Vous rencontrez très souvent des pensées profondes sur l'homme, ses vertus, ses vices, ses passions, ses relations avec ses semblables. Vous noterez d'un trait léger sur votre livre tous ces passages; puis, arrivé au bout du chapitre, vous recueillerez dans un cahier spécial le butin que vous aurez amassé.

Mais il ne suffit pas d'écrire ces notes à la suite, sans autre ordre que la succession des jours et des lectures. Pour que ce travail soit vraiment utile, il faut que les pensées soient rapprochées suivant leur nature, afin que la comparaison devienne possible, et qu'elles s'éclairent, se complètent, se commentent les unes par les autres. C'est ainsi qu'elles s'assimileront le mieux à l'esprit ; que celui-ci acquerra le plus de substance, en même temps que l'habitude de ces rapprochements lui donnera une force et une étendue singulière.

Il nous reste encore à donner quelques indications sur la façon de lire, considérée au point de vue purement matériel et hygiénique.

Evitez de vous courber en lisant, et ménagez votre vue.

Vous éviterez aussi de lire au lit. C'est une habitude déplorable qui vous apprend à parcourir un ouvrage d'une façon superficielle, avec une grande passivité d'esprit; elle peut en outre vous causer une grande fatigue physique en vous empêchant de prendre suffisamment de sommeil.

Vous lirez donc toujours debout ou assis, soit chez vous, soit aussi en plein air. Les lectures faites dans la campagne, sur un rocher, à l'ombre d'un arbre sont les plus profitables et les plus agréables. L'esprit dispos et bien éveillé jouira d'autant mieux de sa lecture qu'il la fera dans un endroit solitaire; il en gardera un souvenir d'autant plus vif qu'il l'aura faite dans un lieu approprié et plus caractéristique.

Ce qu'il faut lire. — Nous croyons qu'il est plus profitable de lire un *petit nombre de livres choisis* et de les relire jusqu'à ce qu'ils soient bien entrés en nous, que de feuilleter toutes les nouveautés de la saison sans autre utilité que de nous assurer par nous-même combien il y a de volumes ne valant pas la peine d'être lus.

L'excès de lecture est un grand danger. Il est aussi *nécessaire de ne pas avoir lu certains livres* qu'il est indispensable d'en avoir lu d'autres.

Ceux qui lisent machinalement et sans discontinuer mauvais et bons livres ne retirent aucun profit des milliers de pages qu'ils ne tardent pas à avoir absorbées.

Dans le nombre des ouvrages qui paraissent chaque jour, il faut faire un *tri très sévère* pour découvrir ceux qui nous seront véritablement utiles.

Vous lirez ce qui vous plaît, ce qui vous convient, c'est-à-dire que vous composerez votre bibliothèque des livres qui répondent à vos besoins particuliers, à votre *personnalité*, à votre situation.

« Vous ne lirez donc pas tout ce que le monde lit, mais seulement ce qui vous ressemble et vous aide à ressembler à vous-même, je veux dire : à votre idéal. Il ne faut donc vous adonner imprudemment aux livres qu'après que vous aurez formé cet idéal, élu une manière de regarder et de comprendre qui sera désormais la vôtre... Un bon livre sert d'abord à vous révéler votre propre âme (1). »

Surtout, *ne vous spécialisez point !* Il serait regrettable que vous ne preniez plaisir qu'à un

---

1. *Dilecta, esquisse d'un catalogue de livres utiles à la conduite de la vie* (publié par l'*Union pour l'action morale*).

seul genre d'ouvrages. Un livre d'histoire ou de philosophie sera utile au savant ou à l'artiste. Mais il trouvera partout des documents nécessaires à sa spécialité, et en même temps il deviendra moins exclusif, moins fermé au monde extérieur.

Cependant, l'abondance des publications est telle que nous ne pouvons guère choisir nous-même les livres à lire et les distinguer de ceux qu'il ne faut pas ouvrir. Pour cela, nous devrons naturellement nous en rapporter au témoignage d'autrui.

Il est bon de suivre les comptes rendus bibliographiques d'une revue impartiale; on fera donc l'acquisition des livres nouveaux d'après les indications contenues dans ces comptes rendus.

Les Journaux. — La lecture des journaux politiques est certainement de beaucoup celle que préfèrent nos contemporains. Ils y consacrent une grande partie de leur temps, — on peut dire pour beaucoup *tout* le temps qu'ils réservent à la lecture.

La vie moderne avec sa rapidité et son abondance d'informations nous *oblige*, il faut l'avouer, à lire les journaux, ou plutôt à les *parcourir*. L'homme qui ignorerait trop complètement les événements contemporains serait ridicule à juste titre.

Cependant, la lecture des journaux n'est pas sans offrir de graves inconvénients. L'esprit de parti transforme les lecteurs au point de leur donner une mauvaise foi *inconsciente* à l'égard de ceux qui ne partagent point leurs opinions.

Le grand format des journaux les oblige à remplir leurs colonnes de *futilités* qui dispersent et fatiguent l'attention de *faits divers stupides* et souvent même *immoraux* (assassinats, vols, enlèvements), de contes ou de feuilletons *licencieux* qui pervertissent le cœur et l'esprit et les détournent des véritables beautés.

On a pu dire, non sans raison, que par le journal,

« ...le domaine du mot vide et du ouï-dire s'étend et ainsi la nation se puérilise. »

La lecture hâtive des journaux est un *danger pour la vie intellectuelle* d'une nation. Il faut réagir contre ce danger, et nous vous conseillerons de *suspendre de temps à autre la lecture des journaux* pour vous soustraire à leur néfaste influence.

L'*Union pour l'action morale* conseille de remplacer périodiquement le journal par la lecture d'un ouvrage politique où sont examinés sans passion les problèmes que le journal présente chaque jour avec sa déplorable confusion. L'esprit reprendra ainsi une indépendance et une activité nouvelles.

Les Revues. — Plus sérieuses et rédigées par des hommes plus compétents que les journaux, *les revues sont d'une lecture infiniment plus* *recommandable.* Elles suffisent à peu près à vous tenir au courant des événements d'actualité.

Aussi est-il de toute utilité de choisir une bonne revue et de la suivre régulièrement.

Il existe aujourd'hui des *revues* très bien faites et peu coûteuses, indiquant les livres du jour, commentant d'une façon impartiale la politique, le mouvement littéraire, scientifique, publiant des romans, des nouvelles, organisant des concours etc..., telles sont les *Annales politiques et littéraires*, pour la littérature, les *Lectures pour tous* pour les renseignements divers, la *Nature* pour les conseils scientifiques. Chaque année l'*Almanach Hachette*, que la modicité du prix met à la portée de toutes les bourses, s'ingénie à donner à ses lecteurs une foule de renseignements profitables sur les matières les plus variées.

Les livres d'étude. — En général, les manuels destinés à préparer l'étudiant aux examens coûtent très cher ; de plus les éditions se succèdent à des époques très rapprochées, et les nouvelles enlèvent aux précédentes toute leur valeur. Le plus souvent, les ouvrages destinés aux études sont publiés sous la prétendue direction d'un professeur célèbre, chargé de faire les cours à la Faculté. Comme il est possible qu'il fasse subir l'examen à la fin de l'année, l'étudiant croit bien faire en achetant son ouvrage : une idée, une théorie originale, personnelle au professeur, habilement glissée le jour de l'examen peut en effet favoriser l'obtention du diplôme tant souhaité.

En général, l'étudiant travaille d'une façon *hâtive*, en vue de l'examen et *sans penser à l'avenir*.

Il acquiert ainsi des connaissances utiles sans doute, mais le plus souvent fugitives. Ses livres d'études lus hâtivement, mal digérés, ne seront pas pour lui ces guides indispensables, ces *vrais amis* auxquels il pourra plus tard revenir et demander conseil et qui le suivront dans toute sa carrière.

C'est là un grave inconvénient, et nous voudrions que l'on revienne à ces ouvrages bien faits, comme il s'en faisait autrefois, que l'on se passait de génération en génération et qui inculquaient de *solides* principes.

Nous voudrions voir revenir à ces livres *complets et précis* tout ensemble, qui donnent des notions indispensables sans être chargés de détails inutiles.

Les livres divers. — En outre des livres d'étude ou de métier, l'étudiant, même lorsqu'il aura acquis une situation sociale et exercera une profession, devra posséder d'autres livres. Il faut vivre avec son époque ; il y a nécessité de se tenir au courant des découvertes de la science, des manifestations de l'art et de la poésie. Il n'est pas bon de se confiner dans *sa spécialité* et ne lire que des ouvrages concernant sa profession. Ne voit-on pas souvent des savants, des mathématiciens être en même temps des écrivains, des littérateurs, des philosophes même ?

Il est bon que votre esprit reste largement ouvert aux choses littéraires et artistiques de même qu'aux choses scientifiques.

L'étudiant qui veut connaître son époque devra donc dans une juste mesure se tenir au courant des livres qui paraissent, des œuvres d'art qui s'exposent, des pièces délicates qui se jouent.

C'est là qu'il saisira le mouvement des idées et surprendra le reflet exact de son temps.

M. P. Doumer, dans son *Livre de mes fils*, a parfaitement indiqué quels étaient les ouvrages à lire, et à relire en vue de compléter son instruction générale :

« Les études d'un ordre élevé, de quelque genre qu'elles soient, dit-il, conduisent au perfectionnement que l'on recherche,

« Toutes comprendront d'ailleurs un fonds commun de travail, ou plus exactement de distraction et de repos intellectuels, qui ne saurait être négligé. Je parle de la pratique familière des chefs-d'œuvre du génie humain dont les études classiques ont donné au moins un aperçu.

« Il y a ainsi une centaine de volumes de tous les âges et de tous les pays de la terre qu'il faut connaître, pénétrer, fréquenter jusqu'à en faire des amis intimes. On doit, à travers le temps et à travers l'espace, aller de Confucius à Kant, d'Homère à Victor Hugo, d'Eschyle à Shakespeare et à Corneille, du Rig-Véda à la Bible.

« C'est le vaste champ à moissonner sans cesse pour nourrir l'intelligence, la raison, le sentiment.

« Soyez justes pour les œuvres des contemporains qui en valent la peine ; mais revenez souvent aux maîtres de la pensée et de la forme.

« Revenez à la pléiade brillante de notre grand siècle littéraire, à Molière, à La Fontaine, à Corneille, à Racine.

« Lisez Homère, lisez Virgile ; lisez Hugo et Lamartine, Chénier, tant d'autres poètes dont les vers mériteraient d'être goûtés, qu'on méconnaît ou qu'on oublie. La poésie est chose saine et douce ; à s'y complaire, la sensibilité et l'intelligence trouvent également leur compte.

« L'histoire comporte le plus précieux des enseignements ; la lecture en est attachante comme aucune autre. Aucun drame, aucun roman n'en a les émouvantes péripéties. La réalité qu'elle fait connaître est supérieure à toutes les fictions. Que de vies tourmentées, que de morts tragiques en un chapitre d'histoire ! Que d'incidents, d'intrigues, d'événements dramatiques ou burlesques, dans les volumes de *Mémoires* que chaque jour voit naître ! On s'y forme sans effort à la psychologie et à la politique si l'on n'y prend pas toujours des leçons de morale.

« Cela vaut mieux, en tout cas, que les récits des scandales variés dont l'imagination des romanciers de second ordre inonde la librairie contemporaine. Il faut écarter quelque dizaine de livres de ce genre pour trouver un roman digne d'être lu. Mais au commerce de celui-ci on peut avoir plaisir et profit. Sous le couvert attrayant d'un conte vivant et animé, il est possible de faire passer d'utiles et salutaires leçons.

« Autrement présentées, elles eussent rebuté par leur sécheresse. Tel roman de Flaubert, de Daudet, de Loti, de René Bazin, d'autres encore, renferme des enseignements qu'un livre de morale, de philosophie et même de géographie donnerait de façon moins frappante et surtout moins agréable.

« La Fontaine en a fait la remarque et a donné ainsi une justification de la fable :

> « Une morale nue apporte de l'ennui ;
> Le conte fait passer le précepte avec lui. »

Les Romans. — *Faut-il lire des romans ?* Racine écrivait à son fils :

« Croyez-moi quand vous saurez parler de comédies et de romans, vous n'en serez guère plus avancé pour le monde et ce ne sera point par cet endroit-là que vous serez le plus estimé. »

Lire des romans aux heures qui doivent être consacrées à l'étude est pernicieux. Ce n'est pas à dire, que les romans ne soient pas *utiles* pour *nous enlever au sentiment de nos maux*, pour *nous apprendre les mœurs* et la manière de vivre *des différentes classes sociales* et des différents peuples, pour *nourrir* enfin ces *facultés imaginatives* auxquelles nous devons une notable partie de nos jouissances. Il est possible que les romans soient pour les malheureux un bienfait aussi grand que le chloroforme.

Les mauvais livres. — On trouve un très grand nombre de livres dont il est préférable de *s'interdire rigoureusement* la lecture.

Nous devons fuir les ouvrages après la lecture desquels on se sent plus mauvais. Les livres qu'il faut résolument éviter sont ceux qui nous inspirent du dégoût pour notre sort dans la vie, qui nous amènent à n'attacher qu'une faible importance à ce qui est faute ou crime, qui suggèrent des pensées impures et soulèvent des passions inavouables.

Toutefois *il ne faut pas se fier à la tradition pour déclarer qu'un livre est mauvais*, et nous adopterons à cet égard l'opinion suivante, finement exprimée dans un article des *Annales politiques et littéraires* (1) par Mme Adolphe Brisson :

« Je serais plus disposée à partager les romans en deux séries : ici, les livres sains ; là, les malsains ; et peut-être, sur la haute pile de ces derniers, glisserais-je beaucoup de livres « convenables », car *malsain*, dans ma pensée, veut dire bonnement qui ne va pas à la santé de votre cœur, à l'équilibre de votre imagination, et n'est pas profitable au progrès de votre esprit. »

Par contre les écrits *réalistes* d'un Zola, d'un Guy de Maupassant sont parfois plus sains, plus fortifiants malgré leurs peintures trop vives que les molles productions d'un écrivain de second ordre.

Aussi est-ce d'après son *sentiment individuel* que chacun devra se décider dans le choix des auteurs dont il veut faire une lecture assidue.

Quand vous aurez lu un livre d'un auteur, vous n'achèterez les autres œuvres du même

---

1. 17 juillet 1904.

écrivain que si le premier vous a donné toute satisfaction ; sinon vous éliminerez rigoureusement tous les volumes portant la même signature.

Comme le dit M. Doumer dans le passage que nous venons de citer, il existe des chefs-d'œuvre que tout le monde doit connaître, en dehors de ses auteurs préférés ou de ceux que l'on lit par profession.

La liste de livres que nous reproduisons ici indique quels sont les auteurs dont la lecture constitue un *indispensable complément d'éducation intellectuelle*. Nous y joignons quelques ouvrages destinés à nous faire connaître la vie moderne et à nous indiquer les principes auxquels nous devons subordonner notre conduite. Nous ajouterons seulement que cette liste, qui pourra paraître trop longue aux jeunes gens qui se destinent aux carrières industrielles et commerciales, est surtout composée pour préparer aux professions libérales. Ceux qui veulent entrer dans les affaires feront bien de s'en tenir aux lectures les plus importantes.

Liste de Livres. — 1° OUVRAGES DE MORALE ET DE PHILOSOPHIE. — La Bible.

Platon : Criton : La République.

Epictète : Manuel.

Descartes : Discours de la Méthode.

Pascal : Pensées.

Lacordaire : Lettres à des jeunes gens.

Extraits des grands philosophes par Alfred Fouillée.

Jules Simon : Le Devoir ; La Liberté.

Tolstoï : De la Vie ; Ma Confession.

Anatole Leroy-Beaulieu : La Papauté, Le Socialisme et la Démocratie.

2° AUTEURS ANCIENS. — Homère : Iliade ; Odyssée.

Eschyle, Sophocle et Euripide : Œuvres.

Plutarque : Vie des grands hommes.

Virgile : Œuvres.

Horace : Œuvres.

Cicéron : La Vieillesse.

J. César : La Guerre des Gaules.

Tite Live : Extraits.

Tacite : Extraits.

3° AUTEURS CLASSIQUES. — Rabelais : Œuvres.

Montaigne : Essais.

Corneille et Racine : Œuvres.

Molière : Œuvres.

Boileau : Satires ; L'Art poétique.

La Bruyère : Les Caractères.

Bossuet : Extraits.

Voltaire : Extraits.

Beaumarchais : Théâtre.

Montesquieu : Esprit des lois.

J.-J. Rousseau : Emile.

Bernardin de Saint-Pierre : Paul et Virginie.

André Chénier : Œuvres.

Mme de Staël : L'Allemagne ; L'Italie.

Chateaubriand : Œuvres.

Lamartine : Œuvres.

4° AUTEURS ÉTRANGERS. — Dante : La Divine Comédie.

Milton : Le Paradis perdu.

Shakespeare : Œuvres.

Cervantès : Don Quichotte.

Gœthe : Hermann et Dorothée ; Faust.

H. Heine : Poèmes et Légendes.

D. Foë : Robinson Crusoë.

Beecher Stowe : La Case de l'oncle Tom.

Dickens : David Copperfield ; Contes de Noël.

G. Eliot : Adam Bede ; Le Moulin sur la Floss.

Silvio Pellico : Mes Prisons.

Manzoni : Les Fiancés.

Tolstoï : La Guerre et la Paix ; Anna Karénine.

Dostoïevsky : Souvenirs de la Maison des Morts.

Sienkieviez : Quo vadis.

5° OUVRAGES DIVERS. — Carnegie : L'Empire des Affaires ; L'A. B. C. de l'argent ; La Démocratie triomphante.

Hugues Le Roux : Nos Fils.

Demolins : La Supériorité des Anglo-Saxons.

Hanotaux : Le Choix d'une Carrière ; La Paix latine.

Max Leclerc : L'Education et la Société en Angleterre.

J. Le Bon : Psychologie de l'Education.

Payot : L'Education de la Volonté.

Michelet : Histoire de France ; Jeanne d'Arc.

Augustin Thierry : Œuvres.

Fustel de Coulanges : La Cité antique :

De Tocqueville : L'ancien Régime et la Révolution.

Taine : Les Origines de la France contemporaine.

A. Sorel : L'Europe et la Révolution.

Alfred de Vigny : Grandeur et Servitude militaires.

H. Houssaye : 1814 ; 1815 ; Waterloo.

Jouaust : G. Washington.

Benjamin Franklin : Mémoires.

La Chanson de Roland.

Victor Hugo : Théâtre ; Les Misérables ; Notre-Dame de Paris ; et les Morceaux choisis en trois volumes édités par Delagrave.

Balzac : Eugénie Grandet.

G. Sand : La Mare au Diable.

Musset : Œuvres.

A. Dumas fils : Théâtre.

A. Daudet : Jack ; Sapho ; Numa Roumestan ; Tartarin de Tarascon ; Le Petit Chose.

Zola : L'Assommoir ; Germinal ; Le Ventre de Paris ; L'Argent.

Pierre Loti : Pêcheurs d'Islande ; Matelot.

P. Bourget : Un Saint ; Cosmopolis ; Le Disciple ; L'Etape.

Marcel Prévost : Lettres à Françoise.

Ed. Rod : Un Vainqueur ; L'Isolée ; Le Sens de la Vie.

M. Barrès : Les Déracinés ; Au Service de l'Allemagne.

René Bazin : Les Oberlé ; Donatienne ; La Terre qui meurt.

Danrit : La Guerre de Demain.

Leconte de Lisle : Œuvres.

F. Coppée : Poésies.

Brieux : Théâtre et Poésies.

E. Faguet : Etudes littéraires.

Albalat : L'Art d'écrire en vingt leçons.

Jules Lemaître : Les Contemporains.

Sainte-Beuve : Les Lundis.

Bastiat : Ce qu'on voit et ce qu'on ne voit pas.

De Molinari : Les Soirées de la rue Saint-Lazare.

Huret : De New-York à la Nouvelle-Orléans ; De San-Francisco au Canada.

Gaffarel : Les Colonies françaises.

Doumer : L'Indo-Chine ; Livre de mes Fils.

Ouvrages des principaux explorateurs français et étrangers : Gabriel Bonvalot, Foureau, de Brazza, Stanley, Monteil, mission du Bourg de Bozas, Nordenskjœld, Nansen, Charcot, etc.

Cette liste (1) dans laquelle nous avons indiqué les principales productions littéraires de tous les temps et de tous les pays, ainsi que quelques ouvrages d'un très grand intérêt pratique, pourra paraître trop courte à ceux qui aiment la lecture. Vous devrez vous en servir à titre d'indication générale, comme d'un mémento destiné à vous rappeler les titres des ouvrages essentiels que vous ne devez pas ignorer.

1. On pourra aussi consulter la liste de cent livres que donne John Lubbock dans son livre *L'Emploi de la Vie.*

Quand vous connaîtrez la centaine d'auteurs que nous venons d'indiquer, vous aurez toute latitude pour *choisir par vous-même* des lectures complémentaires. Votre goût se sera *formé* par la fréquentation de bons écrivains, et vous n'aurez plus à craindre les mauvais livres, car vous saurez les reconnaître à première vue et ils n'auront aucun attrait pour vous.

Le premier emploi que vous devrez faire de l'argent dont vous disposez sera d'acheter des livres, non seulement des « ouvrages de métier » destinés à la profession que vous exercerez, mais des ouvrages généraux d'éducation et d'instruction.

Attachez-vous à conserver auprès de vous un certain nombre de livres utiles, pris spécialement parmi ceux que nous venons d'indiquer.

Souvenez-vous que de dix-huit à vingt-cinq ans vous êtes dans la « période tainienne » où votre esprit se forme et se mûrit, et où vous devez vous munir d'un bagage intellectuel suffisant pour affronter plus tard les vicissitudes de la vie. Faites donc, pendant que vous le pouvez, votre provision de livres sérieux ; prenez des notes sur chacun d'eux et conservez-les comme des amis discrets et silencieux que vous serez bien aise peut-être un jour de questionner et de consulter.

Lorsque vous exercerez une profession, vous serez sans doute obligé d'y consacrer tout votre temps ; et vous n'aurez plus le loisir d'étudier et de lire. Au moins les livres que vous aurez mis de côté vous serviront dans les cas urgents où vous aurez besoin de trouver rapidement la solution d'une question à résoudre, ou vous seront utiles pour compléter vos connaissances...

L'existence de l'homme d'affaires est ainsi faite que la solution rapidement trouvée d'une question peut être une économie, non seulement de temps, mais aussi d'argent.

Organisation matérielle de la bibliothèque. — Comment classerez-vous les livres que vous aurez achetés ? Vous devrez les classer de façon à toujours avoir sous la main l'ouvrage dont vous aurez besoin.

N'oubliez pas que *les meubles les plus coûteux sont souvent les plus incommodes* pour le classement des livres. Des planchettes mobiles soutenues par des montants métalliques constituent la bibliothèque la plus pratique. Un simple rideau d'étoffe glissant sur une tringle suffit à préserver les livres de la poussière et le soleil en cas de besoin.

Les livres doivent être rangés suivant la matière dont ils traitent et dans chaque matière, soit par ordre de date, soit de préférence par ordre alphabétique (par nom d'auteur). On trouvera des indications sur le classement des livres dans un ouvrage spécial, tel que le *Manuel du bibliothécaire* de M. Maire. Le catalogue de la Bibliothèque Sainte-Geneviève peut encore servir de modèle à cet égard.

Enfin, pour éviter toute perte de place résultant de la diversité des formats, un excellent système est celui qui consiste à ranger les livres sur chaque tablette d'après leurs dimensions, une tablette sera réservée aux in-4°, la seconde aux in-8°, etc. *L'ordre méthodique se fera dans le sens vertical*, les livres de philosophie, d'histoire, etc. se trouvant les uns au-dessus des autres.

C'est là le seul moyen de conserver sans confusion un grand nombre de livres dans un minimum d'espace.

Il nous reste un mot à dire pour ceux qui n'ont pas les moyens pécuniaires d'acheter des livres. Nous leur rappellerons qu'ils pourront trouver facilement des ouvrages sérieux et utiles, en fréquentant les bibliothèques publiques ou en prenant un abonnement dans un de ces cabinets de lecture, comme il en existe dans toutes les grandes villes. Certains de ces cabinets de lecture font des envois de livres au dehors (1).

1. Nous citerons, à titre d'indication, la *Bibliothèque Cardinal*, 1, place Saint-Sulpice, à Paris, qui expédie des livres en province.

Section III

Les voyages

Utilité des voyages. — Les voyages et la préparation a la vie active. — Comment il faut voyager. — L'itinéraire. — La visite d'une ville.

Utilité des voyages. — Les voyages sont d'une *utilité de premier ordre* pour apprendre à se conduire dans la vie. Il peut paraître superflu et ridicule de dire que les voyages forment la jeunesse. Cependant, cette formule est d'une telle exactitude que nous ne saurions assez insister sur cette idée.

La grande utilité des voyages est de nous *dégager de nos préoccupations professionnelles*. Nous avons observé déjà que les vacances avaient une très heureuse influence à ce point de vue. Mais si ces vacances sont consacrées à voyager, elles nous distraient bien mieux des soucis habituels. Nous sommes ainsi mis en *contact avec des choses nouvelles* qui créent en nous une mentalité complètement différente de celle que nous avons habituellement. Cet oubli est bien le meilleur repos que nous puissions nous procurer.

Les voyages et la préparation à la vie active. — Les voyages méritent surtout d'attirer et de retenir notre attention par l'heureuse influence qu'ils ont pour nous *préparer à mener une vie active*.

C'est un des plus puissants moyens d'instruction que nous avons à notre disposition, car non seulement il nous donne des connaissances précises et abondantes, mais il prépare admirablement nos facultés d'acquisition.

Celui qui voyage avec fruit revient avec des notions exactes sur le pays qu'il a visité ; il connaît la géographie, l'histoire, les habitants avec leurs mœurs, leurs idées, etc... Il rapporte des renseignements précis sur la vie politique, sociale et économique d'une population, et tout cela se grave d'autant mieux dans sa mémoire que cette observation a été faite d'une façon attrayante, vivante, qu'il a surpris sur le vif les mœurs de ce pays et que tout se présentait à ses yeux d'une façon pittoresque.

Mais un voyageur qui a su profiter de son voyage revient plus préparé à s'assimiler de nouvelles connaissances. En voyant de près une société différente de la sienne, composée d'hommes ayant une mentalité différente de celle qu'il a coutume de rencontrer, et après avoir reconnu tout ce que cette société contient de bon, il est tout disposé à ne plus se placer à un point de vue étroit pour juger les choses. Il n'en gardera pas moins ses idées, ses convictions, et son tour d'esprit personnel et national ; mais il sera bien convaincu que *tout est relatif et dépend du petit coin de terre où nous sommes nés* ; il acquerra pour se prononcer sur chaque question une *indépendance d'idées*, un détachement parfait qui sont la caractéristique de l'homme vraiment intelligent. *Les voyages rendent* sous ce rapport, quoique d'une façon bien plus nette, *les mêmes services que l'étude rationnelle de l'histoire, des littératures et des philosophies.* Nous pouvons y voir un des plus puissants agents de perfectionnement pour la mentalité humaine.

Comment il faut voyager. — La science du voyage est plus compliquée qu'on pourrait le croire. Si peu de personnes retirent de leurs pérégrinations tout le bénéfice dont nous parlions tout à l'heure, si la plupart du temps un touriste est capable tout au plus de vous dire qu'il a eu très chaud ou très froid et qu'il a fait un bon déjeuner dans telle ou telle ville, c'est que *ceux qui savent voyager sont extrêmement rares.*

S'ils sont si rares, c'est qu'il est très difficile de bien voyager. Aussi nous croyons indispensables certaines indications sur ce sujet.

Elles seront inspirées par ces deux principes : *soyez libres* et *soyez curieux.*

L'itinéraire. — C'est alors qu'il convient de conserver toute votre liberté. Il faut d'abord vous tenir *indépendant des préjugés* et des opinions toutes faites.

Ne choisissez jamais le pays que vous devez voir d'après la *mode* qui règne autour de vous. Point de ces voyages en Suisse ou en Italie qui sont de bon ton si vous ne vous sentez pas réellement attiré vers ce pays. Allez plutôt faire un voyage à cent kilomètres de votre résidence si vous pouvez en retirer un réel profit. Ne songez, quand vous projetez de faire un voyage, qu'à vos goûts et qu'à trouver le pays qui puisse les satisfaire. Il est évident que vous serez obligé de vous renseigner à l'avance sur ce que vous voulez visiter, mais vous demanderez à ceux qui sont en mesure de vous satisfaire, non pas si le pays leur a plu, mais s'il peut répondre à vos goûts.

Quant à déterminer point par point votre itinéraire, il est de toute importance de *le faire vous-même*. La façon la plus absurde de voyager est celle des touristes qui s'adressent à une agence pour se dispenser d'avoir quelque initiative. Ils abdiquent toute personnalité en se condamnant à ne voir que ce que voient leurs deux cents compagnons de caravane. Moins on est nombreux, plus on peut voyager d'une façon intelligente et profitable. Nous vous recommanderons donc de *voyager seul*, ou avec un ou deux amis qui partagent vos goûts. Ce sera le seul moyen de n'avoir aucune concession à faire et de ne visiter que ce qui vous est utile et agréable.

Pour ce qui est de tracer d'une façon complète le plan de votre voyage, vous appliquerez notre second principe : *vous chercherez à voir et à bien voir*, c'est-à-dire que vous renoncerez à ce système de voyages rapides qui sont si souvent pratiqués de nos jours. Vous n'essaierez pas de visiter un grand nombre de villes en peu de jours pour pouvoir faire croire au retour à vos amis émerveillés que vous connaissez à fond un pays très étendu. Cette vanité puérile, aujourd'hui trop répandue, doit vous faire sourire. Nous vous conseillerons de *voir un très petit nombre de villes*, mais *d'y séjourner longtemps* de façon à en conserver un souvenir durable. Si vous avez un mois pour voyager, un séjour de dix jours dans trois localités intéressantes vous sera très profitable ; vous en reviendrez plus avancé que ceux qui dans le même temps auraient couché dans trente lits différents, à moins qu'ils n'aient passé leurs nuits en chemin de fer. Ceux-là auraient déjà beaucoup de peine à rapprocher tel paysage vaguement entrevu de la description du Baedeker dont le plus souvent ils ne détachaient pas les yeux ; quant à conserver une impression personnelle, quant à avoir rapporté une idée de leur voyage, inutile d'y songer. Aussi, *vous verrez peu, pour voir bien.*

La visite d'une ville. — Quand vous serez dans une localité quelconque, vous procéderez exactement comme pour la détermination de votre itinéraire. Vous consulterez vos goûts et vous chercherez à connaître le mieux possible tout ce qui peut les satisfaire.

Il est inutile, parce qu'une ville contient telle ou telle chose dont la *réputation* est établie, de vous croire forcé de la comprendre dans votre programme. Vous allez visiter Anvers où il y a à la fois un port, un jardin zoologique et des musées. Si vous êtes un commerçant qui ne s'intéresse qu'aux choses de son métier, pourquoi iriez-vous perdre votre temps à bâiller devant des peintures. De même, si vous êtes artiste, pourquoi iriez-vous admirer les lions ou les ours, alors que vous n'avez peut-être jamais mis les pieds au Jardin des Plantes. Si vous avez l'esprit assez bien fait pour vous intéresser à ce qui n'est point de votre spécialité, visitez complètement la ville où vous vous trouvez; sinon, ne soyez point l'esclave de votre guide qui, lui, n'a point de spécialité et qui doit parler de tout ; ne soyez point trop complaisant pour un *snobisme méprisable et ridicule;* triez parmi toutes les curiosités du pays celles qui peuvent vous intéresser et gardez-vous de ne rien voir d'autre.

Par contre, ce que vous désirez voir, étudiez-le le mieux possible. Tâchez de connaître *à fond* le musée ou l'industrie qui vous intéresse. Ne vous contentez pas de visites *superficielles* que l'on fait parfois en groupe et qui, par suite de certains règlements, exigent la présence d'un gardien ou d'un guide quelconque. Allez trouver quelque fonctionnaire supérieur, faites-vous conduire *seul*, cherchez à voir ce qu'on ne montre point aux caravanes interminables, entretenez les personnes compétentes qui pourront vous donner sur tel ou tel point des renseignements intéressants. Vous vous initierez ainsi à une foule de choses que vous ne connaissiez point. Vous vous les assimilerez d'une façon attrayante et vivante qui sera toujours préférable à la leçon sèche et terne d'un livre.

Vous pourrez ainsi trouver à chaque instant des occasions de vous instruire. *Vous rencontrerez partout des personnes avec lesquelles vous pourrez avoir une conversation instructive.* Vous êtes en rapport avec un officier, un fonctionnaire, un ouvrier d'un pays qui vous est inconnu. Interrogez-les sur l'armée, l'administration, les mœurs et les idées de ce pays. Si vous vous y prenez assez habilement pour les faire parler, vous aurez des renseignements *précis et exacts* que vous chercheriez vainement ailleurs. Vous aurez peut-être perdu une occasion de parler de vous-même, de provoquer l'admiration de votre interlocuteur en lui racontant et en lui exagérant les moindres incidents de votre existence, mais si vous n'avez pas ébloui un homme que vous ne reverrez jamais, vous pourrez avoir tiré de lui tout le fruit de son expérience et de ses observations.

Aussi pendant vos voyages, *vous chercherez à vous mettre en rapport avec tous les habitants du pays* qu'il vous sera possible de rencontrer. Vous y parviendrez facilement en interrogeant les personnes que vous trouverez avec vous dans les hôtels, les restaurants, les guides qui vous conduiront dans vos excursions, les ouvriers des manufactures que vous visiterez, etc... Vous profiterez ainsi de ce que vous vivez en dehors de votre foyer, en rapport constant avec des étrangers.

En ayant ainsi constamment la préoccupation de vous instruire, de chercher à connaître ce qui vous intéresse et à le bien connaître, vous retirerez de vos voyages un profit qui sera le *complément indispensable* de votre instruction et de vos lectures.

Section IV

L'art d'écrire et de prendre des notes

Utilité d'écrire lisiblement. — Nécessité de prendre des notes. — Manière de prendre des notes. — L'art d'écrire. — Clarté et précision du style. — Le plan.

Nous étudierons dans cette section trois objets différents. Nous envisagerons d'abord brièvement l'art d'écrire au *point de vue matériel.* Nous parlerons ensuite du fond de la question en étudiant successivement *l'art de prendre des notes*, c'est-à-dire d'écrire pour soi-même ; puis l'*art d'écrire proprement dit*, c'est-à-dire de rédiger pour les autres.

Utilité d'écrire lisiblement. — A moins d'avoir un emploi d'expéditionnaire dans une administration, il est complètement inutile d'avoir ce que l'on appelle communément une *belle écriture.* Il serait superflu de vous exercer à former toutes les lettres avec leurs pleins et leurs déliés comme on en voit dans les modèles d'écriture.

Mais *il est indispensable d'écrire lisiblement.*

Ne parlons pas des gens qui ne peuvent pas même relire leur propre écriture. Ceux-là sont les premiers à souffrir de leur mauvaise habitude et il est inutile de leur prouver qu'ils ont tort de ne pas écrire lisiblement.

Mais combien d'autres ont une écriture à peu près illisible pour quiconque n'est pas habitué à la lire ? Ceux-là auront toujours à craindre quelque désagrément provenant de ce défaut. Outre que c'est un véritable *manque de politesse* que d'envoyer à quelqu'un un manuscrit indéchiffrable, il en résulte souvent pour son auteur de grands inconvénients : il mécontente celui à qui il s'adresse, le dispose mal envers lui quand il n'en est pas connu, et peut ainsi perdre des affaires ou manquer de bonnes occasions. Le fait seul que chaque année un grand nombre de lettres sont mises au rebut ou égarées par la poste parce que leur adresse était illisible, montre l'avantage que chacun peut retirer d'avoir une bonne écriture.

Un mot, enfin, sur l'aspect que doit revêtir tout écrit en général et toute lettre en particulier.

Avant d'être lue, toute lettre a sa physionomie avenante, insignifiante ou rebutante : une écriture inégale et illisible, des mots entassés, des lignes serrées, des paragraphes qui n'en finissent pas, lui donnent un air bourré, sans lumière et rebutant la lecture.

Le premier mérite d'une lettre éclate dans l'*harmonie* de son ensemble. N'allez pas croire que la calligraphie soit nécessaire ; non. Votre lettre doit être simplement d'une écriture lisible. Pas de ham e fleurie, pas de ronde, de bâtarde, de fioriture. Tout cela annonce le mauvais goût, la prétention.

Conservez une marge moyenne ; que les lignes soient dans la page, les mots dans la ligne et les lettres dans les mots, tout cela avec mesure, sans disproportion.

N'oubliez pas la ponctuation et ne signez jamais que ce qui pourrait être lu sans inconvénient par un autre que le destinataire.

Nécessité de prendre des notes. — C'est un fait indiscutable qu'*il ne sert à rien de lire et de travailler, s'il ne doit nous en rester quelque chose*, et le meilleur moyen d'y parvenir sans faire un effort de mémoire trop considérable, le moyen adopté et recommandé par les personnes les plus compétentes, c'est de ne jamais manquer, chaque fois que nous apprenons quelque chose, de le *prendre en note*.

Aussi, ayez bien soin, quand vous voyagerez, quand vous vous livrerez à un travail quelconque, de prendre des notes dans lesquelles *vous résumerez les connaissances acquises*. De même, il conviendrait, sinon toujours, du moins de temps à autre, et pour les ouvrages les plus importants, de faire des *analyses* de vos lectures. C'est un moyen de se les rappeler, en substance, d'un seul coup d'œil. En outre, *si la lecture complète l'homme, l'écriture en fait un être exact.* Lorsque nous avons fermé un livre, si nous essayons d'en rendre compte par écrit, nous verrons que ce que nous avons retenu n'est d'ordinaire qu'une impression vague et générale.

L'habitude de prendre des notes et de rédiger des analyses nous force, au contraire, à entrer dans les particularités et à ne nous contenter que de données précises.

Vous ferez bien également de noter les incidents les plus caractéristiques de votre vie. Un journal bien tenu vous aidera à *regarder dans la vie* comme une collection de photographies vous apprendra à regarder dans la nature.

Vous pourrez suivre ainsi les progrès de votre éducation intellectuelle. Vous éviterez seulement de faire trop d'analyses ; vous y perdriez votre temps. Il suffit d'écrire sommairement ce qui vous a intéressé particulièrement.

Il est aussi très utile de *noter chaque jour une idée* que vous avez méditée. Vous éviterez par ce moyen de tomber dans une inertie intellectuelle déplorable, tout en ayant un tableau de votre vie mentale, dont vous pourrez ainsi étudier les progrès.

Manière de prendre des notes. — Très peu de personnes savent prendre des notes. En général, on s'imagine que cela consiste dans un résumé en forme de rédaction et ne différant du texte original que par la brièveté. C'est une *erreur* aussi grave que de prendre des notes trop brèves qui deviennent incompréhensibles.

Il faut simplement indiquer à l'aide de mots essentiels la suite des idées. *Gardez-vous de rédiger des phrases entières*. Cela vous causerait une *double* perte de temps, pour les écrire, puis pour les relire.

Quand vous prenez des notes au cours d'une conférence, si vous rédigez des phrases, le temps employé à cette rédaction vous empêche d'entendre la suite du développement et d'être attentif à plus d'une phrase sur deux ou trois. Vos notes seront décousues et sans aucune utilité.

— Il faut attacher une grande importance à la *confection matérielle* des notes.

Notre première recommandation sera d'employer toujours du papier du même format et de la même espèce. C'est le seul moyen de pouvoir les classer méthodiquement et de les retrouver avec facilité.

D'autre part, il est essentiel de prendre ses notes sur du papier d'un format assez réduit pour pouvoir être mis facilement dans la poche.

Une excellente habitude consiste à multiplier les titres et les sous-titres, à écrire certains mots à l'encre rouge, à indiquer les idées essentielles par des mots soulignés.

Les *fiches en papier* seront soigneusement numérotées et classées par ordre de matières dans des chemises fortes portant l'indication du sujet. Les dossiers ainsi constitués seront, soit ficelés et mis dans un tiroir, soit rangés comme des livres sur les rayons d'une bibliothèque. Un petit catalogue servira à retrouver immédiatement le dossier dont on a besoin (1).

Les *fiches en carton* seront surtout employées pour les indications bibliographiques, pour conserver des adresses, etc. On les classera dans des boîtes spéciales comme on en trouve à bas prix chez tous les papetiers, ou comme il est aisé d'en confectionner soi-même.

L'art d'écrire. — Qui n'a éprouvé le désir d'arriver à écrire avec correction et élégance ?

Ce n'est pas chose facile, et souvent même, ceux qui ont reçu une instruction soignée constatent leur impuissance à rendre exactement leur pensée.

Cependant, on triomphe des difficultés que présente l'art d'écrire avec un peu de *méthode* et d'*application*.

Nous croyons vous être agréable en essayant de résumer ici à votre intention quelques conseils pratiques sur ce sujet d'une si fréquente utilité.

1. Pour les détails on consultera avec fruit l'ouvrage de Guyot-Daubès, *l'Art de classer les notes*. Les catalogues de certaines maisons de Paris (Hachette, Barrère, Naeser, Mauchain, Kratz-Boussac) peuvent donner des idées pratiques sur les classeurs de notes à adopter.

Il est essentiel dans la vie d'affaires d'arriver à *exprimer ses idées avec clarté et rapidité*. La vie moderne comportant une action intensive, il faut pouvoir dicter une lettre, un rapport, etc., en très peu de temps.

Clarté et précision du style. — Tout d'abord, quelle que soit la question que vous traitiez, votre premier souci doit être d'*exprimer votre pensée avec clarté, naturel et précision.*

Certaines personnes n'arrivent jamais à se faire comprendre, parce qu'elles n'ont ni logique, ni réflexion, parce qu'elles n'ont pas la fermeté d'arrêter le cours de leurs idées et de maîtriser leurs impressions. De là chez elles l'*impossibilité* de s'exprimer clairement.

La règle énoncée par Boileau sera vraie de tout temps :

« Ce qui se conçoit bien s'énonce clairement
Et les mots pour le dire arrivent aisément. »

Voulez-vous que de vos écrits se dégage nettement la pensée que vous voulez rendre? *Réfléchissez avant d'écrire.*

Arrêtez, soit dans votre esprit, soit par écrit, ce qui vaut mieux, le *plan* de votre travail avant de le commencer. Une fois votre plan établi, vous avez à exprimer vos idées en un style clair et précis.

N'écrivez jamais une phrase avant de vous

être essayé mentalement à en concevoir la forme. Répétez-la tout bas en vous-même. Représentez-vous l'impression qu'elle vous produirait si elle vous était adressée à vous-même. Si elle vous choque, rejetez-la. Vous éviterez ainsi l'équivoque dans les tours, l'affectation et la recherche.

Une des qualités les plus rares à posséder, c'est la *précision* dans le style. Rien de plus agréable à lire qu'un écrivain qui sait trouver le mot propre et se faire bien comprendre en peu de mots.

Appliquez-vous donc à trouver le mot propre. Entre toutes les différentes expressions qui peuvent rendre une pensée, il n'en est qu'une seule qui soit la bonne. Recherchez-la.

Recherchez aussi la *concision*. Vous n'y arriverez qu'à force de vous relire et de vous corriger. Rappelez-vous que Buffon a recommencé *dix huit fois* son *Discours sur le style*, et que Flaubert n'était jamais las de se relire et d'enlever tous les mots qui lui semblaient inutiles.

De la simplicité. — La simplicité du style est *indispensable* en tout écrit, et plus particulièrement *dans une lettre*. Les expressions *les plus simples*, sachez-le bien, *sont les meilleures*. Ce sont celles qui traduisent le mieux nos pensées, nos sentiments. Un style correct, clair, sectionné convient mieux qu'une forme recherchée, bizarre, ou affectée.

« Un auteur qui a trop d'esprit, disait (avec beaucoup de

bon sens) Fénelon, et qui veut toujours en avoir, lasse et épuise le mien... Tant d'éclairs m'éblouissent. Je cherche une lumière douce qui soulage mes faibles yeux. »

Du naturel. — Ayez aussi un style *naturel*. Votre penchant vous pousse-t-il à écrire avec affectation, avec emphase ? Travaillez à vous corriger. Lisez Mme de Sévigné, par exemple. Voyez comme elle a su être à la fois simple et élégante en son style ; remarquez ses tours aisés et gracieux, son abandon apparent, son laisser-aller qui cache le travail et l'effort.

Comme elle, sachez être enjoué, gai, pathétique ou jovial selon les circonstances. Mais veillez surtout à ce que vos efforts restent cachés afin de laisser votre lecteur tout au plaisir de vous lire et d'éviter qu'on ne dise de votre prose trop étudiée : « *elle sent l'huile* ».

Aujourd'hui l'argot, le jargon, les expressions de terroir sont à la mode et se glissent partout. N'ayant rien de fortement pensé à dire, nous cherchons à suppléer à ce manque d'idées par l'inattendu de l'expression. Nous voulons le mot qui surprend, le néologisme qui pique et amuse.

Laissez cette langue *hardie* et crue aux littérateurs, aux romanciers *de second ordre*, et sachez rester simple dans vos expressions et dans votre langage.

Le plan. — Mettez de l'*ordre* également dans tout le corps de votre travail, dans le sujet que vous exposez. Ne sautez pas sans raison d'une idée à une autre.

Sans cet ordre, sans cette méthode, l'esprit du lecteur ne peut saisir la liaison des idées, les rapports des parties qu'on lui présente. Les pensées qui s'enchaînent seront mieux comprises et se graveront plus facilement dans l'esprit. Il semble alors au lecteur qu'une sorte de lumière l'éclaire et le guide dans sa lecture. Il y a des *auteurs lumineux ;* il y en a d'autres qui sont toujours *obscurs. Tachez d'être dans les premiers.*

Section V

L'art de la parole

L'utilité de savoir parler en public. — Les difficultés de l'art oratoire. — Préparation générale a la parole en public. — Hygiène générale de l'orateur. — Préparation particulière a la parole en public. — L'étude du sujet. — Les conseils de Sarcey. — Le lieu commun. — Hygiène de l'orateur. — Conduite a tenir devant le public ; le ton. — Les interruptions. — La physionomie et le geste.

L'utilité de savoir parler en public. — Aujourd'hui, *il est peut-être plus opportun de savoir s'exprimer en public que de savoir écrire.* Pour écrire, on peut se faire remplacer par un bon employé. Personne ne vous voit travailler dans votre cabinet, on ne sait si c'est vous qui écrivez. Le négociant intelligent qui se sent peu instruit prend à son service un bon écrivain qui met du style dans ses lettres.

Mais quand il s'agit de parler, il faut *donner de sa personne.*

Or, nous avons à parler fréquemment dans notre société démocratique où les élections sont à la base de tout notre système politique ; tout citoyen qui s'occupe par plaisir ou par utilité des affaires publiques doit pouvoir s'exprimer avec facilité.

D'autre part, vous êtes membre d'une chambre de commerce ou d'une société quelconque ; vous êtes actionnaire d'une grande compagnie et vous assistez aux assemblées ; il est de toute nécessité, si vous voulez défendre vos idées ou vos intérêts, de *savoir prendre la parole ;* sinon les meilleurs projets resteront ignorés, faute d'avoir été conçus par quelqu'un qui soit capable de bien les exprimer.

A chaque instant vous pouvez être obligé de prendre la parole dans une réunion ; à la fin d'un banquet, on vous prie de faire un toast ; à un enterrement, de prononcer l'éloge du défunt. Si vous ne savez pas parler, vous vous exposez à un refus toujours ridicule ou à un échec humiliant.

Il faut donc que vous sachiez parler en public.

Comment vous y prendrez-vous pour y réussir ?

Les difficultés de l'art oratoire. — Les difficultés de l'art oratoire ont été exposées par un des maîtres du barreau dont l'autorité est telle que nous tenons à reproduire quelques-unes de ses appréciations (1) :

« L'art de parler est un art difficile. Il exige une discipline rigoureuse de l'esprit. Les anciens disaient qu'on devient orateur et qu'on naît poète. Ce n'est pas à dire que les dispositions natives soient ici sans importance. Elles jouent un grand rôle. L'éloquence est jusqu'à un certain point un don naturel. Sous l'empire d'un grand sentiment, un esprit inculte peut parvenir à l'éloquence du paysan du Danube. Mais il n'en est pas moins vrai qu'on ne naît pas orateur. Etre orateur n'est pas être éloquent à tel jour donné, sous l'influence de circonstances exceptionnelles. C'est être toujours prêt pour toutes les circonstances ; c'est avoir une méthode assez sûre, une dialectique assez vigoureuse, un sentiment des convenances assez délicat, une compréhension assez claire des sentiments d'autrui, une faculté de ressentir et d'exprimer toutes les passions qui peuvent agiter l'âme humaine assez largement développée, enfin une possession de soi-même assez parfaite pour pouvoir toujours dire avec précision, avec élévation s'il est nécessaire, avec une émotion communicative, ce qui est utile pour convaincre et pour persuader.

« Ce n'est donc qu'au prix d'efforts incessants, par des études prolongées et surtout par des exercices répétés, par une sorte de gymnastique intellectuelle longtemps pratiquée, qu'on peut devenir un bon orateur. L'escrime de la parole comme celle des armes exige une habitude constamment entretenue. »

Sans aspirer à devenir un grand orateur, *chacun*

1. Me Du Buit. *Discours de bâtonnat.*

de vous peut tout au moins arriver à parler correctement en public.

Avec un peu d'apprentissage — car il en faut en toute chose — on peut exprimer ses idées par la parole presque aussi facilement qu'on le fait par la plume. Le malheur, c'est que cet apprentissage ne se fait nulle part. Nous allons essayer de vous indiquer ici la méthode qui nous paraît la meilleure.

Préparation générale à la parole en public. — APTITUDES NATURELLES DES ORATEURS. — Celui qui se propose de devenir orateur doit se rendre compte d'abord des *qualités naturelles* qu'il possède.

D'après Charcot les individus se répartissent, à cet égard, en plusieurs catégories très différentes suivant que ce sont les *facultés sensorielles* ou *motrices* qui dominent en eux.

Les *sensoriels* se divisent eux-mêmes en *auditifs* et en *visuels*. Les premiers ne pensent qu'avec des images acoustiques ; les seconds au contraire, lorsqu'ils pensent des mots, les voient comme écrits devant leurs yeux.

D'autre part, ceux en qui dominent les *facultés motrices* se divisent en *moteurs d'articulation* et en *moteurs graphiques*. Les uns ne pensent qu'en employant des images musculaires, les autres sont ceux auxquels les pensées ne viennent que s'ils sont disposés à les écrire.

D'ailleurs, comme le fait remarquer un psychologue distingué (1) :

« Ce serait une grosse erreur de penser que les catégories ci-dessus décrites se rencontrent d'une façon aussi simple dans la réalité. Malheureusement pour la science, le cerveau humain ne livre pas ainsi tous les secrets et la vérité est que les types de Charcot sont avant tout schématiques.

« Il est même impossible d'affirmer qu'un seul homme soit uniquement auditif, ou uniquement visuel.

« Dans un cerveau, tous les mécanismes de la pensée peuvent être employés : seulement, il est bien rare que tous soient usités par le même individu...

« On peut cependant affirmer, sans risquer de se tromper, que certains « types » s'associeront toujours mieux ensemble que d'autres.

« Ainsi le *moteur d'articulation* et l'*auditif* s'unissent parfois à un point tel qu'on pourrait les proclamer inséparables.

Vous devrez donc commencer par bien *vous rendre compte de vos qualités*. Si ces qualités ne se prêtent point à l'exercice de la parole, si, par exemple, vous êtes un visuel et que les expressions ne vous viennent aisément que la plume à la main, il vaudrait mieux que vous ne commenciez pas votre apprentissage. Vous aurez beaucoup de mal à devenir un orateur.

De même, suivant vos qualités (auditif ou verbo-moteur), vous vous astreindrez à *tel ou tel pro-*

1. Maurice Ajam. *La parole en public*.

cédé particulier de préparation différent du procédé général que nous donnerons ici.

Il faut — comme en toutes choses — *adapter votre éducation à vos facultés naturelles.*

Moyens à employer pour se préparer à la parole. — I. « Tous les orateurs, dit M. Ajam, parlent à l'aide d'un *capital* composé de mots, de *formules*, de locutions, plus ou moins laborieusement acquis, le tout conservé dans des centres nerveux spéciaux.

« L'inspiration, l'improvisation, l'imagination ne sont que des mémoires : le dieu inspirateur de l'éloquence n'étant « que la marée montante des associations », où les ondes nerveuses, sous l'attraction d'une force commune, se soulèvent et s'entraînent dans la masse frémissante du cerveau. »

Le musicien s'exerce à faire des gammes ; l'orateur doit par analogie s'exercer à acquérir des « groupes de mots », des locutions, des expressions techniques. Il se formera ainsi un réservoir précieux de mots et, par voie de conséquence, d'idées, où il pourra plus tard puiser facilement quand il aura besoin de préparer rapidement un discours. Pour atteindre ce but, la plupart des auteurs qui ont écrit sur ce sujet conseillent aux débutants de lire chaque matin, pendant une demi-heure environ, des passages d'orateurs célèbres.

Dans un ouvrage récent, écrit par M. Amet (1), nous trouvons même le travail simplifié.

1. Emile Amet. *Comment on apprend à parler en public et à traiter par écrit les questions du jour.*

M. Amet a dressé, avec patience, une liste des *expressions usuelles*, clichés oratoires, locutions tirées du langage des affaires et il conseille aux futurs orateurs de se les assimiler par la lecture à haute voix.

C'est là une partie originale de son ouvrage et ses conseils pratiques sont du plus vif intérêt.

Il faut d'ailleurs ne pas abuser de ce procédé. Il peut vous conduire à accumuler dans vos discours des phrases vides de sens. Il est bon sans doute que vous ayez toujours à votre service un grand nombre de phrases élégantes et de tournures appropriées à votre pensée, mais *ne dissimulez pas vos idées sous un amas de phrases creuses.*

Le mieux est donc de lire ou d'entendre les discours d'orateurs de talent, et de noter au passage les tournures de phrase heureuses. Vous pourrez ensuite modeler les vôtres sur celles que vous aurez retenues ; vous aurez ainsi des phrases bien cadencées et agréables à entendre.

II. — En même temps que vous vous livrez à ce travail de documentation, ayez recours à quelques exercices pratiques : Exercez-vous à parler à haute voix, devant un auditoire imaginaire sans avoir préparé votre discours la plume à la main.

« La méthode rationnelle de préparation du discours, dit M. Ajam, doit s'appuyer sur ces deux propositions :

« 1° La préparation graphique soumet le cerveau de l'orateur à une série de travaux inutiles ; elle exige un véritable gaspillage de forces.

« 2° La préparation purement mentale est la plus courte, la plus logique, la plus adéquate au but à atteindre. »

En effet, si on veut préparer son discours la plume à la main, il faut commencer par *traduire en signes écrits* les mots qui vous viennent à l'esprit. Seuls *les graphiques purs* sont dispensés de cet effet.

Cet effort est d'ailleurs inutile le plus souvent, car ceux qui relisent un passage qu'ils viennent d'écrire ont en général la sensation de *lire quelque chose de nouveau.*

« Au point de vue de la parole extérieure, dit très justement M. Ajam, non seulement l'écriture extérieure ne sert à rien, mais encore elle aboutit à une *dépense infructueuse* d'énergie mentale. »

III. — Une fois la préparation terminée, il vous restera à vous *assimiler* ce que vous avez médité. Ce sera là le plus difficile. Ne cherchez point à apprendre par cœur ; car tout procédé reposant sur la mémoire est défectueux. Outre qu'il exige des *efforts considérables*, disproportionnés avec leur objet, il peut vous conduire à un échec humiliant et ridicule, au cas où vos souvenirs viendraient à vous manquer subitement au moment où vous êtes en contact avec le public. L'orateur qui se contraint, d'une façon déguisée ou en s'en rendant compte, à se graver dans la mémoire ce qu'il vient d'écrire contracte une *habitude funeste* qui peut lui causer un jour ou l'autre les plus graves désagréments.

Aussi, ce procédé n'est-il celui d'aucun *orateur sérieux*, sauf de très rares exceptions, et si nous prenons la peine de vous en signaler les inconvénients, c'est parce qu'il est souvent employé par les débutants et les personnes qui ont rarement l'occasion de parler en public.

Nous n'indiquons que pour la *condamner* sans appel *la méthode qui consiste à lire* un discours rédigé par écrit. Rien ne fatigue davantage un auditoire. C'est d'ailleurs pour l'orateur lui-même une habitude déplorable, qui l'empêche de voir son public. De plus l'orateur qui a coutume de lire ses discours, s'expose infailliblement, le jour où il voudra se passer de son texte, à rester court, à balbutier et à ne point terminer s'il ne peut recourir à cette rédaction si nécessaire.

Il n'y a qu'un seul procédé vraiment pratique, qu'il est indispensable d'acquérir si on veut arriver à s'exprimer en public élégamment et sans accrocs.

Il faut exercer et *développer sa mémoire motrice d'articulation ; il faut devenir un verbo-moteur et s'essayer à parler en public sans être l'esclave de ses notes.*

Si vous avez la chance d'être né verbo-moteur, votre tâche sera facile ; vous devrez seulement vous mettre en garde contre les excès, contre la volubilité, qui vous causerait autant d'ennuis que l'indigence d'expression. Vous aurez donc à classer et à *ordonner les matériaux verbaux* qui se présentent en foule à votre appel.

Ceux qui ne sont pas doués de cette qualité naturelle devront s'efforcer de l'acquérir. L'*auditif pur* devra surtout, comme le dit M. Ajam, « établir de bonnes relations entre le centre des mots entendus et le centre des images d'articulation ». Il devra s'efforcer en préparant ses discours, de parler à haute voix et en marchant, et de toujours transformer les phrases qu'il construit dans sa pensée en une série de mots articulés. Avec un peu d'exercice quotidien et répété, il parviendra facilement au résultat désiré.

Pour le *verbo-visuel* et surtout pour le *moteur graphique*, la tâche est loin d'être aussi facile. M. Ajam leur donne d'utiles conseils, et nous ne pouvons mieux faire que de les mettre sous les yeux de nos lecteurs :

« Comme première condition du succès, ils doivent abandonner les procédés visuels et s'entraîner à l'audivo-motricité. Se faire lire à haute voix, tâcher de retenir quelque chose de ces lectures et les répéter par à peu près, en ne recourant qu'à la mémoire auditive. Ne rien écrire avant d'avoir essayé de le composer à haute voix. Qu'y a-t-il de si malaisé à prendre pour programme de ne jamais écrire une lettre avant de s'en être parlé à soi-même le contenu approximatif ? Il faut apprendre à articuler sa pensée : le succès est à ce prix. »

En se livrant ainsi à un *entraînement méthodique*

et continu, chacun de vous peut, à moins qu'il n'en soit empêché par un vice particulier de conformation physique, arriver à *développer ses qualités de verbo-motricité*. Il deviendra ainsi, sinon un orateur distingué, ce qui suppose souvent des qualités intellectuelles particulières, du moins un homme qui sait *s'exprimer en toute occasion avec élégance et facilité*. Il ne lui restera plus qu'à se préoccuper, lorsqu'il sera dans l'obligation de prendre la parole, de la préparation du sujet particulier qu'il aura à traiter (1).

Hygiène générale de l'orateur. — Il est nécessaire pour un orateur d'avoir un bon organe.

Une diction claire et agréable est en effet une des qualités les plus utiles à l'orateur. Un discours admirable, dit d'une voix hésitante et nasillarde, sera fatalement ennuyeux ou ridicule.

Vous commencerez donc par *réformer vos défauts de prononciation, si vous en avez*. La plupart sont faciles à corriger. Le bégaiement lui-même est sujet à disparaître, si on sait le combattre avec intelligence et persévérance. L'exemple de Démosthène suffit à prouver qu'on peut venir à bout des défauts de prononciation les plus graves.

Vous devrez ensuite vous *former la voix*, après avoir remédié à ces défauts naturels.

Il convient de vous donner tout d'abord *des poumons capables de soutenir votre parole*. Les

1. Voir *infra*, page 325.

exercices physiques que nous vous avons recommandés dans la partie précédente vous serviront utilement en *augmentant votre capacité respiratoire*. Mais vous pouvez encore par des exercices appropriés vous développer les poumons. L'usage régulier des haltères, l'escrime, les exercices de respiration dans lesquels vous vous efforcerez de respirer longuement et profondément, vous empêcheront d'avoir une respiration haletante, ce qui coupe de si déplorable façon les périodes les plus harmonieuses.

Après l'éducation du poumon, celle du *larynx*. Vous vous exercerez par la *lecture à haute voix* vous enflerez le son, de manière à bien vous faire entendre ; vous arriverez ainsi à faire sonner toutes les syllabes, et les mots se détacheront clairement les uns des autres.

Il faut surtout vous préoccuper du *timbre* de votre voix. Une voix aiguë est ridicule dans la plupart des circonstances ; elle ne convient qu'à un acteur comique. Par contre, une voix trop grave est trop sourde pour être commodément entendue dans une salle un peu vaste. Vous essaierez donc de remédier aux défauts de votre organe de façon à parler sur un ton convenable pour être agréable et facile à entendre.

Vous pourrez profiter de vos dispositions naturelles à parler sur un ton bas ou élevé pour vous exercer à de brusques variations de ton. Un *changement* intervenant dans le cours d'une allocution pour souligner telle ou telle idée essentielle donnera à votre pensée un relief tout particulier.

Enfin, il convient que vous vous exerciez à *bien articuler les voyelles et les consonnes;* cette qualité donne à la voix une puissance et une portée qu'elle n'aurait pas pu acquérir autrement.

Il faudra surtout faire tous ces exercices dans une salle vaste, où votre voix devra et pourra arriver à une sonorité parfaite. Vous pourrez même vous exercer en plein air, si vous ne craignez pas de forcer votre voix d'une façon nuisible.

Toutes ces précautions sont d'une utilité indiscutable. Nous ne saurions trop vous recommander de les observer. Songez seulement à ce fait que beaucoup d'orateurs célèbres ont dû leur réputation autant au *charme qu'ils exerçaient autour d'eux par leur organe et par leur débit* que par l'originalité de leurs pensées et les beautés de leur élocution. Gambetta lui-même n'aurait pas eu ses triomphes oratoires sans la sonorité de sa voix que tous ceux qui l'ont entendu ont encore présente à la mémoire.

Aussi, nous ne saurions trop insister sur la nécessité qui s'impose à l'apprenti orateur de soigner tout particulièrement ce que nous pourrions appeler la *partie matérielle de l'art oratoire.* C'est pour lui la condition *essentielle* du succès.

Préparation particulière à la parole en

public. — Quand vous aurez ainsi développé en vous les qualités générales indispensables à l'orateur, vous pourrez enfin vous disposer à prendre la parole et à mettre en œuvre tout ce que vous aurez acquis au cours de cette éducation. Il ne vous restera plus qu'à *préparer le discours particulier* que vous aurez à prononcer. A ce sujet, des conseils aussi précis que ceux que nous vous avons donnés pour votre préparation générale sont nécessaires.

L'étude du sujet. — La première chose que vous devez faire est *d'étudier très soigneusement votre sujet*, *d'approfondir* le plus possible la question à traiter, d'y *réfléchir* assez longuement pour trouver tous les arguments et prévoir toutes les objections que l'on pourrait opposer à ces arguments.

En un mot, *il faut savoir ce que l'on veut dire.*

Ce premier travail accompli, et après un temps plus ou moins long selon les difficultés du sujet, il s'agit de classer chaque idée, de *préparer son discours* au sens étroit du terme.

Il est indispensable de *prendre des notes* afin d'éviter toute défaillance de la mémoire quitte ensuite à ne pas vous en servir.

Pour cela, jetez sur le papier votre *plan*, vos *impressions*, vos *arguments*, vos *preuves*, et ne prenez pas garde tout d'abord aux paroles, aux expressions.

C'est là un « *humus* de matériaux » que vous vous constituez.

Ensuite, vous travaillerez sur cette matière informe ; vous clarifierez vos idées, vous ferez à vos notes du premier jet les retouches qui seront nécessaires. Vous mettrez vos idées et vos phrases au point.

En règle générale, appliquez-vous toujours à discuter avec *logique* et *bon sens*.

Choisissez bien vos preuves. Il ne faut jamais fournir un argument à l'adversaire, ni faire naître un doute dans l'esprit de l'auditeur.

Pour produire un effet continu et progressif, il faut savoir *présenter les arguments avec méthode*, sous un jour favorable à sa cause, en former un tissu compact et serré, un enchaînement indestructible.

Les preuves les plus convaincantes seront d'abord exposées ; une fois l'auditeur frappé et captivé, il sera plus facile de glisser les preuves un peu faibles, et les arguments de second ordre.

Une fois votre plan établi et vos arguments choisis, vous laisserez de côté vos notes préparatoires et vous rédigerez les notes définitives, celles que vous emporterez avec vous et que vous aurez sous les yeux en parlant devant votre auditoire.

Ces notes seront extrêmement *brèves :* deux petites pages devront suffire amplement pour parler pendant une heure ; elles doivent servir seulement à *éviter toute défaillance de votre mémoire*. Un ou deux *mots caractéristiques* suffiront à vous rappeler tout un développement ; n'écrivez donc que ce mot, car le seul but des notes sera de vous servir de *guide* dans votre exposé, et non point de contenir cet exposé.

Les *transitions* seront, elles aussi, résumées en un mot. On pourra *exceptionnellement* les apprendre par cœur, si l'on n'a pas l'habitude de la parole, afin d'éviter de prononcer un discours haché et décousu. Mais ces lambeaux appris par cœur devront devenir de moins en moins longs et de moins en moins nombreux ; vous devrez *perdre* aussitôt que possible une habitude qui ne peut être utile qu'à un débutant.

Vos idées bien arrêtées, et vos notes faites, il ne vous reste plus alors qu'à préparer vos phrases ; c'est là en quelque sorte la partie *extérieure* de votre discours. Pour réussir dans ce travail de style, prenez n'importe quelle partie du discours et essayez-vous à parler. Tout d'abord les idées manqueront de cohésion et les mots auront de la peine à venir ; ne vous découragez pas, *revenez* sept à huit fois sur le même point sans vous astreindre à l'emploi des mêmes termes, des mêmes expressions.

Pesez chacune de vos idées, disséquez, maniez et remaniez chaque mot, chaque expression, chaque tournure de phrase.

Si vous avez plusieurs jours devant vous, consa.

crez *chaque matin* une heure ou deux au même genre de travail. Les idées, d'abord rares, viendront en abondance. Les expressions, d'abord confuses et incorrectes, deviendront plus nettes. Le sujet vous deviendra familier et vous le posséderez bientôt entièrement.

Et quand le moment sera venu de prendre la parole devant votre auditoire, si ce travail de préparation a été bien fait, vous pourrez être sans inquiétude et affronter le feu de la rampe avec la crânerie d'un vieil orateur. Vous posséderez bien votre sujet ; vos idées viendront en bon ordre, vous vous exprimerez avec clarté et élégance.

Les conseils de Sarcey. — La méthode que nous venons de préconiser est en partie celle de Francisque Sarcey. Le maître conférencier a indiqué, en termes excellents, l'art de préparer une conférence. Ses conseils, aussi efficaces que simples et faciles à suivre, compléteront ce que nous avons dit de la façon de se préparer à parler en public.

« Quand vous avez pris toutes vos notes, quand vous possédez au moins en gros toutes les idées dont se composera la conférence, soit que vous les ayez déjà rangées dans un bel ordre, soit que la masse, confuse encore, en bouillonne dans votre esprit, quand vous êtes arrivé à ce moment de la préparation où on ne cherche plus que le tour à leur donner, qu'une façon de les exprimer, plus claire, plus colorée, plus vivante, quand vous en êtes là, écoutez-moi bien, mon ami, ne faites jamais l'imprudence de vous asseoir à votre bureau, vos notes ou votre livre sous les yeux, une plume à la main. Si vous habitez la campagne, vous avez sans doute un bout de jardin à votre disposition et à défaut d'une allée qui vous appartienne, le tour de ville où il ne passe jamais personne ; si vous êtes Parisien vous avez dans le voisinage ou le Luxembourg, ou les Tuileries, ou le parc Monceau, ou en tous cas quelques larges rues solitaires, qui permettent de rêver à l'aise, sans trop de dérangement ; si vous n'avez rien de tout cela ou que le temps soit exécrable, vous avez chez vous une chambre plus vaste que les autres... levez-vous et marchez. On ne prépare une conférence qu'en se promenant. Le mouvement du corps fouette le sang et aide au mouvement de l'esprit.

« Vous avez emporté dans votre mémoire les thèmes du développement dont la conférence doit se former ; piquez-en un dans le tas, le premier venu, ou celui qui vous tient le plus au cœur, qui pour le moment vous séduit le plus, et faites comme si vous étiez devant le public : improvisez-le. Oui, forcez-vous à l'improviser. Ne vous inquiétez pas des phrases mal faites, ni des mots impropres, allez toujours votre train ; poussez jusqu'au terme du développement et, une fois au bout, recommencez le même exercice ; recommencez-le trois fois, quatre fois, dix fois sans vous lasser. Vous aurez d'abord quelque peine ; le développement sera court et maigre ; peu à peu autour du thème principal, viendront se grouper ou des idées accessoires ou des faits probants ou des anecdotes afférentes, qui l'étendront ou l'enrichiront. Ne vous arrêtez dans ce travail que si vous remarquez qu'à reprendre ainsi le même thème, vous retombez dans le même développement, et que celui-ci avec ses tours de langage et ses suites de phrases, se fixe dans votre mémoire. Il ne faut jamais rien savoir par cœur. A quoi vous sert l'exercice que je vous recommande ? A vous préparer un large et planturoux humus de tours et de mots sur le sujet que vous devez traiter. L'idée, vous l'avez, c'est l'expression que vous cherchez. Vous craignez que les mots ou les formes de phrase vous manquent. Il faut en accumuler par avance en nombre considérable : c'est un amas de munitions dont vous vous précautionnerez pour le grand jour. Si vous commettez l'imprudence de vous charger la mémoire d'un seul développement qui soit définitif, vous retombez dans tous les inconvénients que je vous ai signalés ; on fait l'effet de réciter une leçon, et cela refroidit ; la mémoire peut manquer, on perd le fil et l'on reste court ; la phrase n'a plus cet air de négligence que l'improvisation donne seule et qui charme la foule. Mais vous avez préparé une demi-douzaine de développements sur la même idée, sans en fixer aucun ni dans votre mémoire, ni sur le papier ; vous arrivez devant le public : l'esprit, ce jour-là, si le bonheur veut que vous soyez en train, est plus aiguisé, plus alerte ; la nécessité de trouver sur-le-champ lui communique une lucidité et une ardeur dont on ne se serait point cru capable ; il puise dans cette masse de mots et de tours par avance accumulés, ou plutôt c'est cette masse elle-même qui se met en branle, qui accourt vers lui, qui l'emporte dans son mouvement ; il suit le flot, il a l'air d'improviser ce qu'il récite ; et il l'improvise en effet, tout en le récitant. »

Les lieux communs. — Dans la préparation des phrases que vous devrez prononcer, vous examinez forcément la question de savoir s'il faut introduire dans votre discours des *lieux communs*, c'est-à-dire des expressions toutes faites, des formules d'un usage courant, que tout le monde connaît et qui *frisent* parfois la banalité.

Malgré tout le mal que l'on a dit du lieu commun, il n'y a pas inconvénient à l'utiliser, mais à condition de *ne pas être plagiaire*.

Les idées générales sont un fonds riche et inépuisable, où viennent puiser sans cesse écrivains et orateurs. Dictées et suggérées à l'esprit par l'expérience, elles ne sauraient changer.

Toutefois, écartez ces phrases, ces *métaphores stéréotypées* qui traînent partout sous toutes les plumes, dans toutes les conversations.

Sachez adapter ces idées à votre cas particulier, prenez-les, disséquez-les sous toutes leurs formes, pour les rajeunir, les féconder et les marquer de votre empreinte.

Précautions hygiéniques. — *La voix est un instrument qui exige des ménagements* et dont on ne saurait user au hasard. De même que le musicien accorde son violon avant d'exécuter un morceau, de même l'orateur doit préparer son larynx à l'effort qu'il attend de lui.

A la suite d'expériences, on est arrivé à reconnaître qu'un certain nombre de procédés peuvent produire ce résultat.

Il faut surtout *éviter le fâcheux mal de gorge* qui vous rendrait complètement aphone. Aussi, le matin, *vous vous gargariserez* avec de l'eau boriquée, ou bien vous prendrez une *douche nasale* de Weber à l'eau très chaude.

Quatre heures avant de parler, vous pourrez prendre quatre gouttes d'*alcoolatine d'accoint* dans un peu d'eau. Deux heures après, vous prendrez 60 centigrammes de *caféine* qui empêchent l'essoufflement et les palpitations ; la strychnine employée par certaines personnes est moins efficace.

Si, au moment de parler, vous vous sentez la voix enrouée, il convient de prendre une tasse de *thé* ou de *café très chaud*.

Si vous avez la gorge sèche au cours de votre conférence, il faut y remédier en mettant dans votre bouche un petit morceau de bois qui fera sécréter les muqueuses ou vingt centigrammes de *borax*.

Ces précautions une fois prises, vous pouvez sans hésitation commencer à parler. Vous êtes en forme et vous avez tout ce qu'il faut pour réussir. Il ne nous reste plus qu'à vous donner quelques indications sur la façon de procéder pendant votre discours ou votre conférence.

Conduite à tenir devant le public. — LE TON. — Le moment de prendre la parole est arrivé ; votre discours est prêt, il vous reste à le prononcer.

Comment faire pour instruire, charmer ou persuader sans ennui votre auditoire et traduire avec art ce que vous avez pensé, senti et ordonné dans votre mémoire ?

S'agit-il d'une salle de dimension ordinaire, d'une salle dont vous connaissez la sonorité ? Vous n'avez aucune préparation à subir. Mais dans un vaisseau de forme et de dimensions inusitées, il serait bon d'y *essayer votre voix* au préalable. Vous pourrez ainsi la poser, lui donner l'intensité, la hauteur et la vitesse que réclament la sonorité et l'étendue de la pièce. Il est si pénible pour un auditoire de sentir l'orateur s'efforçant d'adapter sa voix aux conditions d'une salle !

Commencez votre discours sur un ton d'*intensité* et de *hauteur moyennes,* puis élevez progressivement la voix.

Parlez d'abord lentement, articulez avec beaucoup de soin et distinctement, afin d'habituer l'oreille de l'auditeur à votre voix.

Aspirez assez vite, expirez lentement sans aller jusqu'au bout du souffle ; ne laissez pas remarquer le passage entre l'aspiration et l'expiration. Faites en sorte de pouvoir parler longtemps sans fatigue.

Sachez *mettre en relief le mot de valeur*, en donnant aux sons une intensité, une hauteur et une vitesse différentes de celles des sons voisins. Un *léger silence* placé avant ou après un mot essentiel le détache et le fait ressortir.

Ne laissez jamais tomber la fin des phrases. Vous pouvez en descendre les sons de quelques degrés, mais il faut le faire sans ostentation ni recherche.

Que votre voix soit pure, claire, douce et forte à la fois. Faites sonner les consonnes sans trop serrer les dents, prononcez nettement les voyelles.

Evitez les accents de terroir.

Liez les mots, mais sans affectation ; sans cela vous aurez un langage prétentieux et désagréable.

Les interruptions. — Le plus important pour un orateur est de *savoir bien répondre aux interruptions*. Souvent on a devant soi un public que les convenances empêchent de prendre la parole. Dans un enterrement, une conférence, il n'y a point de contradicteur. Mais si vous parlez dans une réunion publique, vous serez interrompu à tout instant par des réflexions souvent absurdes et toujours inutiles. C'est une des tâches les plus pénibles que d'y répondre et plus d'un grand talent est resté impuissant devant de telles interruptions.

Il est de toute importance de *ne point se laisser démonter* dans ces circonstances. Celui qui se troublerait serait perdu dans l'estime de son auditoire, et la plupart du temps, si le public est un peu bruyant, il vous serait impossible de terminer votre discours.

Le mieux est de *ne point perdre son sang-froid* et de *continuer à parler*, comme si rien ne s'était produit. Si la réflexion de l'interrupteur est digne d'intérêt, on peut s'interrompre et l'avertir qu'on lui répondra une fois la conférence finie, car ce serait faire une digression impardonnable que de s'égarer à sa suite au milieu du discours.

Si l'observation du contradicteur est absurde, ce qui arrive le plus souvent, faites donc comme si rien ne s'était passé, à moins que vous ne trouviez un *mot spirituel* pour riposter à votre adversaire. Si vous réussissez à faire rire vos auditeurs à ses dépens, vous êtes sûr de n'être plus jamais interrompu. Ce moyen, à vrai dire, n'est pas à recommander à tout le monde ; certaines personnes sont incapables de trouver sur-le-champ le mot juste qui désarmera leur adversaire. Mais si vous pouvez y réussir, n'en perdez point l'occasion. C'est un *moyen incomparable de se concilier son auditoire*.

La physionomie et le geste. — Il nous reste à parler de l'*attitude extérieure de l'orateur*, de tout ce que les anciens comprenaient dans le terme d'*action oratoire*.

A la voix doivent correspondre l'expression du visage, le jeu de la physionomie et le mouvement des mains et des bras. En accompagnant la parole, ils la traduisent plus sensiblement.

Ne vous troublez pas, ne perdez pas la mémoire parce que vous êtes en présence d'une assemblée nombreuse. *Regardez l'auditoire avec assurance*, sans hauteur ni fierté. Tâchez de saisir l'impression produite.

De nos jours, certains orateurs préfèrent n'esquisser aucun geste ; d'autres, au contraire, impriment à leur corps une attitude et des mouvements trop étudiés. La monotonie des premiers engendre l'ennui, et l'ampleur excessive des gestes des seconds les rende ridicules. Il faut éviter ce double écueil.

C'est avec discrétion qu'il faut user du geste ; *le corps doit toujours agir naturellement.*

Un dernier conseil résumant tous les autres : le plus sûr moyen de réussir est de *comprendre* et de *sentir* ce que l'on doit dire. Alors l'accent est sympathique, le visage expressif ; le geste vrai et naturel.

Section VI

La méthode dans l'étude

Nécessité d'avoir une méthode. — Répartition des heures de travail. — La valeur du temps. — Méthode pour donner a toutes ses facultés leur plus grand développement. — Les moments perdus. — Le travail hatif. — Les revisions.

Après avoir passé en revue les différents exercices intellectuels auxquels chacun doit se livrer, il nous reste à rechercher la *méthode* à l'aide de laquelle on peut retirer de ses travaux le plus grand profit possible.

Nécessité d'avoir une méthode. — Quiconque veut avoir une activité soutenue et cherche à ne point gaspiller ses efforts doit *s'imposer une méthode de travail.*

C'est le seul moyen de se diriger vers un *but unique*, et de s'en rapprocher à chaque instant en s'arrangeant pour que toute action vous aide à y parvenir. C'est ainsi qu'on obtient le *maximum de rendement*.

Vous avez tous constaté autour de vous les funestes effets du manque de méthode. Des personnes bien douées et possédant de bonnes qualités morales n'arrivent à aucun résultat pratique par manque d'esprit de suite, parce que leurs efforts décousus se contrarient, parce que leurs mauvaises façons de procéder en toutes choses les empêchent de tirer de tout exercice l'utilité qu'elles en peuvent recevoir.

L'utilité d'une bonne méthode est telle qu'on peut même en faire l'objet d'une *étude spéciale*, et que le temps employé à sa recherche n'est point du temps perdu; au contraire. Celui qui avant d'entreprendre un travail quelconque consacre plusieurs jours à chercher comment il pourra procéder et à trouver des *règles fixes* auxquelles il se soumettra, acquiert vite une grande supériorité sur celui qui s'empresse de s'atteler à sa besogne sans savoir ni quand ni comment il la finira. On juge facilement la façon de procéder de l'un et de l'autre d'après la qualité et la rapidité de leur travail.

Répartition des heures de travail.—Il convient avant tout de bien *fixer le nombre d'heures qui seront consacrées au travail.*

Pour en retirer le plus grand profit possible, il est indispensable de *ne point travailler* chaque jour, *pendant un nombre d'heures trop considéra ble ;* de même, il faut répartir ses périodes d'activité en les faisant *alterner* avec des périodes de repos, pour éviter la fatigue produite par un travail trop prolongé.

Nous avons dans le chapitre précédent donné sur ce point des indications suffisamment précises pour qu'il nous soit inutile d'y revenir ici. Nous avons même donné à ce propos des *horaires* très précis fixant l'emploi du temps d'une façon assez exacte pour montrer comment on peut organiser son temps pour obtenir les meilleurs résultats au point de vue physique comme au point de vue intellectuel.

La valeur du temps. — Quelle que soit la répartition que vous adoptiez des heures de travail et des heures de repos, il faudra toujours vous inspirer de ce principe que *le temps a une valeur inestimable* et que c'est la seule chose qu'on ne puisse retrouver une fois qu'on l'a perdue.

M. Guyot-Daubès, dans l'ouvrage si intéressant que nous avons déjà cité, remarque que *tous les talents* que nous pouvons posséder *sont faciles à acquérir*, en y mettant le temps nécessaire, et que l'importance des dispositions naturelles s'efface presque toujours devant cet élément. Il calcule ainsi que pour bien apprendre l'anglais il faut deux mille à deux mille cinq cents heures de travail, trois mille pour l'allemand, etc. *Tout se réduit donc à peu près à une question de temps.*

Vous pouvez donc *tout* acquérir en y mettant

le temps convenable. Aussi, l'homme d'action qui veut cultiver toutes ses facultés pour obtenir un maximum de rendement ne devra jamais laisser perdre un instant qu'il aurait pu employer à se perfectionner d'une façon quelconque.

Méthode pour arriver à donner à toutes ses facultés leur plus grand développement. — L'essentiel est de *ne point gaspiller ses efforts.*

On peut travailler beaucoup tout en perdant beaucoup de temps. Telle personne est sans cesse affairée et se ruine même la santé, par l'excès de travail, et pourtant elle ne retire de cette activité *aucun profit, aucun résultat pratique.*

Il faut, pour éviter cette erreur, *concentrer ses efforts sur le but essentiel* qu'il s'agit d'atteindre. C'est dire qu'il faut commencer par bien se rendre compte de ce qu'il convient de faire. Il faut voir le résultat essentiel à obtenir, celui sur lequel tous les efforts doivent être dirigés. Vous avez par exemple un examen à passer et vous vous intéressez également à plusieurs affaires, ou vous faites partie de sociétés que vous contribuez à diriger. Vous réfléchirez bien que votre examen est le but principal de votre activité et vous déciderez de tout subordonner à sa préparation, au lieu de vous efforcer de tout mener de front, ce qui amènerait un échec général.

Le but essentiel de vos efforts étant ainsi déterminé, il faut vous concentrer tout entier sur ce point. *N'éparpillez point votre travail. Le travail décousu est du travail inutile.* Ceux qui commencent à préparer une conférence, à étudier une affaire et qui s'interrompent pour passer à autre chose, sont obligés, lorsqu'ils reviennent à leur première occupation, de faire un effort de mémoire considérable et même souvent de recommencer une partie de leur travail pour pouvoir se remettre au point où ils l'avaient abandonné. Souvent même vous aurez perdu en employant cette méthode les bonnes qualités que vous aviez au début. Vous aurez moins de fraîcheur d'esprit, moins de goût et de facilité pour le travail. Il n'est pas nécessaire de posséder une grande expérience pour dire *qu'un travail abandonné et repris est un travail gâché.*

Nous ne vous donnerons le conseil de vous interrompre ainsi que dans un seul cas : celui où vous préparez un travail écrit d'assez grande importance. Alors, il est nécessaire, après avoir achevé le brouillon, de le laisser de côté pendant une période assez longue, quelquefois deux ou trois jours, un mois ou deux, si c'est un ouvrage de longue haleine. Quand vous le reprendrez, vous le lirez presque avec des yeux impartiaux, et vous verrez immédiatement quels sont ses défauts.

En dehors de cette exception, une fois que vous aurez reconnu le but à atteindre, concentrez sur lui *tous vos efforts* avec méthode et esprit de suite, jusqu'à la réussite complète.

Nous apporterons toutefois certaines restrictions à ce précepte un peu rigoureux. Nous ne vous recommanderons pas, par exemple, de vous *livrer tout entier et sans interruption* aux travaux de votre profession. Ainsi, un avocat qui consacrerait *toutes* ses heures de travail sans exception à l'étude de ses affaires serait peut-être remarquable au point de vue professionnel, mais à coup sûr ce serait un homme incomplet par suite de cette spécialisation excessive.

En résumé, spécialisez-vous donc, mais seulement jusqu'à un certain point ; c'est en vous spécialisant que vous acquerrez quelque valeur personnelle et que vous ne serez point un bavard dépourvu de connaissances sérieuses. Quand vous aurez un résultat essentiel à obtenir, concentrez-vous rigoureusement sur un seul point ; *mais dans la vie ordinaire, il est utile que vous ayez*, *en dehors de vos occupations professionnelles*, *une sphère d'activité personnelle.*

Vous pourrez consacrer chaque jour une heure ou deux de votre travail à une occupation *très différente* des autres. Vous pourrez ainsi *apprendre une langue*, *étudier une littérature* qui vous plaît, *une science* qui vous intéresse. Combien de personnes se livrent ainsi à des études personnelles, en dehors de leurs travaux professionnels, font des conférences, publient des ouvrages, des articles de journaux.

Les avantages d'une telle méthode sont très

nombreux. Outre qu'ils empêchent la déformation professionnelle que subissent tous ceux qui se spécialisent, ces travaux vous *délassent* de vos occupations. Ils ont encore la plus heureuse influence sur le développement général de votre intelligence et ce résultat est inappréciable, quel que soit le travail auquel vous désiriez vous appliquer.

Les moments perdus. — Ce sont ces travaux personnels qui peuvent profiter de ce qu'on désigne sous le nom de *moments perdus*.

On entend par là une heure qui reste libre entre deux occupations, une journée de repos nécessitée par un léger malaise, une promenade ou un voyage. On peut facilement employer tous ce temps à *perfectionner* le travail que l'on a entrepris.

Vous pourrez par exemple employer vos heures de liberté à *lire* des livres, des articles de revue se rapportant aux sujets qui vous intéressent. Vous pourrez aller entendre une conférence qui vous sera utile. Quand vous avez un voyage à faire, faites-le de préférence dans un pays qui pourra vous fournir d'utiles renseignements. Il vous suffira *d'avoir toujours sur vous un carnet de notes* et d'y inscrire soigneusement tout ce qui peut vous intéresser. Vous arriverez chez vous et vous transcrirez sur des fiches le résultat de vos observations Ces fiches soigneusement classées suivant la méthode que nous vous avons indiquée plus haut seront pour vous des *documents précieux* que vous aurez glanés en vous amusant, on peut même dire en vous reposant.

En procédant ainsi, les moments perdus seront peut-être ceux dont vous retirerez pour votre progrès personnel la plus grande somme de *résultats pratiques*.

Aussi vous vous garderez soigneusement de consacrer ces moments perdus à des occupations inutiles qui seraient bonnes tout au plus à *vous empêcher de vous ennuyer* si vous n'aviez rien de mieux à faire. Ainsi, *vous éviterez le café et le jeu*, qui sont de véritables FLÉAUX pour l'activité.

Le travail hâtif. — Cependant, ces conseils ne doivent point être pris de façon telle qu'on croie nécessaire de s'acharner à travailler. Nous recommanderons au contraire d'*éviter le travail hâtif*.

Nous avons déjà fait ressortir les inconvénients que présentait pour la santé l'excès de travail : il conduit au *surmenage physique* et à la *neurasthénie*. Ses inconvénients au point de vue intellectuel ne sont pas moindres.

Celui qui travaille d'une façon trop précipitée, qui se refuse même quelques instants de répit au cours d'une longue séance de travail, *compromet irrémédiablement son succès final*.

Outre que, dans cette précipitation, il risque de laisser passer de grosses erreurs sans y prendre garde, qu'il n'a pas le temps nécessaire pour bien étudier la question qu'il doit résoudre et que le travail fait dans ces conditions n'est jamais aussi bon que s'il était exécuté plus posément, il ne tarde pas à éprouver une fatigue très caractérisée. *L'attention se lasse vite ;* on n'a plus le désir ni le pouvoir de se concentrer et de faire effort pour résoudre une difficulté ; on tend de plus en plus à devenir passif et à adopter en tout la solution qui exige le moins d'efforts. On a une sorte de *lassitude intellectuelle* qui se traduit par un *mécanisme* tout à fait désastreux pour le travail de l'esprit.

Cette méthode de travail précipité vous conduit ainsi à produire de *mauvaise besogne*. Bienheureux encore si vous n'êtes point contraint à un long repos avant de pouvoir reprendre le cours de vos travaux pour vous remettre de cette intempérance.

Les revisions. — Il reste encore un procédé qu'il convient de vous recommander pour compléter la méthode de travail intellectuel dont nous avons esquissé les grandes lignes. Quand vous avez réussi à vous assimiler un grand nombre de connaissances, votre mémoire, si bonne soit-elle, ne réussira jamais à les conserver. Il est de toute nécessité, si vous voulez éviter de voir disparaître une part énorme de votre bagage intellectuel, de *procéder à des revisions fréquentes*.

Mais dans ces revisions comme dans l'acquisition des connaissances, il convient de procéder avec méthode. Sinon, vous négligerez de les faire pendant une période trop longue pour que les souvenirs se réveillent facilement ; ou bien, vous y consacrerez trop de temps et vous négligerez certaines affaires pressantes pour vous préoccuper de reviser des connaissances qui n'ont aucune utilité immédiate. *Il y a là un grand nombre d'excès qu'une bonne méthode vous fera éviter.*

Tout d'abord, consacrez à ce travail de revision un certain temps *bien déterminé*, une ou deux soirées par semaine, ou un dimanche par mois, ou bien encore une partie de vos vacances annuelles. Le choix une fois fait, astreignez-vous scrupuleusement à consacrer aux revisions *tout* le temps que vous avez fixé et ne vous laissez pas plus distraire que si vous aviez à faire un travail dont l'utilité serait immédiate.

Cette décision une fois prise, vous allez vous mettre au travail. Mais il faut encore avoir une façon de procéder parfaitement sûre ; sinon, vous seriez exposé à *omettre des points essentiels*, ou à *recommencer* avec le même détail le travail que vous avez fait la première fois, ce qui est inadmissible.

Vous aurez soin de *garder un certain nombre de livres* qui vous soient familiers dont vous vous êtes déjà servis habituellement. Pour chaque matière à repasser, vous avez ainsi un livre qui contient tout l'essentiel qu'il convient de retenir.

Ce sont ces livres que vous reprenez et que vous parcourez.

Nous disons *parcourir* et non lire, car il faut bien se garder de les étudier en détail. Il suffit simplement de *se rafraîchir la mémoire*, et pour cela, il suffit d'un coup d'œil sur un livre dont nous nous sommes fréquemment servis. Nous reconnaîtrons aussitôt la phrase, les mots essentiels qui nous rappelleront le développement ou le chapitre tout entier que nous avons appris autrefois. En prenant, soit des livres dont les passages essentiels, et les résumés soient imprimés en caractères gras, soit des livres dont vous avez souligné vous-même le plus important, vous pouvez parcourir en peu de temps ce qui vous a coûté beaucoup de peine à étudier une première fois, et vous conserverez toujours présentes à l'esprit les connaissances que vous avez précédemment acquises.

De la sorte, ce que vous apprendrez pour la première fois ne servira pas seulement à remplacer ce que vous oubliez, ce sera une *véritable acquisition* et votre travail intellectuel constituera un *réel progrès*.

Vous retirerez de cette méthode des résultats plus pratiques encore. Rien n'est si utile que de toujours posséder présents à l'esprit les *éléments des sciences essentielles*, de l'arithmétique, de l'histoire, de la grammaire, etc. Cela vous évite, lorsqu'on a besoin d'un renseignement quelconque, des recherches rebutantes et souvent compliquées.

Par l'emploi de ce système de revision et des méthodes de travail que nous avons indiquées précédemment, vous pourrez arriver à donner à vos facultés intellectuelles tout le développement dont elles sont susceptibles et vous serez ainsi pourvu de toutes les qualités qui sont nécessaires à l'homme d'action.

CHAPITRE V

La vie sociale

Section I

Le choix d'une profession.

Nécessité de choisir une profession. — La vocation. — Les aptitudes. — Autres conditions dont il faut tenir compte. — Examen des avantages de chaque profession. — Les considérations pécuniaires. — Considération de l'utilité sociale.

Nous avons essayé de tracer dans les chapitres précédents un plan d'éducation personnelle en nous plaçant successivement, pour la formation et le développement de notre moi intérieur, au point de vue moral, physique et intellectuel.

Il nous reste maintenant à *tracer le rôle de l'homme d'action dans la vie sociale*, dans ses relations avec le monde extérieur, et en particulier dans le choix et l'exercice d'une profession.

Nous examinerons ainsi successivement le choix d'une profession ; l'apprentissage de la profession ; l'exercice de la profession ; et nos devoirs envers la société.

Nécessité de choisir une profession. — *Le jeune homme qui a terminé ses études devra* AUSSITÔT *faire choix d'une profession* dans laquelle il entrera.

C'est là une nécessité qui peut sembler pénible à certaines personnes qui ne se sentent attirées par aucune profession et qui ne considèrent que les inconvénients de chacune d'elles.

Il leur semble qu'on ne doit travailler que quand on se trouve contraint par le besoin, et si leurs parents possèdent une fortune tant soit peu considérable, ils en profitent pour ne rien faire et grossir le troupeau des inutiles.

Vous songerez que dans une société, *ceux qui ne remplissent aucune fonction sont des parasites* ; que le travail loin d'être un ennui et une nécessité dégradante est un DEVOIR honorable qui procure à celui qui a l'esprit bien fait les plus hautes satisfactions. Nous avons tous l'obligation de mettre notre activité au service de la société, et tous les inconvénients doivent s'effacer devant cette nécessité.

Les défauts de chaque profession en particulier devront nous guider seulement dans notre choix, mais l'idée de ce choix ne doit jamais être sujette à contestation.

M. Carnegie (1) a très bien posé ce principe avec la netteté qui caractérise ses expressions :

« Peu importe la branche d'efforts vers laquelle vos goûts et vos jugements vous attirent ; le seul grand point est que vous consacriez vos efforts à l'une d'elles. »

Il n'entre pas ici dans notre plan de rechercher quelles professions sont préférables à d'autres. Des ouvrages spéciaux auxquels nous ne pouvons que renvoyer nos lecteurs, donnent sur ce point tous les renseignements désirables (2).

Nous nous bornerons à donner certaines *indications* qui nous paraissent essentielles.

La vocation. — On devra prendre soin de choisir une carrière pour laquelle on se sente quelque goût et quelques aptitudes. Exercer une profession sans goût, c'est se condamner à être malheureux toute sa vie. *Rien n'est donc meilleur que de suivre sa vocation.*

Pour la suivre, il faut la connaître. Aussi, *vous commencerez par bien vous étudier*. Si vous avez une vocation bien nette, vous la connaîtrez avant d'être au moment de faire votre choix ; depuis longtemps, vous saurez que tel ou tel germe d'activité vous attire particulièrement. Dans ce cas n'hésitez pas : *faites ce que vous désirez.* Rien n'est si pernicieux que de choisir une profession

1. Carnegie. *L'Empire des affaires*, chez Flammarion.
2. On lira utilement pour le choix d'une profession *Le Choix d'une Carrière* de Hanotaux et *Que faire de la vie ?* par M. Bitot.

autre que celle qui vous plaît. Vous seriez sûrement malheureux et, d'autre part, vous rempliriez mal les devoirs de cette profession si vous le faisiez par contrainte.

Les aptitudes. — Si vous n'avez pas une vocation bien caractérisée, *vous avez au moins des aptitudes* pour telle ou telle profession. Vous avez plus de facilité pour exercer votre activité dans un sens plutôt que dans un autre.

Pour connaître ces aptitudes, il faut bien réfléchir, mais il faut surtout *consulter* ceux qui sont en mesure de vous renseigner utilement. Vous ferez bien de prendre l'avis de ceux qui ont dirigé vos études et qui vous avertiront, sans idée préconçue, si vous vous égarez sur une voie qui n'est pas la vôtre.

Vos parents, vos amis pourront aussi vous donner d'utiles directions, mais il faudra toujours vous *méfier des avis intéressés :* et non ceux qui vous touchant de près sont en effet susceptibles de vous donner de trop hautes ambitions. Ils veulent faire de vous plus que vous ne pouvez faire, et vous pourriez en les écoutant vous exposer à des regrets et à des déboires.

Autres conditions dont il faut tenir compte. — Il faut encore, avant de choisir la profession que vous embrasserez, *tenir compte de plusieurs éléments personnels.* La *santé* est un des principaux. Il ne faut pas embrasser une profession trop fatigante ou trop énervante si on n'est pas doué d'une forte constitution. Aussi *il est nécessaire de consulter son médecin avant de se diriger dans tel ou tel sens.*

On peut aussi se décider suivant les *relations* que l'on possède. Si vous connaissez une personne qui puisse vous aider à faire votre chemin ou tout au moins vous faciliter l'accès d'une carrière, vous auriez vraiment tort de laisser échapper une aussi bonne occasion. Cette considération, à défaut d'autre plus puissante, pourra suffire à déterminer votre choix.

Si vous avez un parent qui puisse vous laisser sa profession et vous transmettre une industrie, un commerce à la tête duquel il se trouve, tout est pour le mieux, et vous n'avez qu'à prendre sa succession, à moins que des obstacles considérables ne s'y opposent par ailleurs.

Nous avons trouvé, dans un article de M. Bureau publié dans *La Science Sociale* (1), un exposé très exact des avantages offerts par cette façon de procéder :

« Je n'ai pas besoin de faire ressortir les heureux effets de cette transmission du métier paternel, je dirai seulement qu'elle est éminemment propre à assurer le recrutement de commerçants et d'industriels capables.

« Quoi qu'on fasse, c'est, en effet, de ses parents qu'on apprend le mieux une profession, du moins c'est avec le plus

1. *La Science Sociale*, janvier 1890.

de chance de stabilité et de succès : on trouve auprès d'eux une initiation progressive et complète aux parties les plus spéciales, les plus difficiles et les plus compliquées de la gestion d'un domaine, d'une maison de commerce, ou d'un établissement industriel qu'on doit reprendre après eux. »

Examen des avantages de chaque profession. — Après avoir tenu compte des conditions dans lesquelles vous vous trouvez, il faut encore, pour faire un choix éclairé, *examiner les avantages que présentent les différentes professions* entre lesquelles vous avez à choisir.

Il faut d'abord *considérer chaque profession en elle-même*, et ne pas la juger uniquement sur sa réputation et d'après les préjugés répandus autour de vous. Il est en effet à remarquer que si beaucoup de personnes malhonnêtes sont entourées de considération, un grand nombre de professions fort honnêtes sont injustement méprisées.

Les entreprises industrielles et commerciales sont dépréciées à tort, et semblent réservées à ceux qui n'ont pas les moyens de se faire une situation plus honorable.

Pour choisir raisonnablement une profession, *vous mépriserez ces préjugés* et vous vous demanderez seulement si tel métier est utile à la société et si vous pouvez l'exercer honnêtement. Si oui, ne vous laissez point arrêter par l'étroitesse d'esprit de certaines personnes. *Il n'y a point de sot métier, il n'y a que de sottes gens.* Vous vous élèverez au-dessus d'eux en ne tenant pas compte de ces obstacles.

Les considérations pécuniaires. — L'argent tient trop souvent le principal rôle dans les déterminations des hommes. Nous ne voulons pas prêcher ici le renoncement et l'ascétisme. Nous reconnaissons au contraire que *l'argent est nécessaire à tout le monde*, car il nous donne la possibilité de vivre, d'agir, de nous rendre utiles, etc. Quiconque méprise l'argent se trouve en contradiction formelle avec lui-même, puisqu'il n'en désire pas moins vivre et agir.

Nous avons déjà, au début de cet ouvrage, montré l'importance de l'argent à notre époque en faisant ressortir les inconvénients des professions bureaucratiques où de maigres traitements imposent au fonctionnaire et à sa famille une existence misérable.

L'argent doit donc entrer en ligne de compte dans le choix d'une carrière.

Mais de là à se laisser uniquement guider par des considérations pécuniaires et à apprécier une situation *uniquement* au point de vue des profits matériels qu'elle comporte, il y a un monde !

Vous éviterez l'erreur de ceux qui, désirant avant tout *gagner de l'argent*, choisissent, envers et contre tout, la profession la plus lucrative et qui n'ont qu'un seul but dans leur existence : *amasser une fortune*. Ceux-là ne songent ni aux services qu'ils pourraient rendre à leurs semblables, ni même aux satisfactions légitimes qu'ils pourraient se procurer. Ils consument leur existence à toujours entasser : ils mènent une vie égoïste et misérable.

Il ne faut jamais oublier que *les biens d'un homme ne sont point dans ses coffres*, mais dans l'usage qu'il en tire... On ne jouit pas à proportion qu'on la sait ordonner.

Fénelon déclare que :

« L'ambition et l'avarice des hommes sont la seule cause de leur malheur : les hommes veulent tout avoir et ils se rendent malheureux par le désir du superflu ; s'ils voulaient vivre simplement et se contenter de satisfaire aux vrais besoins, on verrait partout l'abondance, la joie, la paix, l'union. »

Ce point de vue est très exact, et nous vous conseillons vivement d'*attribuer aux considérations pécuniaires la juste importance qu'elles méritent*, sans leur faire jouer un rôle prépondérant dans notre existence.

Considération de l'utilité sociale. — Une considération essentielle doit peser sur votre détermination ; c'est celle de l'*utilité* que peut présenter telle ou telle profession au *point de vue national.*

L'idéal consiste évidemment dans l'observance des principes si justement exposés par M. Carnegie.

Après avoir parlé de ceux qui se destinent au

commerce, à l'industrie, à l'agriculture, il ajoute :

« Mais il existe une quatrième classe, plus élevée que les précédentes, qui ne rend de culte ni à l'autel de la richesse ni à celui de la renommée, mais au plus noble de tous les autels, celui des services rendus à la race. L'abnégation est son mot d'ordre. Les membres de ce cercle intérieur et plus élevé ne cherchent pas les applaudissements populaires, mais le droit chemin. Ils disent avec confiance : « Je ne me soucie pas d'avoir une haute place ; ce dont je me soucie, c'est d'être digne de ma place. » L'homme appartenant à cette classe simplement cherche à faire son devoir, jour par jour, de telle façon qu'il puisse s'honorer lui-même, ne craignant rien que sa propre conscience. J'ai connu des hommes et des femmes qui n'occupaient pas une place prééminente devant le public — parce que cette classe ne recherche pas la distinction — mais qui prouvaient par leur vie qu'ils avaient atteint cet état idéal...

« Les considérations égoïstes, dans cette confrérie choisie parmi les meilleures, sont secondaires, et les services rendus aux autres sont la première considération. La richesse ou la renommée ne sont pas la récompense que ces hommes cherchent. Ils ont appris et savent bien que la vertu trouve en elle sa seule et très grande récompense — et que, dès qu'on y a goûté, elle est la seule digne d'être recherchée. Et ainsi, la richesse et la renommée sont dépassées par la plus haute récompense : l'approbation de soi-même venant du fidèle accomplissement du devoir tel que vous le comprenez, sans crainte des conséquences, sans recherche des récompenses. »

Nobles paroles, que l'on ne saurait trop méditer !

Section II

L'apprentissage de la profession

Les débuts. — Comment on monte en grade. — Nécessité de se distinguer. — L'initiative. — Le perfectionnement de l'éducation professionnelle.

Les débuts. — Si vous n'êtes doué que de peu de fortune et que vous désiriez entrer dans la carrière des affaires, vous serez probablement obligé de commencer par des emplois inférieurs et de prendre ce qui s'offrira à vous sans avoir le choix et sans attendre des temps meilleurs.

M. Carnegie enseigne qu'il est bon de débuter durement.

S'adressant à des jeunes gens, dans une conférence, il leur conseille de ne pas se rebuter au début :

« Prenez un emploi, n'importe lequel, leur dit-il, et ne craignez même pas de vous livrer à quelque besogne ingrate, fût-ce même de balayer le bureau.

« Il est bon, ajoute-t-il, que les jeunes gens commencent par le commencement et occupent les situations les plus inférieures.

« Beaucoup des principaux *Business men* de Pittsbourg se sont trouvés chargés d'une sérieuse responsabilité, à leurs débuts. On leur remit un balai, et ils consacrèrent les premières heures de leur vie d'affaires au balayage des bureaux. »

Vous ne craindrez donc pas d'accepter un emploi inférieur. Si vous voulez entrer dans le commerce, si vous voulez, par exemple, étudier le fonctionnement d'un grand magasin, n'hésitez pas à y accepter le premier emploi qu'on vous proposera.

Ne considérez pas votre manque de fortune comme une grande infériorité. La pauvreté est même un excellent stimulant pour s'élever dans la société. Ce sont au contraire les fils de millionnaires qui ne savent que faire, sont inutiles et souvent nuisibles à leurs concitoyens. Dans la pauvreté vous trouverez ces qualités d'initiative, d'économie et de volonté tenace qui vous conduiront à la fortune.

Comment on monte en grade. — Tous les emplois modestes ne sont d'ailleurs bons qu'à la condition d'en sortir.

Quelle conduite l'employé doit-il tenir pour gravir les échelons qui vont le conduire à des emplois supérieurs, et lui permettront, même si sa situation de fortune est modeste, d'arriver un jour à être patron ?

Il faut d'abord avoir une mentalité appropriée. *Ne soyez point de ces modestes* qui se croient toujours *indignes* des emplois supérieurs et sont persuadés que les places importantes sont réservées à des hommes d'une capacité extraordinaire et qu'ils ne sauraient jamais égaler.

Il n'y a pas de doute qu'il existe de la place

au sommet pour les hommes exceptionnels dans toutes professions. Ceux-là n'ont pas à chercher de protection ; c'est plutôt leurs services qui sont recherchés. Dans chaque profession, comme dans chaque affaire, il y a beaucoup de place au sommet. Le problème pour vous est d'y parvenir.

C'est une simple affaire de travail honnête, d'intelligence et de concentration.

La première condition du succès est donc de *viser haut* et d'avoir la *ferme volonté* de réussir.

« Supposant que tous vous avez obtenu un emploi et fait un bon début, observe M. Carnegie, le conseil que je vous donne est « visez haut ». Je ne donnerais pas une figue du jeune homme qui ne se voit pas déjà l'associé ou le patron d'une importante maison. Ne vous contentez pas un seul instant d'être un principal employé, un contremaître ou un directeur dans n'importe quelle affaire, si importante soit-elle. »

Nécessité de se distinguer. — La seconde condition du succès, et la plus importante peut-être est de ne point s'endormir dans l'emploi qu'on occupe. *L'homme d'avenir doit faire quelque chose d'exceptionnel*, et en dehors de ses attributions *il doit attirer l'attention.*

Votre choix fait, accomplissez votre devoir en entier et même *un peu plus* : le « un peu plus » est de la plus grande importance. Un grand poète a dit que « l'homme qui fait le mieux qu'il peut, peut parfois faire plus ».

L'accomplissement fidèle et consciencieux de vos devoirs est excellent ; mais il ne suffit point pour faire votre fortune. Il doit y avoir quelque chose au delà. Aucune fonction n'est assez humble pour que votre volonté d'arriver ne puisse se manifester et pour que vous ne puissiez vous montrer capable de faire mieux et de rendre de plus grands services.

En attirant l'attention de votre patron, vous le forcerez à reconnaître que vous n'êtes point un mercenaire, une machine, qui donne tant d'heures de travail en échange de telle somme d'argent ; mais un *homme libre et intelligent* qui concentre toutes ses facultés sur l'exercice des fonctions qui lui sont confiées. Un tel employé donnera sûrement de lui la meilleure impression. Avant peu de temps, on le consultera dans sa partie, et si son avis est bon on le sollicitera bientôt sur des questions de plus large étendue.

Il a dès lors un pied à l'échelle, comme dit M. Carnegie, et le nombre d'échelons à monter dépend uniquement de lui.

L'initiative. — D'après M. Carnegie, le jeune homme doit aller plus loin encore et ne pas craindre de *faire preuve d'initiative* dans la besogne qui lui est confiée en ne se bornant pas à la stricte exécution des ordres reçus. Il ne doit pas hésiter à les outrepasser quand, par suite d'une circonstance inattendue, cette stricte exécution pourrait nuire à son patron.

Le perfectionnement de l'éducation professionnelle. — Pour arriver à s'élever rapidement dans votre profession, vous ne devrez négliger aucun moyen pour devenir plus apte à l'exercer. Il ne suffit pas d'acquérir l'estime et la faveur de ses supérieurs, il faut encore les mériter.

Vous ne vous contenterez donc pas de *faire du zèle* ; vous chercherez à *perfectionner sans cesse votre éducation professionnelle.* Songez qu'il est indispensable à celui qui veut arriver à une grosse situation dans une entreprise quelconque de connaître à fond tout ce qui concerne cette entreprise. L'employé qui reste confiné dans sa spécialité ne pourra jamais aspirer à en sortir, tandis que celui qui sera capable de remplir toutes les fonctions arrivera nécessairement à la direction de l'affaire. Il vous est très facile de compléter ainsi votre éducation professionnelle par la *lecture* de livres et de revues se rapportant spécialement à votre métier, par *l'étude des langues vivantes* dont on peut avoir besoin dans toutes les situations, par la *fréquentation de cours publics* comme il s'en fait un peu partout depuis quelques années, par des *conversations avec les spécialistes* susceptibles de vous expliquer ce que vous ne saisissez pas très clairement ou de vous donner un bon conseil, par des *voyages* enfin, au cours desquels vous étudierez la façon de procéder de ceux qui exercent dans d'autres régions la même profession que vous.

SECTION III

L'exercice de la profession

LA RÉUSSITE DANS LES AFFAIRES. — QUALITÉS VOULUES POUR RÉUSSIR. — LE SUCCÈS DANS LE COMMERCE ET L'INDUSTRIE

La réussite dans les affaires. — Une fois arrivé à la direction d'une entreprise quelconque (ou si vous débutez de plain-pied comme *patron* au sens le plus large du terme) vous aurez à lutter, non plus pour vous élever à un emploi supérieur, mais pour *triompher de la concurrence* et pour *réussir* dans vos affaires.

Il faudra alors faire preuve de qualités différentes de celles dont nous venons de parler, mais qui n'en sont pas moins d'une importance capitale.

La première chose à faire sera, comme précédemment, de bien vous persuader que *vous pouvez, donc que vous devez, réussir*. Dans chaque profession comme dans chaque affaire, il y a de la place au sommet ; vous y arriverez sans peine en faisant preuve de la persévérance et des qualités requises.

Qualités voulues pour réussir. — D'une façon générale, on doit d'abord s'appliquer à être *ponctuel*, *exact*, *poli envers ses égaux*, *déférent*

envers ses supérieurs, bienveillant vis-à-vis de ses subordonnés.

La *discrétion* est aussi une vertu de premier ordre dans l'exercice de la plupart des professions.

Une *rigoureuse probité* est encore le moyen le plus habile de capter la confiance et de s'attirer l'estime de ceux avec lesquels on est en rapports.

Si vous êtes dans la carrière des affaires, il vous faudra donner aussi de votre personne, *être constamment à la tâche* et surveiller assidûment ceux qui sont sous vos ordres et dont vous êtes responsable.

« Le succès durable, dit M. Carnegie, ne peut être obtenu que par une conduite loyale et honorable, par des habitudes irréprochables et une vie correcte, par l'emploi du bon sens et d'un jugement rare dans toutes les relations de la vie humaine, car le crédit et la confiance s'éloignent de l'homme d'affaires maladroit soit en paroles, soit en actions, ou suspect d'habitudes peu délicates. »

Le succès dans le commerce et l'industrie. — Le grand industriel, le grand commerçant doit réunir des qualités plus nombreuses que n'en exigent les carrières libérales.

En effet, l'homme qui adopte la carrière des affaires est appelé à traiter une variété continuelle changeante de questions. Il lui faut *avoir un jugement étendu, basé sur la connaissance de nombreux sujets.* Il n'est pas suffisant pour le grand marchand et l'homme d'affaires de nos jours de bien connaître son pays, ses conditions physiques, ses ressources, ses statistiques, ses récoltes, ses canaux, ses finances, en un mot toutes les conditions qui ont une influence, non seulement sur le présent, mais qui lui fournissent des données lui permettant de prévoir l'avenir, avec un certain degré de certitude.

Le marchand dont les opérations s'étendent à diverses contrées doit connaître ces pays et aussi les principales choses qui les concernent. Sa vue doit s'étendre sur le monde entier ; rien d'important ne peut se produire qui n'ait de l'influence sur ses actes — complications politiques à Constantinople ; apparition du choléra en Orient ; mousson dans l'Inde ; approvisionnement d'or au Transvaal ; chute du ministère ; risques de guerre ; probabilité d'un arbitrage, amenant un arrangement, etc., etc., — rien ne peut arriver dans le monde qu'il n'ait à le considérer.

Il doit posséder une des plus rares qualités : être un excellent juge des hommes. Souvent il en emploie des milliers, et il sait tirer ce qu'il y a de meilleur dans chaque caractère. Il doit avoir le don de l'organisation et, autre don rare, il doit avoir l'habileté dans l'exécution ; il doit être aussi capable de prendre des décisions promptes et sages.

Aucune de ces rares qualités n'est aussi nécessaire au spécialiste de toute autre profession. La carrière des affaires tend, non seulement à aiguiser l'intelligence, mais à élargir les facultés. Elle diffère encore des autres carrières parce qu'elle ne tend pas à la spécialisation et au fonctionnement de l'esprit dans d'étroites limites, mais qu'elle a pour effet, au contraire, de *développer chez un homme la capacité de juger sur de larges données.* Aucune vie professionnelle n'embrasse tant de problèmes, aucune n'exige de vues aussi larges des affaires en général.

Qualités pratiques. — M. Carnegie précise en excellents termes quel est le secret pour réussir dans l'exercice de toute profession.

« Concentrez votre énergie, votre pensée, et vos capitaux uniquement sur les affaires dans lesquelles vous êtes engagé. Ayant commencé une partie, prenez la décision de la mener jusqu'au bout, d'en devenir le maître. Adoptez chaque amélioration, ayez les meilleures machines, et sachez tout ce que vous pouvez savoir (1).

Il ajoute ces conseils pratiques :

« Ne spéculez jamais ; n'endossez jamais au-dessus du surplus de votre argent disponible ; faites des intérêts de votre maison, les vôtres propres ; mettez tous vos œufs dans le même panier, et surveillez ce panier ; enfin ne soyez pas impatients, car comme Emerson dit : « Personne ne peut vous enlever le succès final, sinon vous-même. »

Aux conseils de l'éminent Américain, nous en ajouterons quelques autres :

---

1. Carnegie. *L'empire des affaires*, p. 58.

Ne vous lancez pas dans une carrière sans avoir fait un apprentissage sérieux.

Soyez économe et gardez-vous des dépenses inutiles. Souvenez-vous que l'économie est une des vertus les plus précieuses. Dépenser moins qu'on ne gagne, tenir son budget en équilibre, mettre un peu d'argent de côté pour parer aux éventualités qui peuvent se produire, indispositions, maladies, pertes d'argent (1), voilà des règles essentielles dont vous ne devrez pas vous départir.

Pour vos moindres achats personnels, visez à ne rien acheter d'inutile. Méfiez-vous des « occasions », marchandises en solde, ou soi-disant warrantées, qui vous excitent à acheter ce qui ne vous est pas immédiatement utile. N'achetez pas d'articles-réclames, qui sont vendus « bon marché », mais qui souvent sont de qualité défectueuse. Ne vous adressez qu'à de bons fournisseurs. Pour vous habiller, achetez des vêtements solides et durables ; soyez mis sobrement, et non avec coquetterie. Une élégance sobre dans le costume prédisposera toujours en votre faveur ; trop de coquetterie vous fera considérer comme un « poseur ».

---

1. Nous lisons dans un livre récent : « Il serait à souhaiter que chaque année vous puissiez mettre de côté un cinquième au moins du revenu de votre profession pour doter vos enfants et accroître votre fortune. » Larcher. *La Sagesse humaine*, Société française d'imprimerie.

Pour vos affaires professionnelles, soyez sage et prudent ; dans les cas embarrassants ne restez pas dans l'indécision et sachez prendre un parti après un temps raisonnable consacré à la réflexion.

Une fois par an au moins, examinez sérieusement votre situation financière, et dressez votre bilan.

Enfin, soyez toujours sobre, évitez les cafés, les estaminets, les bons dîners. Soyez toujours à votre affaire, et souvenez-vous que le manque de soin nuit plus que le manque de savoir.

Section IV

L'exercice des devoirs sociaux

Importance des devoirs sociaux. — Moyens pratiques d'exercer les devoirs sociaux. — La vie publique.

Importance des devoirs sociaux. — Il ne suffit pas d'agir pour soi et pour sa famille, c'est-à-dire de se perfectionner au triple point de vue moral, physique et intellectuel, et d'atteindre une profession élevée, honorable et utile ; il faut encore *employer son activité dans l'intérêt général.*

Le véritable homme d'action doit faire preuve de cette énergie qui se dépense au profit d'autrui.

Un des principaux obstacles à l'énergie est évidemment l'égoïsme, car l'égoïsme tend à replier la personnalité sur elle-même au lieu que l'énergie tend à la projeter hors d'elle-même. Ainsi tout ce qui favorise l'égoïsme endort l'énergie et réciproquement, tout ce qui contrarie l'égoïsme entretient l'énergie. Et c'est pourquoi les œuvres de dévouement, œuvres sociales ou confessionnelles, sont infailliblement productives d'énergie, d'abord parce qu'elles obligent ceux qui s'y consacrent à sortir d'eux-mêmes et à s'occuper de leurs semblables, ensuite parce qu'elles les mettent en garde contre les utopies malsaines et leur font toucher du doigt les difficultés de la vie, les misères de ce monde et la complexité des rapports sociaux, enfin parce qu'elles offrent aux caractères énergiques une foule d'occasions de se manifester, de s'assouplir au contact de la réalité, de s'utiliser dans la pratique du Bien...

C'est en agissant qu'on devient homme d'action. Sans doute il faut se soumettre à un entraînement physique, intellectuel et moral pour acquérir et pour développer les qualités inhérentes au véritable homme d'action ; mais cet entraînement ne saurait être une fin en soi, et nous croyons qu'il ne peut produire tous ses effets utiles qu'à la condition d'être orienté vers un but pratique et précis. De même qu'un coureur ne s'entraîne avec suite et profit qu'autant qu'il a pu juger, en participant à diverses épreuves, du fort et du faible de ses performances, de même un jeune homme qui travaille à devenir un homme d'action n'a pas de meilleur moyen de s'assurer qu'il est dans la bonne voie et qu'il y fait des progrès, que d'affronter la lutte en réalité; d'appliquer à un objet déterminé l'énergie dont il a fait provision, d'agir enfin couramment selon la règle qu'il s'est imposée.

Il pourra se rendre compte ainsi de la valeur de ses méthodes et du profit qu'il en a tiré ; il s'expérimentera lui-même, si l'on peut dire, et il saura ce dont il est capable, avec quelles difficultés il peut se mesurer, de quels obstacles au contraire il doit renoncer momentanément à triompher.

Mais encore faut-il que le jeune homme ait l'occasion de faire ces expériences pratiques, et si cette occasion ne se présente pas, qu'il cherche et qu'il trouve une façon d'y suppléer, en se créant à lui-même des raisons d'agir. Or il nous semble bien que dans notre état social actuel, un jeune homme prêt à l'action et qui n'attend que l'occasion de s'y livrer, ne doit jamais être embarrassé de trouver ces raisons d'agir : il lui suffit de participer à quelqu'une de ces œuvres d'action sociale qui de toutes parts ont surgi sous la poussée des événements et qui constituent à notre avis des écoles d'application de premier ordre et des terrains d'expériences exceptionnels pour tous les jeunes gens résolus à devenir hommes d'action; elles les initient sans contrainte et sans risque à l'action la plus noble et la plus désintéressée qui soit, le dévouement.

Moyens pratiques d'exercer les devoirs sociaux. — Les moyens ne vous manqueront pas, si vous voulez bien vous pénétrer de vos devoirs sociaux, de les remplir de la façon la plus exacte. Vous avez mille occasions pour une de mettre vos talents et votre activité au service de vos semblables.

Il en est quelques-unes dans lesquelles vous ne pouvez vous dérober, car il y a pour vous une véritable OBLIGATION morale. Ainsi vous devrez d'abord tenir à honneur de *rester le plus longtemps possible dans les cadres de l'armée ;* vous préparerez avec soin l'examen *d'officier de réserve* et vous en remplirez les fonctions avec la plus *stricte* assiduité, car le premier et *le plus essentiel* des devoirs d'un bon citoyen est de participer dans la mesure de ses forces à la défense de son pays.

Vous remplirez le même devoir en employant une partie de ses loisirs à l'organisation et à la gestion de *sociétés de préparation au service militaire*. Ces sociétés sont aujourd'hui indispensables à la défense nationale qu'elles aient plus spécialement en vue le tir, la gymnastique, l'équitation, etc.

Vous vous acquitterez également de devoirs sociaux de la plus haute importance, en vous occupant de *sociétés de bienfaisance, d'enseignement populaire*, en propageant par la *parole* et par la *plume* les grandes idées défendues par les hommes d'action, en vous affiliant à des *groupements d'intérêt national,* tels que le COMITÉ DUPLEIX et en faisant une active *propagande* en faveur du programme de ces sociétés.

La vie publique. — A un point de vue plus étroit, vous participerez à la *vie publique* en cherchant, non point à obtenir des mandats politiques, mais en vous occupant pour le mieux des intérêts locaux de votre pays.

M. Pierre Baudin, dans un remarquable discours qu'il prononçait le 17 mars 1905 au déjeuner mensuel de la *Fédération des industriels et commerçants français*, a remarquablement exprimé cette idée, lorsqu'il disait :

« Le second ordre d'obligations que je désirerais vous voir vous imposer, touche à la vie publique, ou plutôt à la vie extérieure. Je ne vous recommanderai pas de solliciter des mandats électifs. Il faut des qualités personnelles et un goût particulier pour se mêler à la politique ; mais je vous recommande sans réserve de vous mêler à la démocratie, de vous joindre à elle, de ne laisser personne lui témoigner plus de cordialité. Les mouvements qui l'agitent sont souvent tumultueux, et je conviens qu'elle repousse parfois ceux qui la veulent aborder dans la loyale intention de la servir. Mais il n'y a qu'à savoir attendre et surtout à discerner le mouvement de fond qui la conduit. C'est dans le même sens qu'il faut vous-même vous acheminer vers l'avenir. Il ne faut pas que son instinct l'avertisse que, sous une enveloppe de bienveillance, vous dissimulez une arrière-pensée de résistance.

« Autant elle vous admettra dans ces rangs et vous lui apportez de l'équilibre, de la raison simple et de la bonne volonté, autant elle vous repoussera si elle devine vos pensées ambitieuses ou égoïstes, et cette incompatibilité d'humeur qui ne se peut définir, mais est la raison cachée de si déplorables conflits sociaux. Soyez avec votre temps, restez avec vos troupes industrielles. Il y va de la sécurité du pays, de son avenir et de son honneur. »

C'est ainsi que vous devrez présenter au *conseil municipal*, si vos lumières et votre situation peuvent être utiles à vos concitoyens, et que vous chercherez dans cette assemblée à donner aux questions vraiment pratiques le pas sur les querelles politiques.

Soit par les procédés que nous venons de vous indiquer, soit par telle autre voie que vous suggéreront les circonstances, *vous pourrez toujours mettre votre activité au service de vos semblables.*

CONCLUSIONS

Le lecteur qui a bien voulu nous suivre depuis le début de cet ouvrage voit maintenant le but que nous avons cherché à atteindre.

Bien pénétré de cette idée qu'il est nécessaire de s'adapter à la société au milieu de laquelle on vit, nous avons reconnu sans peine que, dans une société démocratique comme la nôtre, un individu ne peut se faire une place, dans le milieu social, que par son seul mérite et ses efforts personnels. La lutte pour la vie devient de plus en plus intense, et ce n'est point en restant inerte, en attendant des occasions qui ne se présentent jamais, en se montrant avare d'efforts et de peines, qu'il pourra arriver à « vivre », dans le plein sens du mot, et à satisfaire ses besoins et ses goûts. La société moderne ne prodigue ses faveurs qu'aux laborieux et aux énergiques : elle ne donne rien qu'en échange des services que chacun lui rend. Il faut être utile pour qu'elle vous assure une vie large et facile. Nous avons donc été amené à conclure que c'est une impérieuse nécessité pour vous d'adopter une vie d'action et d'aimer l'effort pour lui-même.

Mais n'est point actif qui veut. Vous avez sûrement été témoin des tentatives infructueuses de gens de votre connaissance qui, voulant de butte en blanc réformer leurs habitudes d'oisiveté et mener une existence plus active, ont essayé en vain de secouer leur indolence. Tous ces efforts sont condamnés à échouer s'ils ne sont pas menés avec méthode et persévérance. C'est une œuvre de longue haleine que de réformer ainsi son existence et vous ne pouvez y parvenir qu'en prenant résolument en main la direction de votre vie et en exerçant un contrôle sévère sur toutes vos actions.

Sachez-le bien, une vie d'homme est un *tout*, dont les moindres parties sont intimement liées entre elles ; aussi les moindres défaillances ont une répercussion inévitable sur toute la suite de l'existence, et c'est pourquoi il importe de les éviter.

Nous avons donc reconnu comme nécessaire (une fois cette idée admise qu'il faut être un homme, de son temps) de bien connaître les conditions de la vie dans la société où on se trouve, d'adopter un genre d'existence active exactement en rapport avec les exigences de la société moderne, enfin de suivre rigoureusement la méthode qui semble la meilleure pour réussir dans la vie.

Notre but, dans cet ouvrage, a été de préciser

quelle était la méthode la plus pratique pour devenir un homme d'action.

Résumons-la en peu de mots.

Au point de vue *moral*, une discipline rigoureuse s'impose ; c'est de ce côté que devront porter principalement vos efforts.

Là, en effet, est le mal à l'heure actuelle. Pour l'esprit le plus clairvoyant, nous vivons en des temps troublés ; les bons citoyens semblent avoir peur, et le plus souvent se cachent, ou s'écartent des agitations de la vie publique ; les violents dominent, les caractères s'affaiblissent, la volonté devient de plus en plus rare.

Nous insistons donc sur la nécessité de la réforme morale. Former des caractères disciplinés et forts, voilà notre désir.

La volonté, voilà la qualité qui fait l'homme d'action. Chacun de vous devrait méditer et prendre pour devise la parole de Gebhart : « Vous êtes délivré de tout mal si vous voulez : le plus misérable des états est de ne pouvoir rien vouloir. Des forces non soupçonnées sommeillent dans le merveilleux organisme de tout homme. Ces forces, une volonté de fer et persévérante peut les éveiller et les mettre en œuvre. »

Or la volonté, nous l'avons vu, peut se former et, dans un certain sens, s'apprendre. Il vous est possible, quels que soient votre nature, vos antécédents, votre situation sociale, de vous soumettre à un entraînement capable de vous rendre énergique et fort de caractères. Vous acquerrez ainsi une valeur personnelle toute particulière et vous aurez par là-même toutes les chances de réussir dans la vie.

Peu importe que vous soyez sans fortune. « Ce n'est pas le plus riche de vous, comme l'observe judicieusement M. Doumer, qui aura la vie la plus heureuse ni même la plus prospère et la plus brillante ; ce n'est pas encore le plus intelligent. C'est celui qui saura allier la fermeté du caractère à l'ardeur du travail. »

Vous saurez donc vous dégager de la croyance à une puissance héréditaire, inévitable et supérieure à toute autre. Vous aurez confiance dans l'éducation personnelle et dans son influence bienfaisante. Vous vous souviendrez que l'homme est une matière sociale très malléable. Sachez donc avec succès vous servir de votre volonté C'est là tout le secret de l'éducation morale. Le reste n'est qu'une affaire d'application et de persévérance.

— Mais, ainsi que nous l'avons montré, il n'y a point d'homme énergique sans une *santé robuste,* sans un corps qui obéisse docilement aux commandements de la volonté. Il est nécessaire que vous fassiez de votre corps un instrument docile et assoupli qui soit capable de fournir l'effort que vous lui demanderez.

Pour la formation physique comme pour la formation morale de l'individu, vous pourrez intervenir d'une façon très efficace. Là aussi vous saurez que c'est à tort le plus souvent, que l'hérédité est invoquée comme un obstacle ; vous n'accorderez qu'une médiocre confiance à cette décevante croyance à une fatalité qui perpétuerait en chacun les tares physiques de ses ancêtres.

Persuadez-vous bien au contraire que vous pouvez *tout* sur votre corps. Quand bien même vous auriez quelque illusion sur votre toute-puissance, cette présomption vous servira beaucoup et vous sera plus utile que tout le reste dans votre œuvre de façonnage humain.

Les études scientifiques et médicales, la physiologie et l'hygiène sont assez avancées aujourd'hui pour que nous puissions nous combiner un régime qui nous forme au point de vue physique et nous préserve de beaucoup de maladies, sinon de toutes. Nous avons vu qu'il est possible de disposer tous les éléments de notre vie matérielle de façon à nous donner un corps vigoureux. En suivant scrupuleusement les préceptes d'une hygiène appropriée à votre tempérament, vous arriverez presque sûrement à fournir sans peine la dépense d'énergie que votre volonté vous demandera.

Avec un peu de persévérance et une hygiène rationnelle, vous ferez donc aisément de votre corps un serviteur docile et laborieux qui vous aidera puissamment dans la vie active que vous voulez mener.

— Enfin, en un temps où *l'intelligence* est sollicitée et attirée vers tant de sujets distincts, où les sciences sont si florissantes, où la vitalité intellectuelle s'affirme de tous côtés, il faut un choix sévère pour ne point se laisser déborder, pour ne point vivre en amateur curieux de choses nouvelles, qui disperse son attention et ne sait point se concentrer pour agir.

Tout en étant de votre temps et tout en sachant vous tenir au courant de votre époque, vous saurez faire une juste sélection parmi tant de sujets qui sollicitent votre attention. Vous choisirez, parmi toutes les connaissances, celles qui sont utiles à l'homme d'action, celles dont il ne saurait se passer et qui ont un caractère vraiment pratique.

L'éducation intellectuelle doit être le complément de l'éducation physique et morale ; elle doit s'y adapter exactement et concourir au même but.

Vous vous appliquerez à ne point vous laisser encombrer l'esprit par un savoir livresque. Vous fuirez le dilettantisme et l'érudition. Tâchez d'acquérir et de conserver l'habitude de penser et de juger par vous-même. Evitez toute surcharge intellectuelle ; mieux vaut ignorer un détail important que d'en connaître dix de superflus.

Sachez surtout, là comme partout ailleurs, concentrer toutes vos forces vers le but utile et désiré. Efforcez-vous de profiter des moindres occasions pour vous instruire, pour développer vos connaissances et vos facultés mentales intellectuelles.

Dans toutes les circonstances, vous pourrez arriver à réaliser un progrès réel et tout pourra tourner à votre profit. Employez bien votre temps, et vous saurez ce que vous devez savoir. Mais évitez de perdre votre santé dans l'abus du travail mental, et ne surmenez pas mal à propos vos nerfs et votre cerveau.

— En suivant ces prescriptions, en prenant pour principes essentiels de votre conduite ceux que nous venons de résumer ici, vous deviendrez, ce nous semble, le *vélite alerte* que nous avons voulu former. Vous y arriverez d'autant mieux que toutes les parties de votre éducation concorderont pour faire de vous un homme actif.

Vous serez fort et par suite prêt aux événements.

Votre foi morale vous préservera des turpitudes et des tentations malsaines.

Si le malheur vous frappe, vous puiserez dans la philosophie que vous vous serez faite une résistance à la douleur. Vous saurez vous relever des échecs ; vous pourrez connaître les « recommencements», mais non les découragements. Vous posséderez en un mot toutes les qualités que l'on désigne sous le terme général d'*énergie morale*.

Votre bonne santé vous aidera puissamment dans la vie active que vous aurez adoptée.

Elle vous fera voir les choses du bon côté : vous

aurez courage et confiance dans le travail assidu et persistant.

Votre intelligence claire et lucide saura, d'autre part, vous donner une connaissance exacte des choses et des hommes. Vous ne vivrez pas en spectateur indifférent et ennuyé. Vous penserez et vous jugerez par vous-même. Vous mettrez personnellement au point vos idées ; vous les rectifierez. Vous acquerrez le « bon sens et le jugement droit », deux choses qui deviennent rares par les temps actuels.

Vous vous garderez de tout pessimisme. Vous ne demanderez pas à la vie plus qu'elle ne peut donner. Ainsi votre expérience, votre raison vous préserveront des déceptions.

— Résumons ces conseils : comme le dit si bien M. Doumer, « la vie est *devant vous*, jeune homme ; et elle sera *ce que vous la ferez* ».

Par suite, le bonheur, récompense d'une vie bien organisée, est à vous, si vous le désirez, si vous le *voulez* fermement.

Vous trouverez moyen d'unir les préoccupations morales les plus hautes aux soucis utilitaires les plus pratiques. Votre vie sera *la vie d'action rationnelle*, conséquence du développement harmonieux de vos facultés morales, physiques et intellectuelles ; elle sera en même temps heureuse et facile ; elle vous procurera en abondance les joies dont on ne peut se passer, puisque la satisfaction des appétits matériels est la base même et la condition essentielle de l'existence. Elle sera enfin utile au pays et à l'humanité.

Les quelques conseils que nous avons essayé de donner dans les pages qui précèdent ne seront point perdus si vous pouvez vous en inspirer quelque peu, pour entreprendre l'œuvre d'amélioration morale que nous préconisons, et pour diriger résolument vos pas vers cette vie d'action, que nous recommandons.

Puissiez-vous vous en inspirer dans la mesure du possible, et faire que nos modestes efforts ne restent point stériles !

TABLE DES MATIÈRES

CHAPITRE III

L'éducation physique

CHAPITRE IV

L'Éducation Intellectuelle

CHAPITRE V

La vie sociale

IMP. BONVALOT-JOUVE, 15, RUE RACINE, PARIS.

www.ingramcontent.com/pod-product-compliance
Ingram Content Group UK Ltd.
Pitfield, Milton Keynes, MK11 3LW, UK
UKHW020155250726
13967UKWH00003B/1064

9 782012 880665